高等院校"十三五"工商管理+互联网规划教材丛书

大数据与市场营销

宋利利　刘贵容　陈　伟
主编

孙　玺　刘　军
主审

BIG DATA AND
MARKETING

本书得到重庆市教育委员会本科高校大数据智能化类特色专业建设项目（项目立项文件：渝教高发〔2018〕12号）、重庆市2019年本科高校一流专业立项建设项目（项目立项文件：渝教高发〔2019〕7号文件）等建设项目的支持

经济管理出版社
ECONOMY & MANAGEMENT PUBLISHING HOUSE

图书在版编目（CIP）数据

大数据与市场营销/宋利利，刘贵容，陈伟主编. —北京：经济管理出版社，2020.5
ISBN 978-7-5096-7098-9

Ⅰ.①大… Ⅱ.①宋…②刘…③陈… Ⅲ.①互联网络—应用—市场营销—研究 Ⅳ.①F713.50-39

中国版本图书馆 CIP 数据核字（2020）第 070727 号

组稿编辑：王光艳
责任编辑：魏晨红
责任印制：黄章平
责任校对：张晓燕

出版发行：经济管理出版社
　　　　　（北京市海淀区北蜂窝 8 号中雅大厦 A 座 11 层　　100038）
网　　　址：www. E-mp. com. cn
电　　　话：（010）51915602
印　　　刷：三河市延风印装有限公司
经　　　销：新华书店
开　　　本：787mm×1092mm /16
印　　　张：14.75
字　　　数：359 千字
版　　　次：2020 年 8 月第 1 版　　2020 年 8 月第 1 次印刷
书　　　号：ISBN 978-7-5096-7098-9
定　　　价：68.00 元

前　言

从"尿不湿与啤酒"搭售开始，利用历史数据优化营销活动就开始了，尤其是利用关联分析法优化市场营销。但是大数据在营销方面的巨大价值被人们所熟知还是从谷歌流感预测、沃尔玛飓风与蛋挞、美国著名零售商塔吉特（Target）向用户推荐育婴产品、奥巴马利用大数据成功连任美国总统、美国奈飞（Netflix）影视公司成功推出收视狂剧《纸牌屋》等经典案例开始的。实际上，互联网公司尤其是美国互联网公司，一直致力于大数据市场营销，其关联分析以及"大数据杀熟"的鼻祖——美国最大的在线书店亚马逊（Amazon）公司最早尝试用协同过滤技术、关联分析方法来推荐书目。"买了此商品的其他客户还买了……""你可能还会买……""猜你喜欢……"等精准营销模式都是大数据的应用。而谷歌公司在大数据产业链上收获颇丰，如利用检索词条开启的在线数字图书馆检索和需求推荐，以及自然语言输入优化和全球语言翻译系统；利用地理位置信息优化无人驾驶汽车项目；利用机器学习优化智能机器人等。

毫无疑问，大数据正在迅速而深刻地影响着我们对世界的重新认识。市场营销作为企业"产—供—销"的末端环节，直接面向终端市场，其市场竞争力直接影响企业的发展动力。所以，在大数据时代下，企业如何把握机遇，应对挑战，就成了当前市场营销的焦点。

目前国内外市场上已有很多大数据或者市场营销的书籍，也有一些精准营销、大数据营销方面的文献成果，本书在前人研究的基础上进一步探讨了大数据时代下市场营销与传统市场营销的区别，以及大数据对市场营销的影响。

本书共十三章。第一章介绍了大数据时代背景，从数据爆炸到大数据价值凸显，然后总结大数据的发展历程以及国内外大数据产业的发展概况。第二章从理论角度阐述大数据的概念与特点，大数据的处理流程，大数据的商业价值以及大数据与云计算、物联网的关系。第三章着重讲述大数据带来的思维变革、管理变革和商业变革。第四章引入了传统市场营销学的经典理论，包括市场观念演变、市场环境分析、市场细分与定位等重要内容。第五章讲述了市场调研的方法、调查问卷设计方法等知识点。第六章重点分析了影响消费者行为的因素、消费者购买过程以及互联网时代消费者的购买行为。第七章讲述了市场营销策略4P、4C和4R以及它们之间的关系等知识点。第四至第七章为后续的大数据对市场营销的影响铺垫了坚实理论基础。第八章具体阐述大数据对传统市场营销的影响，首先分析了大数据时代市场营销的机遇和挑战，然后具体从营销活动、营销主体、营销流程、营销态度几个方面展开论述。第九章与第六章的内容相对应，具体讲述了大数据时代消费者行为，主要从消费者行为演变、分析方法创新、分析流程和消费者行为分析结果创新这几个角度展开论述。第十章则从4R角度研究大数据时代下客户关系管理以及基于客户关系管理的市场营销创新。第十一章从4P角度研究大数据时代的市场营销策略。第十二章从搜索引擎营销、APP营销、社交媒体营销、病毒式营销等角度探讨大数据时代的营销方法创新。第十三章阐述了大数据时代市场营销的伦理。为了让读者更好地领会本书内容，每一章前面都设置了引导案例，并在重要章节里穿插一些新颖、有趣的案例。

　　本书在撰写过程中参考了大量的文献资料，在此，向各相关作者表示深深的敬意和诚挚的感谢。由于大数据涉及各种技术和算法，本书为了增强可读性弱化了技术层面的研究内容；另外，尽管我们秉承"精益求精"的工匠精神，但大数据市场营销是一个全新的领域，本书难免存在疏漏、不当之处，还请读者不吝批评指正。

宋利利

2020 年 5 月 30 日

目　录

第一篇　大数据时代

第一章　大数据时代背景 ………………………………………………………… 002

引导案例　京东与大数据 …………………………………………………… 003

第一节　大数据的诞生与发展 ……………………………………………… 007

一、大数据的诞生 ……………………………………………………… 007

二、大数据的发展历程 ………………………………………………… 008

第二节　大数据产业发展概况及趋势 ……………………………………… 010

一、全球大数据产业发展规模 ………………………………………… 010

二、我国大数据产业发展情况 ………………………………………… 011

三、大数据产业发展趋势 ……………………………………………… 012

课后练习题 …………………………………………………………………… 014

第二章　大数据理论概述 ………………………………………………………… 015

引导案例　网易云音乐：大数据更懂你的心 …………………………… 016

第一节　大数据基本概念 …………………………………………………… 018

一、大数据的概念与特点 ……………………………………………… 018

二、大数据的主要来源 ………………………………………………… 020

三、大数据的支撑技术 ………………………………………………… 021

第二节　大数据处理流程 …………………………………………………… 022

一、定义挖掘目标 ……………………………………………………… 022

二、大数据采集 ………………………………………………………… 023

三、大数据清洗与整理 ………………………………………………… 023

四、大数据探索 ………………………………………………………… 023

五、大数据结果应用 …………………………………………………… 023

第三节　大数据的商业价值 ………………………………………………… 024

一、个性化精准营销 …………………………………………………… 024

二、市场趋势预测 ……………………………………………………… 024

三、客户关系管理 ……………………………………………………… 025

　　四、数据存储空间出租 ·· 025

　第四节　大数据价值链 ··· 025

　　一、基于数据本身的公司 ·· 025

　　二、基于技能的公司 ·· 026

　　三、基于创新思维的公司 ·· 026

　　四、三者具备的公司 ·· 026

　　五、数据中间商 ·· 027

　第五节　大数据与云计算、物联网 ·································· 027

　　一、云计算 ·· 027

　　二、物联网 ·· 029

　　三、大数据与云计算、物联网的关系 ······························ 030

　课后练习题 ·· 031

第三章　大数据带来的变革 ··· 033

　引导案例　小米手环的秘密 ·· 034

　第一节　大数据带来的思维变革 ···································· 036

　　一、整体性思维 ·· 037

　　二、混杂性思维 ·· 037

　　三、相关性思维 ·· 038

　第二节　大数据带来的商业变革 ···································· 038

　　一、数据化，一切皆可量化 ······································ 039

　　二、价值——取之不尽、用之不竭的数据创新 ······················ 040

　第三节　大数据带来的管理变革 ···································· 041

　　一、大数据人才管理的变革 ······································ 041

　　二、大数据决策管理的变革 ······································ 041

　　三、大数据安全管理的变革 ······································ 041

　课后练习题 ·· 042

第二篇　市场营销

第四章　市场营销概述 ··· 044

　引导案例　星巴克，打出文化牌 ···································· 045

　第一节　市场营销的基本概念 ······································ 047

　　一、市场的概念 ·· 047

　　二、市场营销的概念 ·· 047

　　三、市场营销观念演变 ·· 048

　第二节　市场营销环境 ·· 050

一、宏观营销环境 ··· 051
二、微观营销环境 ··· 052
第三节 目标市场营销战略 ·· 054
一、市场细分（Segmenting） ·· 054
二、目标市场选择（Targeting） ···································· 055
三、市场定位（Positioning） ·· 056
课后练习题 ·· 057

第五章 市场营销调研 ··· 059

引导案例 雪花啤酒——分销渠道调研及渠道优化方案 ·········· 060
第一节 市场营销调研概述 ·· 063
一、市场营销调研含义 ··· 063
二、市场营销调研过程 ··· 064
三、大数据时代的营销调研 ·· 065
第二节 市场营销调研方法 ·· 066
一、观察法 ··· 066
二、电话调查法 ·· 067
三、深度访谈法 ·· 067
四、小组座谈法 ·· 067
五、邮寄调查法 ·· 068
六、抽样调查法 ·· 068
七、网络调查法 ·· 069
第三节 调查问卷设计 ··· 069
一、问卷基本结构 ·· 069
二、问卷设计原则 ·· 071
三、大数据与调查问卷 ··· 072
课后练习题 ·· 073

第六章 消费者行为分析 ··· 074

引导案例 Eataly，打造你的慢生活 ·································· 075
第一节 消费者行为概述 ··· 078
一、消费者行为含义 ·· 078
二、消费者行为影响因素 ··· 078
第二节 消费者购买决策过程 ·· 082
一、消费者购买角色 ·· 082
二、消费者购买决策过程 ··· 082
第三节 互联网时代消费者行为 ··· 084
一、我国网络购物现状 ··· 084
二、网络时代消费者特征 ··· 084

三、网络消费行为的影响因素 ·· 085

　课后练习题 ·· 086

第七章　市场营销策略组合 ·· 088

引导案例　海尔的 4P 营销策略 ·· 089

第一节　4P 策略 ·· 091

一、产品（Product） ··· 091

二、价格（Price） ·· 092

三、促销（Promotion） ··· 093

四、渠道（Place） ·· 093

第二节　4C 理论 ·· 094

一、顾客的需求（Customer's need） ····································· 095

二、成本（Cost） ·· 095

三、便利（Convenience） ·· 095

四、沟通（Communication） ·· 095

第三节　4R 策略 ·· 097

一、关联（Relevancy） ··· 097

二、反应（Reaction） ··· 097

三、关系（Relationship） ·· 097

四、回报（Reward） ··· 097

五、4P、4C 和 4R 的关系 ·· 099

课后练习题 ·· 099

第三篇　大数据与市场营销

第八章　大数据对市场营销的影响 ·· 102

引导案例　农夫山泉，大数据优化矿泉水营销 ····················· 103

第一节　大数据时代市场营销的机遇与挑战 ·························· 105

一、大数据时代市场营销机遇 ··· 105

二、大数据时代市场营销面临的挑战 ···································· 106

第二节　大数据对市场营销的影响 ·· 108

一、对营销流程的影响 ·· 108

二、对营销主体的影响 ·· 110

三、对营销态度的影响 ·· 112

四、对营销活动的影响 ·· 114

课后练习题 ·· 115

第九章　大数据时代的消费者行为 ·············· 116

引导案例　悠易互通助力天津欢乐谷暑期狂欢节推广 ·············· 117
第一节　大数据时代消费者行为演变 ·············· 119
　　一、消费行为更加个性化 ·············· 119
　　二、消费者的品牌依赖度逐步下降 ·············· 119
　　三、消费行为更加理性 ·············· 119
　　四、消费行为易受购物评价影响 ·············· 120
第二节　消费者行为分析方法创新 ·············· 120
　　一、Cookie 数据追踪消费者行为 ·············· 120
　　二、搜索数据揭示消费者兴趣 ·············· 121
　　三、社交数据发现消费者身份 ·············· 121
　　四、电商数据体现消费者消费习惯 ·············· 122
　　五、跨屏数据打破消费者的消费界限 ·············· 123
第三节　消费者行为分析流程创新 ·············· 123
第四节　消费者行为分析的结果创新 ·············· 125
　　一、提高效率：大数据 VS 小数据 ·············· 125
　　二、优化效果：动态 VS 静态 ·············· 125
　　三、深入分析：全面 VS 片面 ·············· 126
　　四、真实可信：客观 VS 主观 ·············· 126
课后练习题 ·············· 127

第十章　大数据时代客户关系管理营销 ·············· 128

引导案例　恒丰银行——基于大数据的客户关系管理 ·············· 129
第一节　客户关系管理概述 ·············· 136
　　一、客户关系管理概念 ·············· 136
　　二、CRM 软件选型考虑的因素 ·············· 139
　　三、CRM 发展趋势 ·············· 140
第二节　大数据与 CRM 营销 ·············· 141
　　一、大数据在 CRM 中的潜质 ·············· 141
　　二、大数据与 CRM 的发展 ·············· 142
　　三、大数据与 CRM 的融合 ·············· 142
第三节　基于大数据的 CRM 营销创新 ·············· 144
　　一、客户细分，实施精准营销 ·············· 144
　　二、获取新客户 ·············· 145
　　三、利用关联分析促进交叉销售 ·············· 145
　　四、客户挽回 ·············· 145
课后练习题 ·············· 145

第十一章　大数据时代下的市场营销策略 ·········· 147

引导案例　苏宁易购大数据营销方案 ·········· 148
第一节　大数据驱动的产品创新 ·········· 152
一、产品及产品整体概念 ·········· 152
二、产品创新策略 ·········· 153
第二节　大数据时代的定价策略 ·········· 158
一、互联网定价 VS 传统定价 ·········· 158
二、大数据下创新定价策略 ·········· 159
第三节　大数据驱动的渠道优化 ·········· 163
一、影响渠道设计的因素 ·········· 163
二、基于大数据的渠道创新 ·········· 164
第四节　大数据时代的促销策略 ·········· 166
一、大数据时代的促销变革 ·········· 166
二、基于大数据的促销策略创新 ·········· 167
课后练习题 ·········· 176

第十二章　大数据时代的营销方法创新 ·········· 178

引导案例　Nike+，用大数据做跨渠道营销 ·········· 179
第一节　搜索引擎营销 ·········· 180
一、搜索引擎的含义 ·········· 180
二、搜索引擎营销的内涵 ·········· 180
三、搜索引擎营销模式 ·········· 181
四、搜索引擎营销发展趋势 ·········· 182
第二节　大数据体验式营销 ·········· 183
一、体验式营销的含义 ·········· 183
二、体验式营销的措施 ·········· 183
三、大数据时代体验式营销 ·········· 184
第三节　病毒式营销 ·········· 184
一、病毒式营销的概念 ·········· 184
二、病毒式营销的特点 ·········· 185
三、病毒式营销的运作原理 ·········· 186
第四节　互动营销 ·········· 187
一、互动营销的内涵 ·········· 187
二、互动营销的特点 ·········· 187
三、互动营销的应用 ·········· 188
第五节　网络直复营销 ·········· 188
一、直复营销的概念 ·········· 188
二、网络直复营销的内涵 ·········· 189

三、网络直复营销的特点 ……………………………………… 189
四、网络直复营销的方式 ……………………………………… 190
第六节　社交媒体营销 ……………………………………………… 190
一、微信营销 …………………………………………………… 190
二、QQ 营销 …………………………………………………… 193
三、博客营销 …………………………………………………… 194
四、微博营销 …………………………………………………… 195
五、基于社交视频平台的精准营销 …………………………… 197
第七节　定制化营销 ………………………………………………… 201
一、定制化营销的内涵 ………………………………………… 201
二、定制化是大数据时代发展的趋势 ………………………… 202
第八节　APP 营销 …………………………………………………… 205
一、APP 营销的概念 …………………………………………… 205
二、APP 营销模式 ……………………………………………… 206
三、大数据实现 APP 精准营销 ……………………………… 207
课后练习题 …………………………………………………………… 207

第十三章　大数据时代市场营销伦理 ……………………………… 209
引导案例　阿里"神盾局"利用大数据打假 …………………… 210
第一节　大数据营销的信息安全 …………………………………… 213
一、信息安全隐患越发凸显 …………………………………… 213
二、大数据营销信息安全管理措施 …………………………… 214
第二节　大数据营销伦理道德的核心 ……………………………… 215
一、大数据营销个人隐私问题 ………………………………… 216
二、大数据营销个人隐私保护措施 …………………………… 217
第三节　大数据营销伦理道德的坚守原则 ………………………… 219
一、责任伦理视角下的权责统一 ……………………………… 219
二、德行伦理视角下的道德自律 ……………………………… 219
三、功利伦理视角下的利益诉求 ……………………………… 219
课后练习题 …………………………………………………………… 220

参考文献 ……………………………………………………………… 221

第一篇

大数据时代

第一章 大数据时代背景

📖 **教学目标**

1. 理解大数据的产生背景与发展历程
2. 了解全球大数据的发展现状
3. 了解我国大数据的发展及应用情况
4. 掌握大数据的发展趋势

📖 **教学重点**

1. 大数据的发展历程
2. 大数据的发展趋势

📖 **教学难点**

大数据未来的发展前景

引导案例

京东与大数据

2010 年，京东集团启动了在大数据领域的研发和应用探索工作，正式组建京东大数据部，并确立了集中式的数据服务模式，成为企业大数据最早的实践者之一。

大数据平台的发展是随着京东业务同步发展的，由原来传统的数据仓库模式逐步演变为基于海杜普（Hadoop）的分布式计算架构，如图 1-1 所示。技术领域覆盖 Hadoop、Spark、数据仓库（Hive）、实时分布式数据库（Hbase）、Storm 等大数据全生态体系。2018 年，京东大数据部拥有研发团队 500 余人，累计获得技术专利 400 多个。

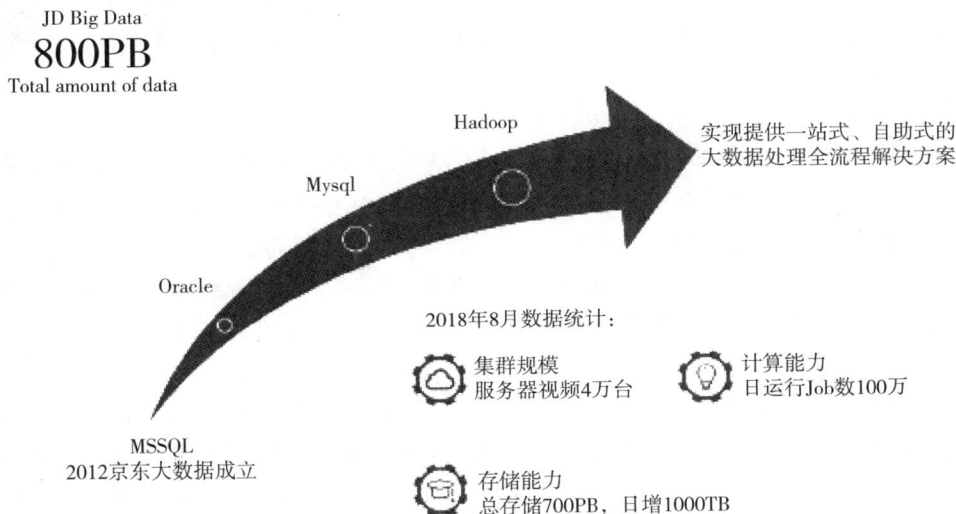

图 1-1 京东大数据发展历程

经过多年的持续投入，京东大数据已经成为企业大数据的领跑者。截至 2018 年已拥有集群规模 40000+服务器，单集群规模达到 7000+台，数据规模 800PB+，日增数据 1P+，日运行 Job 数 100 万+，业务表 900 万+张。每日的离线数据日处理 30PB+，实时计算每天消费的行数近万亿条。

京东大数据建设了全生态核心产品体系，是京东大数据业务的基础服务平台，为京东全业务生态提供一站式、自助式的大数据处理全流程解决方案。涵盖数据采集、存储、加工、分析、可视化、机器学习等专业化产品和服务，在保障数据安全的前提下，提供更可靠、高性能的服务，大幅降低了大数据使用门槛，帮助京东大数据业务快速落地，助力京东实现以数据为驱动的业务变革与发展。

京东大数据的数据应用体现在业务的各个环节，如采销、搜索、推荐、广告、供应链、金融、物流等。数据服务于京东内部业务人员，可用于实现个性化的搜索和推荐、极致的用户体验、精准的广告投放、快捷的物流服务等；服务于商家，可用于指导商家的数据化运营，协助其优化营销策略，提升店铺销售额。京东打造了服务于商家和内部运营人员的数据产品，提供了更方便、快捷的大数据应用服务。

京东大数据的数据产品主要有以下几方面：

一、智能营销

智能营销产品是一款面向客户全生命周期的个性化营销工具，如图 1-2 所示。智能营销产品通过分析和挖掘客户的浏览、交易等数据，确定客户所处的全生命周期阶段，预测用户对各种商品在品类、库存保有单位（Stock Keeping Unit，SKU）等各种维度的促销响应，基于预测结果构建营销场景进行个性化营销，跟踪营销效果并基于数据反馈进行循环预测，构成营销闭环。智能营销产品在用户预测和促销过程中都做到了个性化、智能化、自动化，能够显著提升促销效果。在实际应用中，促销的效率较非智能化、个性化的系统提升 200% 以上。

智能营销产品采用了大数据技术预测用户流失、预测用户上行、预测用户对促销的响应程度，并结合全程的实时数据跟踪，做到针对每个个体用户的个性化营销。该产品不仅提升了用户体验，而且帮助运营方和商户选择合适的用户进行营销活动，增强营销效果，提升产品销量。

二、京东商智

京东商智是京东向第三方商家提供数据服务的产品。京东商智包含了个人计算机（Personal Computer，PC）、应用软件（APP）、微信、手 Q（手机 QQ 端购物入口）、M 端（用手机浏览器进入）五大渠道的数据，从行业及店铺两个视角，涵盖销量、流量、用户、商品、行业、竞品六个维度进行数据洞察，可以有效帮助商家实现精准化决策，提升精细化运营效率。京东商智还提供购物车营销、精准客户营销等工具，便于商家更及时、方便地操作。

京东商智研发了实时洞察、交易分析、商品分析、供应链分析、流量分析、行业分析、消费者分析、营销分析八大功能模块，实现了对实时销售追踪、经营诊断预警、库存监控警报、营销评估365、消费者360°、商品360°六大场景的全面覆盖。目前，京东商智品牌版已经覆盖了 100 多个行业、8000 个以上类目，为 1 万多家品牌商、供应商提供了精准的数据运营和全面的营销分析服务。

三、数据管家

数据管家是专门为一线业务运营人员及管理层打造的一款提升运营效率和决策效率的数据化运营产品。

数据管家具备数据全面、支持个性化管理、支持预测诊断三个特点。数据方面整合了订单交易、物流、售后等多个业务单元的相关指标，为采销和运营提供一站式全链条数据展现服务。维度方面覆盖 SKU、店铺、品类、品牌、区域等，便于业务人员从不同维度对比分析数据指标，探索数据变化背后的深层次原因。数据管家在权限设计上引入岗位角色，建立 SKU、店铺与岗位之间的关系以及人员到岗位的映射，以适应人员的调整和变动。

数据管家支持业务人员设置个人业绩目标，每日销售数据匹配相对应的目标值即可让业务人员随时掌控任务达成进度。对于名下运营的 SKU 或店铺数量众多的情况，提供了自定义分组功能，对于重要的 SKU 和店铺可以设置重点关注，第一时间掌控数据指标变化信息，并可以通过邮件自动发送预警通知，实现高效管理。

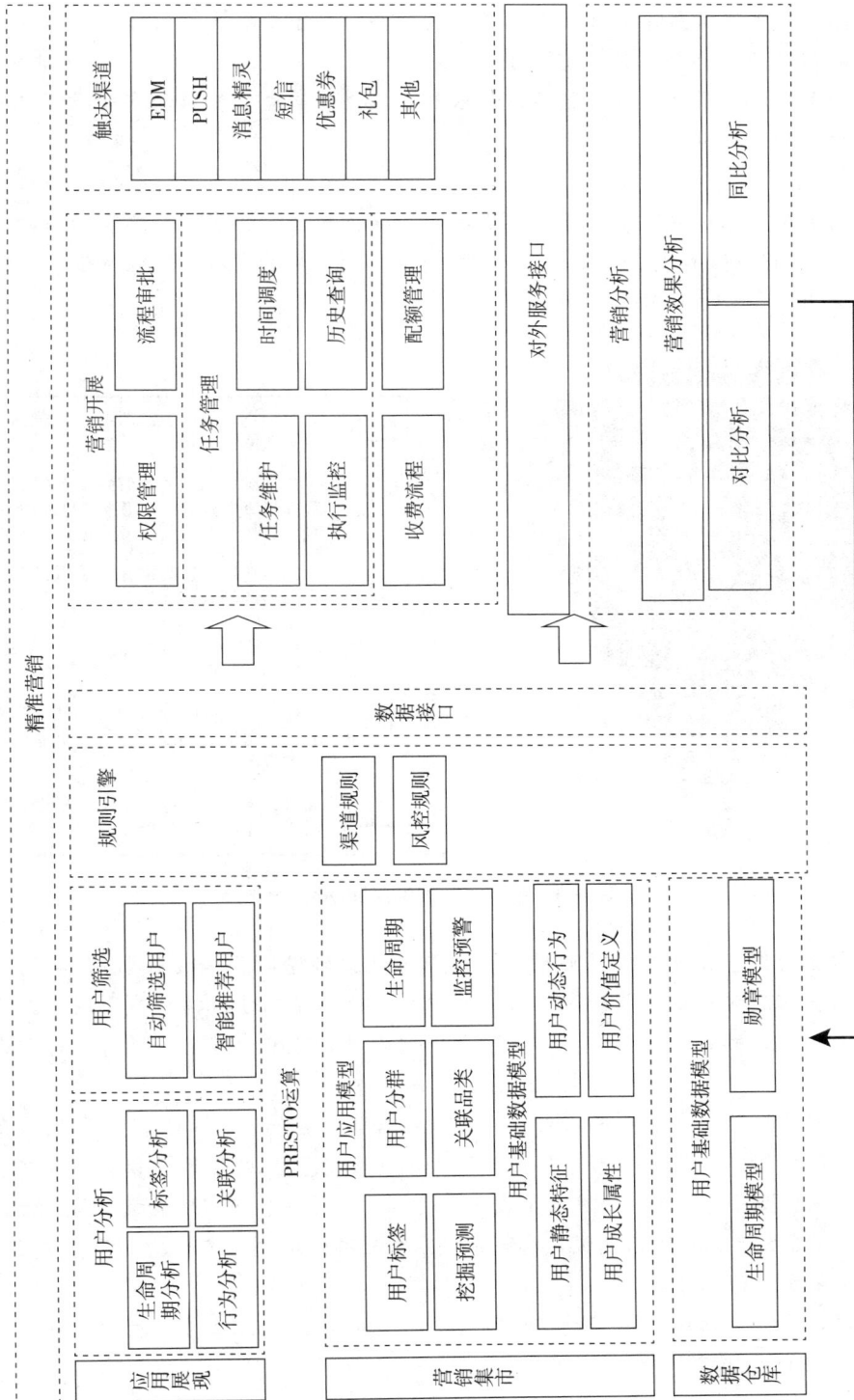

图1-2 智能营销产品

　　数据管家利用预测模型对重点指标进行预测，让业务人员对自己的数据变化提前感知，提前做出判断和决策。基于收入贡献、成长贡献、服务能力等维度建立的店铺诊断、商品诊断、品类诊断等健康诊断体系是运营人员的得力助手，阶段性的诊断报告是运营人员日常巡店和店铺运营指导工作的重要参考。

　　为便于业务人员和管理层随时随地地掌握数据，数据管家也提供移动端的数据展示，为用户提供更方便的使用方式。

　　四、祖冲之

　　祖冲之的定位是通过线上、线下各类数据的沉淀、融合、洞察，为线下店铺业务提供数字化、精细化的运营指导，如图 1-3 所示，祖冲之能够为商家提供从选址、开店、引流、商品货架规划等全方位的指导。

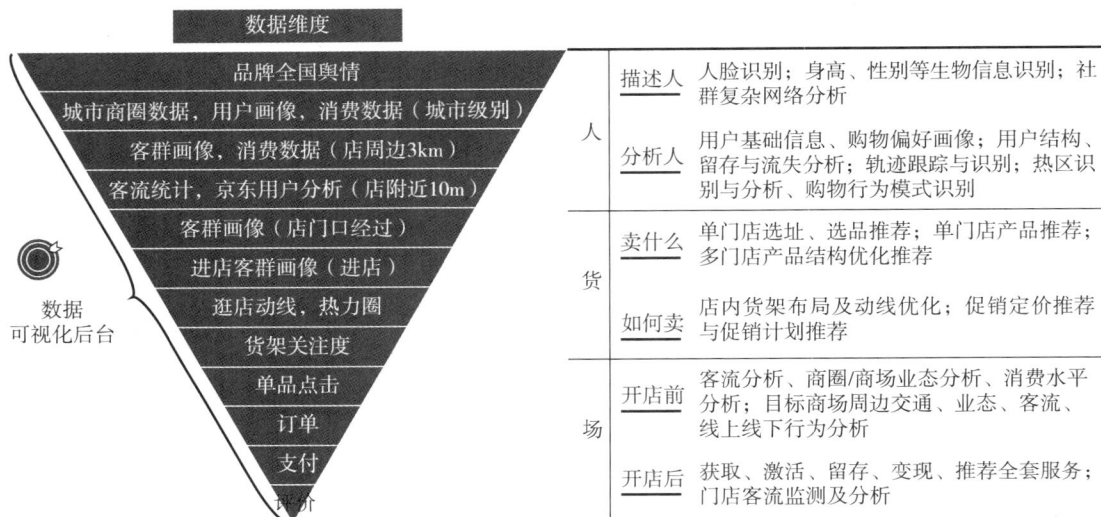

数据维度		
品牌全国舆情	描述人	人脸识别；身高、性别等生物信息识别；社群复杂网络分析
城市商圈数据，用户画像，消费数据（城市级别）		
客群画像，消费数据（店周边3km）	分析人	用户基础信息、购物偏好画像；用户结构、留存与流失分析；轨迹跟踪与识别；热区识别与分析、购物行为模式识别
客流统计，京东用户分析（店附近10m）		
客群画像（店门口经过）	卖什么	单门店选址、选品推荐；单门店产品推荐；多门店产品结构优化推荐
进店客群画像（进店）		
逛店动线，热力圈	如何卖	店内货架布局及动线优化；促销定价推荐与促销计划推荐
货架关注度		
单品点击	开店前	客流分析、商圈/商场业态分析、消费水平分析；目标商场周边交通、业态、客流、线上线下行为分析
订单		
支付	开店后	获取、激活、留存、变现、推荐全套服务；门店客流监测及分析
评价		

数据可视化后台 ｜ 人 ｜ 货 ｜ 场

图 1-3　祖冲之数据维度和功能

　　以用户引流为例，祖冲之提供目标用户选取功能，辅助门店快速获取核心用户信息。通过线上的消费信息对店铺周边一定范围内的用户进行画像，分析指导线下门店开展客户引流工作。有了合适的目标人群信息，祖冲之提供的商品筛选功能可以针对目标人群进行精准营销。

　　京东大数据走过了多年的艰苦历程，在大数据采集、存储、计算和数据管理体系上积累了丰富的实践经验，打造了万台集群规模的大数据平台，构造了适合各类计算应用场景的技术环境，在数据资产管理方面建成了较完整的体系，并在如何实现大数据价值上进行了有效的探索。京东大数据在营销领域、物流领域、供应链领域、人工智能、智能零售、时尚创新和金融业务方面有所成就。

　　资料来源：京东大数据与智能供应链事业部. 2018京东大数据技术白皮书. 京东大数据平台部出品 2018-12-7.

第一节　大数据的诞生与发展

一、大数据的诞生

在 1980 年，著名未来学家阿尔文·托夫勒在其所著的《第三次浪潮》中就热情地将"大数据"称颂为"第三次浪潮的华彩乐章"。

☞**链接 1.1**

《第三次浪潮》作者及内容简介

最早诞生大数据的领域是天文学和基因学。

2000 年斯隆数字巡天项目启动时，位于新墨西哥州的望远镜在短短几周内收集的数据，已经比天文学历史上总共收集的数据还要多。2010 年，信息档案已经高达 1.4×2^{42} 字节。2016 年在智利投入使用的大型视场全景巡天望远镜能在 5 天内获得同样多的信息。

天文学领域的变化在各个领域都在发生。2003 年，人类第一次破译人体基因密码时，辛苦工作了十年才完成 30 亿对碱基对的排序。十年后，世界范围内的基因仪 15 分钟就可以完成同样的工作。

21 世纪是数据信息大发展的时代，移动互联、社交网络、电子商务等都极大地拓展了互联网的边界和应用范围，各种数据正在迅速膨胀并变大。互联网公司每天更是要面对海量的数据。谷歌公司每天要处理超过 24 帕字节的数据（等于 2^{50} 字节），这意味着其每天的数据处理量是美国国家图书馆所有纸质出版物所含数据量的上千倍。脸书（Facebook）公司主要创始人为美国人马克·扎克伯格。Facebook 是美国的一个社交网络服务网站，于 2004 年 2 月 4 日上线，于 2012 年 3 月 6 日发布 Windows 版的桌面聊天软件 Facebook Messenger（飞书信）。Facebook 是世界排名领先的照片分享站点。2017 年 2 月，Brand Finance 发布 2017 年度全球 500 强品牌榜单，Facebook 排名第 9 位。Facebook 公司每天更新 69.5 万+条新状态，更新的照片量超过 1000 万张，每天人们在网站上点击"喜欢"（like）按钮或者写评论次数大约有 30 亿次，这就为 Facebook 公司挖掘用户喜好提供了大量的数据线索。与此同时，谷歌子公司优兔（YouTuBe）每分钟上传 600+新视频，每月接待多达 8 亿的访客。Twitter 上每分钟发布 98000+新微博，每天都会发布超过 4 亿条微博。iPhone 应用下载每分钟超过 13000+次下载量，Skype 上每分钟产生 37 万+分钟的语音通话，淘宝"光棍节"每分钟产生 10680+个新订单，12306 火车购票系统每分钟出票 1840+张。简而言之，一天之中，互联网产生的全部内容可以刻满 1.68 亿张 DVD；发出的邮件有 2940 亿封之多（相当于美国两年的纸质信件数量）；发出的社区帖子达 200 万个（相当于《时代》杂志

770年的文字量）；国际数据公司（International Data Corporation，IDC）预计，2020年全球共拥有35ZB（泽字节，约为10亿TB）的数据量，相较于2010年，增长近30倍。

另外，物联网（传感器、智慧地球）、车联网、GPS、医学影像、安全监控、金融（银行、股市、保险）、电信（通话、短信）等领域都在疯狂产生着数据。从科学研究到医疗保险，从银行业到互联网，各个不同的领域都在讲述着一个类似的故事，那就是爆发式增长的数据量。这种增长超过了我们创造机器的速度，甚至超过了我们的想象。在2006年，个人用户才刚刚迈进TB（太字节）时代，全球一共新产生了约180EB（艾字节）的数据，在2011年，这个数字达到了1.8ZB。

人类存储信息量的增长速度比世界经济的增长速度快4倍，而计算机数据处理能力的增长速度则比世界经济的增长速度快9倍。难怪人们会抱怨信息过量，因为每个人都受到了这种极速发展的冲击。以纳米技术为例。纳米技术就是让一切变小而不是变大。其原理就是当事物到达分子的级别时，它的物理性质就会发生改变。一旦你知道这些新的性质，就可以用同样的原料来做以前无法做的事情。铜本来是用来导电的物质，但它一旦到达纳米级别就不能在磁场中导电了。银离子具有抗菌性，但当它以分子形式存在时，这种性质会消失。一旦到达纳米级别，金属可以变得柔软，陶土可以具有弹性。同样，当我们增加所利用的数据量时，我们就可以做很多在小数据量的基础上无法完成的事情。谷歌能够几近完美地给出与基于大量真实病例信息所得到的流感情况一致的结果，而且几乎是实时的，比疾控中心快多了。同样，Farecast可以预测机票价格的波动，从而让消费者真正在经济上获利。它们之所以如此给力，都因为存在有供其分析的数千亿的数据项。

尽管我们仍处于大数据时代来临的前夕，但我们的日常生活已经离不开它了。垃圾邮件过滤器可以自动过滤垃圾邮件，尽管它并不知道"发#票#销#售"是"发票销售"的一种变体。交友网站根据个人的性格与之前成功配对的情侣之间关联来进行新配对。具有"自动改正"功能的智能手机通过分析我们以前的输入，将个性化的新单词添加到手机词典里。然而，对于这些数据的利用还仅仅只是一个开始，大数据时代已经来临。

二、大数据的发展历程

大数据的发展总体上可以划分为三个阶段：萌芽期、成熟期和大规模应用期。第一阶段，萌芽期：20世纪90年代到21世纪初，随着数据挖掘理论和数据库技术的逐步成熟，一批商业智能工具和知识管理技术开始被应用，如数据仓储、专家系统和知识管理系统等。第二阶段，成熟期：21世纪前十年，非结构化数据大量产生，传统的处理方式难以应对，带动了大数据技术的快速突破，大数据解决方案逐步走向成熟，形成了并行计算与分布式系统两大核心技术，谷歌的GFS和MapReduce等大数据技术受到追捧，Hadoop平台被大家接受。第三阶段，大规模应用期：2010年以后，大数据渗透到制造业、金融行业、物流行业、互联网行业、安全领域、城市管理等各行各业，数据驱动决策，信息社会智能化程度大幅度提高。

最先经历信息爆炸的学科，如天文学和基因学，创造了"大数据"这个概念，云时代的到来则令大数据越来越受关注。2008年9月3日出版的《自然》杂志刊登专题——

《大数据》封面专栏。从 2009 年开始"大数据"才成为互联网技术行业中的热门词汇。2010 年，高德纳（Gartner）研究与顾问咨询公司提出"信息将是 21 世纪的石油"，指出大数据的潜在价值。2011 年 2 月 11 日出版的《科学》杂志刊登专题——数据处理，大数据逐渐被学术界所熟知。但是，大数据在商业实践中被广泛关注，还是得益于全球知名咨询公司麦肯锡公司"大数据"报告的出版。2011 年 6 月，麦肯锡公司看到了各种网络平台记录的个人海量信息具备潜在的商业价值，于是投入大量人力物力进行调研，并发布了关于"大数据"的报告，该报告对"大数据"的影响、关键技术和应用领域等进行了详尽的分析。麦肯锡的报告得到了金融界高度重视，而后逐渐受到了各行各业关注。本书从政府、学界和业界等方面梳理了近年来大数据产业的发展历程（见表 1-1 和表 1-2）：

表 1-1　政府推动大数据产业的发展

时间	事件	内容
2009 年	美国政府启动 Data. gov 网站	进一步开放了数据的大门，向公众提供各种各样的政府数据
2010 年	德国联邦政府启动"数字德国 2015"战略	将物联网引入制造业，打造智能工厂，工厂通过信息物理系统（CPS）实现全球互联
2011 年	中国工信部发布物联网"十二五"规划	把信息技术作为 4 项关键技术创新工程之一提出来，其中包括海量数据存储、数据挖掘、图像视频智能分析等大数据的重要组成部分
2012 年	美国奥巴马政府在白宫网站发布《大数据研究与发展倡议》	这标志着大数据已成为重要的时代特征，之后美国政府宣布 2 亿美元投资大数据领域，使大数据技术从商业行为上升到国家科技战略的分水岭
	联合国在纽约发布大数据政务白皮书	总结各国人民如何使用丰富的数据资源，对社会人口进行实时分析
2014 年	美国白宫发布了 2014 年全球"大数据"白皮书的研究报告	大数据：抓住机遇，守护价值
	"大数据"首次写入中国《政府工作报告》	《政府工作报告》指出，要建立新兴产业创业创新平台，在大数据等方面赶超先进，引领未来产业发展
2015 年	国务院正式印发《促进大数据发展行动纲要》	《纲要》明确指出推动大数据发展和应用
2016	中国工信部印发了《大数据产业发展规划（2016~2020 年）》	《大数据产业发展规划》提出，"十三五"是实施国家大数据战略起步期，必须抓紧机遇加快发展，实现从数据大国向数据强国转变

表 1-2 学界和业界推动大数据产业的发展

时间	事件	内容
2005 年	Hadoop 项目诞生，即由多个软件组成的一个生态系统	这些软件产品共同实现全面功能和灵活的大数据分析
2009 年	联合国全球脉冲项目	研究如何利用手机和社交网站的数据源分析、预测从螺旋价格到疾病暴发之类的问题
2010 年	肯尼斯·库克尔在《经济学人》上发表《数据，无所不在的数据》	从经济界到科学界，从政府部门到艺术领域，很多方面都已感受到这种巨量信息的影响
2011 年	麦肯锡发布《大数据：创新、竞争和生产力的下一个新领域》	大数据开始备受关注，这是专业机构第一次全方位介绍和展望大数据
2012 年	瑞士达沃斯世界经济论坛发布《大数据，大影响》	数据已经成为一种新的经济资产类别，像货币或黄金一样
	美国软件公司 Splunk 在纳斯达克成功上市，成为第一家上市的大数据公司	Splunk 是一家领先的提供大数据检测和分析的软件提供商
	阿里巴巴集团在管理层设立"首席数据官"一职	负责全面推进"数据分析平台"战略，并推出大型的数据分享平台——"聚石塔"，为天猫、淘宝平台上的电商及服务商提供数据云服务
2013 年	互联网巨头纷纷发布机器学习产品，如 IBM Watson 系统、微软小冰	标志着大数据进入深层价值阶段
2015 年	计算研究发布《2015 大数据市场评论》	大数据开始作为企业决策的重要支撑，在商业市场上发挥巨大价值

第二节 大数据产业发展概况及趋势

一、全球大数据产业发展规模

自 2013 年"大数据元年"开始，全球大数据产业快速发展，国内外争先抢占大数据战略高地，大数据成为"政策资源"的聚集地。其中：美国希望利用大数据技术实现在多个领域的突破，包括科研教学、环境保护、工程技术、国土安全、生物医药等；联合国实施数据脉动计划；欧盟大数据活动主要涉及数据价值链战略计划、实施开放数据政策、促进公共资助科研实验成果和数据的使用及再利用、资助"大数据"和"开放数据"领域的研究和创新活动四方面内容；日本在《日本再兴战略》中提出开放数据，将实施数据开放、大数据技术开发与运用作为 2013~2020 年重要国家战略，积极推动日本政府大数据开放及产业大数据的发展，零售业、道路交通基建、互联网及电信业等行业的大数据应用取得显著效果；韩国政府高度重视大数据发展，科学、通信和未来规划部与国家信息社会局共建大数据中心，大力推动韩国大数据产业发展；澳大利亚政府信息管理办公室（AGIMO）发布《公共服务大数据战略》，以六条"大数据原则"为支撑，旨在推动公共行业利用大数据分析进行服务改革，制定更好的公共政策，保护公民隐私，使澳大利亚在该领域跻身全球领先水平。

2014年，全球大数据解决方案不断成熟，各领域大数据应用全面展开，为大数据发展带来强劲动力。Google、Facebook、Amazon、IBM、Oracle、EMC、Microsoft等知名公司都站在大数据产业链上的重要位置，利用其领先的大数据技术获取巨大的商业价值。

智研咨询发布的《2019~2025中国大数据产业竞争现状及未来发展趋势报告》指出，2014年，全球大数据市场规模达到285亿美元，同比增长53.2%。2015年全球大数据市场规模达到384亿美元，同比增长34.7%。2017~2021年行业年均复合增长率约为40.98%，2021年全球大数据市场规模将达到2847亿美元。大数据逐渐成为全球IT支出新的增长点。中投顾问发布的《2016~2020中国大数据行业投资分析及前景预测报告》指出，2014年数据中心系统支出达1430亿美元，比2013年增长2.3%。大数据对全球IT开支的直接或间接推动将达2320亿美元，从市场结构分析，2014年，全球大数据市场结构从垄断竞争向完全竞争格局演化。企业数量迅速增多，产品和服务的差异度增大，技术门槛逐步降低，市场竞争越发激烈。在全球大数据市场中，行业解决方案、计算分析服务、存储服务、数据库服务和大数据应用为市场份额排名最靠前的细分市场，分别为35.4%、17.3%、14.7%、12.5%和7.9%，详见图1-4。云服务的市场份额为6.3%，基础软件占据3.8%的市场份额，网络服务仅占据了2%的市场份额。

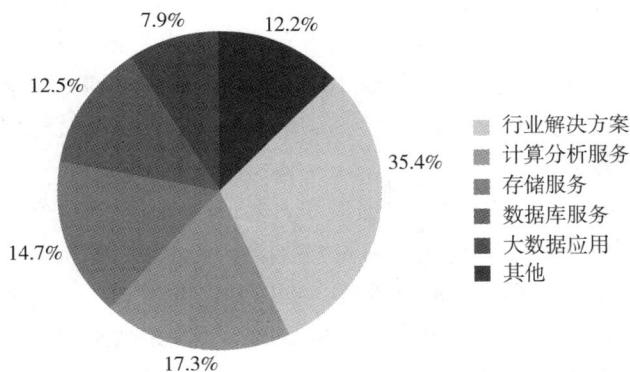

图1-4　全球大数据市场行业应用大数据占比分布情况

数据来源：中投顾问产业研究中心

二、我国大数据产业发展情况

随着全球数据的爆发式增长，大数据产业备受关注。我国的大数据在政策、技术、产业、应用等方面均获得了长足发展。据中商产业研究院发布的《2018~2023年中国大数据产业市场前景及投资机会研究报告》数据显示，围绕国家大数据战略实施要求，2017 年中国大数据产业规模达到 4700 亿元，同比增长 30%；其中，大数据硬件产业的产值为 234 亿元，同比增长 39%。据前瞻产业研究院发布的《中国大数据产业发展前景与投资战略规划分析报告》数据显示，预测在 2023 年我国大数据产业市场规模将增长至 15700 亿元。

据《大数据蓝皮书：中国大数据发展报告 No. 3》数据显示，2019 年中国 31 个省（自治区、直辖市）大数据发展指数位居前十的省市分别是北京、广东、浙江、上海、贵州、江苏、重庆、天津、山东和河北。

从地域分布来看：排名在前十位省市中，东部地区占 8 位，西部地区占 2 位，分别是贵州省和重庆市。贵州省大数据发展指数连续三年在省域排名位列前十，在西部地区实现弯道超车，以大数据推动地区创新发展。从中商产业研究院整理的大数据产业地图来看，东部沿海地区经济相对较发达，大数据产业的上市企业多分布在北京以及东部沿海地区，其中主要以北上广地区分布居多。据产业地图显示，北京市大数据产业上市企业数量最多，达到了 37 家。其次，广东省 21 家，上海市 10 家，其余省份的大数据上市企业均在 10 家以下。从大数据企业来看，我国大数据市场供给结构初步形成，呈现三角形结构，即以百度、阿里、腾讯为代表的互联网企业，以华为、联想、浪潮、曙光、用友等为代表的传统 IT 厂商，以亿赞普、拓尔思、海量数据、九次方等为代表的大数据企业。

随着移动互联网、物联网、云计算产业的深入发展，大数据国家战略的加速落地，2019 年大数据体量呈现爆发式增长态势。2019 年包括数据挖掘、机器学习、产业转型、数据资产管理、信息安全等大数据技术及应用领域都将面临新的发展突破，成为推动经济高质量发展的新动力。

中国企业将有计划按步骤地推进数字化转型。越来越多的企业将"数字"视为核心资源、资产和财富，纷纷选择数字化转型以抢占新的制高点。据调研机构 IDC 针对 2000 位跨国企业 CEO 调查表明，2018 年，全球 1000 强企业中的 67%、中国 1000 强企业中的 50% 都将把数字化转型作为企业的战略核心。展望未来，数字化转型将是传统企业尤其是中小企业必须跨越的生死关隘。

中商产业研究院指出，2020 年大数据最令人瞩目的应用领域是健康医疗、城镇化智慧城市、金融、互联网电子商务、制造业工业大数据；取得应用和技术突破的数据类型是城市数据、视频数据、语音数据、互联网公开数据以及企业数据、人体数据、设备调控、图形图像；在数据资源流转上，会自己收集大量数据、会利用数据提供服务、会免费提供数据集、会下载和获得免费数据集、会买数据集；大数据的最佳拍档概念是数据科学、机器人和人工智能、智能计算或认知计算；我国大数据发展的最主要推动者来自于大型互联网公司、政府机构。

三、大数据产业发展趋势

1. 非结构化数据成为主题

大数据时代，数据和信息呈现出爆炸式增长，巨大的数据量已经从 TB 级跃升至 ZB 级，数据结构也更加复杂，大部分数据信息都属于非结构化数据，包括大量的语音、文字、图片、视频信息等，各种数据格式之间互不兼容，而且数据访问和使用更具随机性，给数据的提取、存储、管理和应用带来一定难度。据统计，超过 80% 的相关信息数据都是以非结构化格式存在的，在非结构化数据中蕴藏着对未来大数据发展有用的信息宝库，利用数据可视化工具分析非结构化数据，能够有效分析信息之间的相关性并挖掘数据的潜在价值。因此，非结构化数据和半结构化数据带来的技术和应用领域将是未来大数据发展的新蓝海。

2. 开源成为大数据技术的主要方向

经过多年发展，大数据相关的数据采集、存储、分析、可视化等基础性技术已经取得重大突破，形成了实用性强、稳定度高的技术能力。从大数据技术的发展历程上看，大数据的崛起源于一场由"开源软件"驱动的革命，大数据核心技术如分布式存储、云端分布式及网格计算均是依赖于开源模式。从 IBM、Oracle 等科技巨头到雨后春笋般的大数据创业公司，开源软件与大数据的结合迸发出惊人的产业颠覆性力量，开源技术在大数据技术进步中将占据核心地位，成为大数据技术创新的主要途径。

3. 大数据成为产业转型升级突破口

大数据作为一种重要的战略资产，已经不同程度地渗透到每个行业领域和部门，在商贸、交通、城市管理等多个领域中得到了广泛应用，未来各产业发展的方向将与大数据紧密挂钩。随着大数据产业发展的日趋成熟，传统产业将越来越多地利用大数据实现产业转型升级。一方面，大数据与高端装备制造、新能源、生物医药等领域的深度融合和创新应用，将广泛带动农业、制造业、服务业等传统产业转型升级；另一方面，基于数据挖掘应用的大数据产业本身有着巨大的商业价值和社会价值，大数据与传统行业的结合，将催生出一些新的行业与业态，为经济和社会发展创造新的增长点。

4. 数据市场格局呈现平台化趋势

大数据正处在快速发展期，市场格局也将逐步呈现平台化的发展态势。在数据采集领域，全球各大互联网企业已经认识到数据的价值，在数据获取入口等方面展开激烈的竞争。互联网数据往往都掌握在大企业手里，如我国百度、腾讯、阿里三大平台型龙头企业在搜索、社交和电商数据的采集上处于垄断地位；在数据存储和交易领域，传统大型 IT 企业和大型互联网企业将占据绝大多数的市场份额，随着云端数据中心的不断推进和企业存储能力的开放，数据存储将会更趋于集中，大型数据平台将应运而生，基于产品、信息、客户的资源整合平台及其商业模式创新成为主流。

5. 信息安全问题日益凸显

数据开放已成为各界共识，同时大数据技术给数据使用的隐私问题带来了新挑战。如支付宝年度账单事件、Facebook 用户数据泄露、携程大数据"杀熟"、华住酒店集团信息泄露案，每一次都引发各界持续热议。随着新一代信息技术的不断发展和广泛应用，智能设备的自动化将引发更多远程控制的安全隐患；未来"云脑"的出现，机器有可能通过万物互联实现设计、制造和自主行为，人类将面对前所未有的安全问题。大数据时代，由于数据比较集中，信息量也比较大，对海量数据进行安全防护变得更加困难，数据的分布式处理也加大了数据泄露的风险，尤其是政府数据，其中包含着事关国家发展的数据，其可能对国家安全产生影响。因此，数据的隐私和信息安全正成为制约大数据发展的重要瓶颈。

☞链接 1. 2

快递员泄露客户信息获利 3.8 万元被判刑

🔦 课后练习题

一、单项选择题

1. 视频、图片、语音等非结构化数据大量产生，大数据技术快速突破，形成了并行计算与分布式系统两大核心技术，这属于大数据发展的（　　）阶段。

　　A. 萌芽期　　　　　　　　　　　　B. 大规模应用期

　　C. 成熟期　　　　　　　　　　　　D. 衰退期

2. 最早产生大数据变革的领域是（　　）。

　　A. 天文学、基因学　　　　　　　　B. 基因学、金融学

　　C. 天文学、金融学　　　　　　　　D. 基因学、人工智能

3. 关于大数据的发展前景，下列选项中正确的是（　　）。

　　A. 数据的隐私和信息安全正成为制约大数据发展的重要瓶颈

　　B. 结构化数据成为主题

　　C. 大数据与传统产业完全割裂

　　D. 信息安全问题无足轻重

二、简答题

1. 结合所学知识简述大数据产生的背景。

2. 简述大数据的发展历程。

3. 结合具体的案例分析我国大数据的发展现状。

4. 分析大数据产业未来的发展趋势。

第二章 大数据理论概述

📖 教学目标

1. 掌握大数据的概念和特点
2. 掌握大数据的主要来源
3. 理解大数据的技术支撑
4. 掌握大数据的处理流程
5. 理解大数据的商业价值
6. 了解大数据的价值链
7. 理解大数据与云计算、物联网之间的关系

📖 教学重点

1. 大数据的概念和特点
2. 大数据的主要来源
3. 大数据的处理流程
4. 大数据的商业价值

📖 教学难点

1. 大数据的技术支撑
2. 大数据与云计算、物联网之间的关系

引导案例

网易云音乐：　大数据更懂你的心

2018年新年伊始，就被网易的年终听歌报告H5刷了屏，其实网易并不是报告的创始人，但它却又一次点燃了朋友圈。报告关注的点，你听了多少歌，花了多少时间，哪首歌听得最多，最喜欢的歌手又是谁，哪天又熬夜了，无疑是对用户心理需求的又一次洞察。

通过网络大量搜集用户的听歌喜好、听歌时间、听歌类型，根据用户数据每日推荐适合用户的歌曲。使用户的生活习惯成为自己的数据，数据成为网易云音乐的潜在价值。

一、网易云音乐的崛起

2015年1月12日，全球领先的移动互联网第三方数据挖掘和整合营销机构艾瑞咨询（IResearch）发布了《2014Q3中国手机音乐客户端市场研究报告》。报告数据显示，2014年第三季度，中国手机音乐客户端用户规模已达3.71亿，比上一季度增长7.8%。艾瑞咨询公司分析认为，中国手机音乐客户端可供选择的社交分享渠道愈加多元化，微信朋友圈、QQ空间、微博是用户分享音乐的三大平台。现阶段进行音乐分享的用户占一定比例，手机音乐客户端的社交功能效应开始显现，"音乐社交"作为新元素，发展迅速。

截至2014年底，音乐软件的大部分市场被酷狗音乐、酷我音乐、天天动听等老牌音乐软件占领。几家公司的总和占了音乐市场的半壁江山。这些音乐软件由于进入音乐软件市场时间长，在之前就已经有用户基础，拥有十分充足的用户量。其中QQ音乐依靠数量巨大的QQ用户，也在软件市场占有一席之地。在众多音乐软件中，网易云音乐作为上线时间大约一年的"年轻人"，下载量和几家巨头差距巨大。但其实网易云早已做好准备在竞争激烈的音乐软件市场折戟沉沙。

网易云音乐虽然下载量数量不高，但是其增长率达到了200%。在其他音乐软件都匀速保持10%的增速时，网易云音乐像一匹黑马，对音乐软件市场发起猛攻。

二、大数据推动网易云音乐的快速发展

网易云音乐和其他软件的区别不大，它拥有曲库、播放器，可以同步用户的本地歌曲，能够听歌识曲。市场上音乐软件主流的功能，网易云音乐都有。网易云音乐和其他软件的区别大吗？很大！网易云音乐在竞争激烈并不被看好的红海市场中能够迎头追赶、后来居上，靠的是用心——对用户行为的深入洞察和对用户需求的准确把握。在音乐软件同质化严重的环境下，网易云音乐以简洁的黑胶唱片设计赢得了用户的心。不急不缓的转速、模糊背景的朦胧感、极简的配色、一目了然的功能分布，看似简单的黑胶旋转，实则暗藏玄机，因为转太快了让人产生不适，转太慢了又会让人昏昏欲睡。据说，网易云音乐产品开发之初，为了确定黑胶唱片的转动速度，丁磊和产品团队搬来真唱机，观察唱片的播放场景，调整了不下20个版本，最终才有如今体验舒适的网易云音乐黑胶播放界面。

在用户界面下了一番功夫之后，网易云音乐并没有放弃对于软件的执着，它的团队不想只是让云音乐成为一个漂亮的花瓶。在软件外表漂亮的基础上，研发团队用了更多的心思来研究现在人们听歌的行为习惯，依托大数据时代的技术优势，整合社区、分享、交流、评论等功能，让网易云音乐真正成为乐迷心中的圣地。而在这其中起到关键作用的，就是大数据的应用。

三、基于社交数据的目标用户初步分析

网易云音乐对不同的用户进行了隐形的区分，在刚进入网易云音乐时，每个人都是一样，大家的数据都是空白。但是由于每个人的个性、爱好、职业的不同，对于音乐的喜好会有所不同。这时网易云音乐会对目标用户进行初步分析，将音乐消费者细分成几类，进行对用户的初步分析。

第一类：学生。用户特征为年轻、时间宽裕、喜欢新鲜、爱评论、爱分享、爱展示、有个性。音乐需求：①个性化推荐音乐；②对音乐有评论等互动行为；③分享展示喜欢的音乐等。

第二类：白领。用户特征为时间碎片化、有一定压力、会关注娱乐界动态。音乐需求：①迅速找到喜欢的音乐；②推荐潮流音乐；③有明星动态。

第三类：IT从业者。用户特征为压力大、需要更多消遣和心理慰藉。音乐需求：①个性化推荐音乐；②推荐舒缓音律的歌曲。

第四类：时尚人士。用户特征为热爱音乐和潮流、有个性。音乐需求：①个性化推荐音乐；②推荐潮流音乐；③有明星和时尚圈动态。

在短时间内对用户的音乐品味、喜好的音乐类型、听歌的习惯以及用户注册账号时的各种信息进行收集，利用大数据算法进行智能分类，再精准推荐歌曲，提供用户体验度高的音乐在线服务。

四、基于数据的精准营销

除了实现音乐个性化推荐，对大数据的分析也能帮助营销人员洞察把握用户的情绪。2亿用户，每天产生若干评论点赞，而这些数据的汇集就是这群人每天的心理描写。透过数据分析，网易云音乐即时抓住用户心理需求，因此一次又一次成功做出刷屏的营销活动。

1. 个性化推荐

在对用户进行细分之后，网易云通过技术优势，将歌曲贴上多个标签，运用多种推荐方法，推荐给不同受众的用户。其中私人FM以及每日推荐歌曲都是根据用户个人的听歌喜好，对比拥有类似喜好的用户，将歌曲推送给用户，使用户在使用此类功能时有一种被读懂了的感觉。网易云音乐将多种歌曲推荐方式进行了结合，收集用户数据组成了庞大的数据库（见图2-1）。

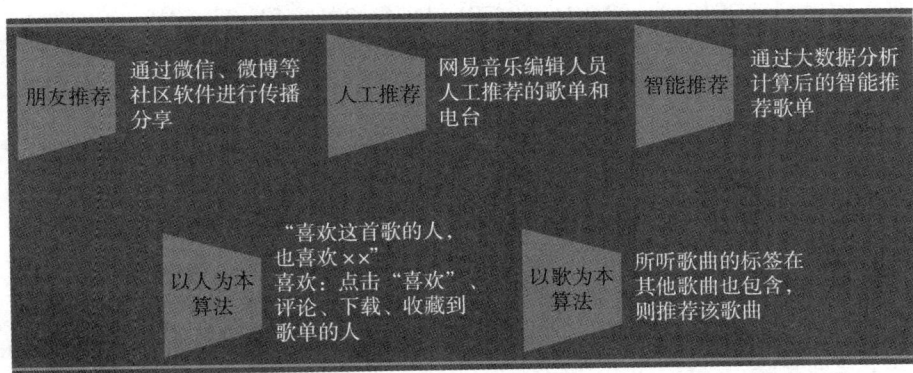

图2-1　网易云个性化推荐思路

2. 差异化歌单

网易云音乐通过推荐歌曲后，延伸成为差异化歌单，这个歌单由用户自主打造，热爱音乐的用户也可以在其中建立自己的专属歌单，并且分享给其他人。同时也得益于大数据算法推荐，其他用户会被推荐与自己音乐品味相同的歌单，与个性化推荐相似，不过这里推荐的可能是几十首歌曲，也许用户一听，就是一个下午。值得一提的是，网易云音乐的歌单还有以下要素：

第一个是简洁。网易云音乐的歌单功能都非常简洁，前述也提到了用户都可以自主建立歌单。

第二个是核心。网易云音乐的核心功能，大部分用户都会接触到歌单这个功能。

第三个是连接。网易云音乐通过歌单把一些富有创造力的意见和一些大众用户连接在一起，他们之间通过歌单有很好的一个化学反应。

第四个是氛围。网易云音乐本质上是一个社区性的产品，社区都会有自己的氛围和气质。他们选择建立一个开放的社群关系。

3. 评论伴随着情怀

网易云音乐另一个走心功能是评论功能。网易云音乐所有歌曲中评论数量最多的一首歌，来自周杰伦的《晴天》，达到了惊人的 100 多万。赞数最多的评论也有 27 万之多。有报告指出，过去只有 5% 的人会在听音乐时看评论，这是非常小众的一种需求。而据网易云音乐产品负责人王诗沐透露，云音乐中已经有 30% 的人看评论了。由此可见，网易云音乐的评论功能深得人心。可以说网易云音乐改变了用户的使用习惯，而这都源于大数据对用户行为偏好与需求的准确把握。

五、技术和人文的碰撞

许多简单的话语，体现的都是对于昨天的怀念、今天的不舍，以及明天的向往。很多人使用网易云音乐就是为了在音乐中感受温度，在评论里找到共鸣。网易云音乐没有让用户在找到喜欢的歌曲之后就止步。每首歌曲下的评论带来的感动甚至不亚于歌曲本身。

就像网易云音乐的品牌广告语——音乐的力量。耳机中的歌声与屏幕前的文字二者结合带给人们一场精神的远足。网易云音乐将这些冰冷的数据和热爱音乐的心连在一起，用数据点燃了音乐情怀；技术与人文的碰撞，有了现在的网易云音乐，给了人们音乐的力量。

资料来源：含辰. 网易云音乐：用大数据点燃的"音乐情怀"[EB/OL]. http://comment. gog. cn/system/2018/01/03/016328372. shtml，2018-01-03/2018-08-13.

第一节　大数据基本概念

一、大数据的概念与特点

1. 大数据的概念

信息社会所带来的好处是显而易见的：每个人口袋里都揣有一部手机，每台办公桌上都放着一台电脑，每间办公室内都连接到局域网甚至互联网。随着计算机技术全面和深度地融入社会生活，信息爆炸已经积累到了一个开始引发变革的程度。它不仅使世界充斥着比以往更多的信息，而且其增长速度也在加快。信息总量的变化还导致了信息形态的变化——量变引起了质变。

最先经历信息爆炸的学科，如天文学和基因学，创造出了"大数据"（Big Data）这个概念。如今，这个概念几乎应用到了所有人类致力于发展的领域中。然而什么是大数据？大数据概念并没有标准定义，各个机构和学者对大数据的理解不同，其定义也有所不同。

2010 年，被誉为"大数据时代的预言家"的英国学者维克托·迈尔·舍恩伯格在《经济学人》上发布了长达 14 页对大数据应用的前瞻性研究，比较明确地提出了大数据时代的思想。在《大数据时代》一书中，舍恩伯格认为，大数据不是随机样本，而是全体数据；不是精确性，而是混杂性；不是因果关系，而是相关关系。同年，全球知名咨询公司——高德纳（Gartner）研究与顾问咨询公司认为，大数据是需要新处理模式才能具有更强的决策力、洞察发现力和流程优化能力的海量、高增长和多样化的信息资产。2011 年 6 月，麦肯锡（Mckinsey）在"大数据报告"中指出，大数据是指大小超出了典型数据库软件工具收集、存储、管理和分析能力的数据集。麦肯锡还称，"数据，已经渗透到当今每一个行业和业务职能领域，成为重要的生产因素。人们对于海量数据的挖掘和运用，预示着新一波生产率增长和消费者盈余浪潮的到来。"

结合大数据的发展历程和概念变迁，本书采用的概念如下：大数据是指无法在可承受的时间范围内用常规软件工具捕捉、管理和处理的数据集合，是需要新处理模式才能具有更强的洞察力、决策力和流程优化能力的海量、高增长和多样化的信息资产。

此外，大数据不仅仅是"大"，比大更重要的是数据的复杂性，有时甚至大数据中的小数据如一条微博就具有颠覆性的价值。数据越大越值钱，这个可能也是一个误区。比大更重要的是数据全样本思想。全样本数据量也许并不大，但却完美地避开了随机抽样的缺陷。很多公司其实都有很多数据，比如百度、腾讯，但相比较而言淘宝的商业数据就更有价值。

2. 大数据的特点

对于大数据的特点，业界通常用 Volume、Variety、Value、Velocity 这 4 个"V"来概括。这些特征使大数据区别于传统的数据概念，具体而言，大数据的基本特征包括以下几个方面：

（1）数据体量巨大——Volume。数据体量大是大数据的基本属性。从现状来看，各种数据产生速度之快，产生数量之大，已远远超出人类可以控制的范围，"数据爆炸"成为大数据时代的鲜明特征，数据量基本上是指从几十 TB 到几 ZB 这样的数量级。当然，随着技术的发展，这个数值也会不断变化。据统计，谷歌每天处理的数据等于 100 亿本书，截至 2013 年累计的数据达到 1.2ZB，把数据刻成光盘，可以去月球 5 次；到目前为止，人类生产的所有印刷材料的数据量是 200PB，而历史上全人类说过的所有话的数据量大约是 5EB（见表 2-1）。

表 2-1　数据存储单位之间的关系

单位	换算关系
Byte（字节）	1Byte = 8bit
KB（千字节）	1KB = 1024Byte
MB（兆字节）	1MB = 1024KB
GB（吉字节）	1GB = 1024MB
TB（太字节）	1TB = 1024GB
PB（拍字节）	1PB = 1024TB
EB（艾字节）	1EB = 1024PB
ZB（泽字节）	1ZB = 1024EB

（2）数据类型繁多——Variety。海量数据有不同类型，第一种是结构化数据，简单来说就是数据库中的数据。结合到典型场景中更容易理解，比如企业 ERP 系统、财务系统、教育一卡通、政府行政审批、其他核心数据库等。第二种是半结构化数据，包括电子邮件、文字处理文件及大量保存和发布在网络上的信息。第三种是非结构化数据，如视频数据、音频数据、地理位置、图片、微信、微博、链接信息、手机呼叫信息、网络日志等。目前，许多大数据都是半结构化和非结构化，这些数据处理方式是比较多样的，并对数据处理能力提出了更高的要求。

（3）价值密度低——Value。大量的不相关信息，不经过处理则价值较低，属于价值密度低的数据。价值密度的高低与数据总量的大小成反比。以视频资料为例，公安机关在侦破刑事案件时通常需要调取案发现场的监控视频。而在连续不间断的监控过程中，有用的数据可能仅仅只有一两秒，而有时恰恰是这一两秒的数据就能帮助公安机关发现破案的蛛丝马迹，如果没有意外事件发生，连续不断产生的数据是没有任何价值的。如何通过强大的机器算法更迅速地完成数据的价值"提纯"是目前大数据汹涌背景下亟待解决的难题。

（4）处理速度快——Velocity。处理数据的效率就是企业的生命。数据增长速度快，处理速度也必须快，时效性要求高。因为数据化会存在时效性，需要快速处理，并得到结果。例如，一些电商数据，如果当天的信息不及时处理，就会影响当天商业决策。搜索引擎要求几分钟前的新闻能够被用户查询到，个性化推荐算法要求尽可能实时完成推荐。这是大数据区别于传统数据挖掘最显著的特征。数据处理始终坚持"1 秒定律"（1 秒定律或者秒级定律，是指对处理速度有要求，一般要在秒级时间范围内给出分析结果，时间太长就失去价值），这样就可以快速地从各种类型数据中获取有价值的信息。

二、大数据的主要来源

大数据时代数据源非常多，但总的来说可以归纳为以下 4 个来源：

1. 信息管理系统

企业内部使用的信息管理系统，包括办公自动化系统、ERP 系统、业务管理系统等。

信息管理系统主要通过用户输入和系统二次加工的方式产生数据，其产生的数据大多为结构化数据，通常存储在数据库中。

2. 网络信息系统

互联网时代网络信息系统是大数据产生的重要方式，比如电子商务系统、社交网络、社会媒体、搜索引擎等，都是常见的数据来源。网络信息系统产生的数据多为半结构化或非结构化数据。本质上，网络信息系统是信息管理系统的延伸。

3. 物联网

物联网（The Internet of Things，IOT）是指通过各种信息传感设备，实时采集任何需要监控、连接、互动的物体或过程等各种需要的信息，与互联网结合形成的一个巨大网络。其目的是实现物与物、物与人，所有的物品与网络的连接，方便识别、管理和控制。物联网是新一代信息技术，其核心和基础仍是互联网，其用户端延伸和扩展到了任何物品与物品之间，并进行信息交换和通信。

4. 科学实验系统

科学实验系统主要用于科学技术研究，可由真实实验产生数据，也可通过模拟方式获取仿真数据。

三、大数据的支撑技术

阿基米德曾说："只要给我一个支点和一根足够长的杠杆，我就能把地球撬起来。"做任何事情，只要找到合适的工具，就能提高工作效率，化繁为简。大数据是一座诱人的金矿，获取数据、处理数据成了摆在企业面前的重要任务。

面对海量数据，工程师们必须改进数据收集、存储与处理的工具，才能将大数据的价值充分挖掘出来。这导致了新的处理技术诞生，如谷歌公司的 MapReduce 和开源 Hadoop 平台。

Hadoop 是一个可以更容易开发和运行的处理大规模数据的软件平台。2002 年由道格·卡廷领衔的雅虎团队开发。Hadoop 是基于 Java 语言开发的，具有很好的跨平台性，并可以部署在廉价的计算机集群中，其核心是分布式文件系统（Hadoop Distributed File System，HDFS）和分布式计算框架（MapReduce）。HDFS 是针对谷歌文件系统的开源实现，是面向普通硬件环境的分布式文件系统，具有较高的读写速度、很好的容错性和可伸缩性，支持大规模数据的分布式存储，其冗余数据存储方式很好地保证了数据的安全性。MapReduce 允许用户在不了解分布式系统底层细节的情况下开发并行应用程序，采用 MapReduce 来整合分布式文件系统上的数据，可保证分析和处理数据的高效性。借助 Hadoop，程序员可以轻松地编写分布式并行程序，将其运行于廉价计算机集群上，完成海量数据的存储与计算。

Hadoop 平台在分布式环境下提供了处理海量数据的能力，被公认为是一套行业大数据标准开源软件，国内外很多大公司都在利用 Hadoop 处理公司的业务，尤其在互联网领域，Hadoop 更是大放异彩。例如 Facebook 使用 Hadoop 存储内部的日志副本，Twitter 则使用 Hadoop 存储微博数据、日志文件和其他中间数据等。在国内，Hadoop 同样得到许多公司的青睐，比如百度就将 Hadoop 用于日志分析和网页数据库的数据挖掘，阿里巴巴则将 Hadoop 用于商业数据的排序和搜索引擎的优化，此外腾讯、京东、微软、思科、雅虎、谷歌等企业也是 Hadoop 的使用者。

短短几年，Hadoop 从一种边缘技术成为事实上的企业大数据标准，几乎成了大数据时代的代名词。Hadoop 一类的大数据技术使人们可以处理的数据量大大增加。更重要的是，这些数据不再需要传统的数据库表格来整齐地排列，一些可以消除僵化的层次结构和一致性的技术也出现了。同时，因为互联网公司可以收集大量有价值的数据，而且有利用这些数据的强烈利益驱动力，所以互联网公司成为了大数据技术的领头羊。它们甚至超过了很多有几十年经验的线下公司，成为新技术的领先使用者。

Hadoop 工具受到了很多企业、数据分析人员的喜爱，Hadoop 工具具有五大显著优点：①高效。Hadoop 工具以并行方式处理数据，极大地提高了数据处理的速度，奠定了它在数据处理工具中的主导地位。②可靠性。Hadoop 工具按位存储和处理数据的能力值得人们信赖。③高容错性。Hadoop 能够自动保存数据的多个副本，并且能够自动将失败的任务重新分配。④高扩展性。Hadoop 是在可用的计算机集簇间分配数据并完成计算任务的，这些集簇可以方便地扩展到数以千计的节点中。⑤成本较低。与一体机、商用数据仓库以及 QlikView、Yonghong Z-Suite 等数据集市相比，Hadoop 是开源的，项目的软件成本因此会大大降低。Hadoop 工具优点明显，但它不是万能的，它的缺点是数据处理结果精度不高，例如发射卫星、银行开户账号等需要精确的业务，不能使用 Hadoop 工具。

源于天文学、基因学到现在各行各业的数据爆炸，加上大数据支撑技术的发展，大数据的商业价值得以充分展现，带给企业新的活力，成为推动社会发展的强大动力。大数据就这样诞生和发展起来了。

第二节　大数据处理流程

大数据处理是指对规模巨大的数据进行分析处理。通过多学科技术的融合，实现数据的采集、管理和分析，从而发现新的知识和规律。下面通过美国福特公司利用大数据分析促进汽车销售的案例对大数据的处理流程进行介绍。

一、定义挖掘目标

根据各自的行业和业务知识，找出分析目标。定义明确的目标是整个大数据分析过程的关键，目标必须具体、符合时效性，具有可度量性、关联性和可行性，在此基础上有助于实现企业的总体战略目标。制定的企业目标可以是获取客户、保留客户、交叉销售、降低成本等。

为了促进汽车销售，汽车销售商的通常做法是投放广告，这一促销方式动辄就花几百万元，但是没有针对性，很难分清楚广告促销的作用到底有多大，促销效果较差。大数据技术则不一样，它可以通过对某个地区可能会影响购买汽车意愿的源数据进行收集和分析，从而提升汽车销售的业绩。

二、大数据采集

21世纪是一个信息化的时代。在商业营销中，谁掌握了大数据技术，谁就能够胜人一等。日常生活中时刻都在产生数据，如企业ERP系统、各种POS终端、网上支付系统等业务数据，通信记录、QQ、微博等社交媒体，GPS设备、RFID设备、无线网络和视频监控设备，等等。

数据采集是指通过相关技术对结构化、半结构化和非结构化数据进行获取，是一个十分复杂的工程。在数据收集过程中，数据源会影响大数据质量的真实性、完整性、一致性、准确性和安全性。对于Web数据，多采用网络爬虫方式进行收集，这需要对爬虫软件进行时间设置以保障所收集到数据时效性的质量。福特公司分析团队通过第三方合作网站、区域经济数据对一个地区的房屋市场、库存、新建住宅、就业率和销售数据，客户搜索了哪些汽车、汽车款式、汽车价格、汽车功能、汽车配置以及汽车颜色等数据进行采集。

三、大数据清洗与整理

在数据采集的过程中，面对分散在不同地区、不同平台、种类繁多的异构数据，存在重复数据、缺失数据、异常数据等情况，这些数据不但消耗分析时间，而且还会影响数据分析结果，这就需要通过各种手段对数据进行清洗与整理，以便得到准确的分析结果，促进汽车的销售。

数据清洗对保持数据的一致和更新起着重要的作用，因此被用于多个行业，尤其是在电子商务领域，尽管大多数数据通过电子方式收集，但仍存在数据质量问题。影响数据质量的因素包括软件错误、定制错误和系统配置错误等。通过检测爬虫和定期执行客户和账户的重复数据删除，对电子商务数据进行清洗。所以，数据清洗备受大家的关注。

四、大数据探索

数据探索是有组织、有目标地搜集数据，从海量的数据中发现有价值的信息，为企业营销实践提供借鉴和指导。数据探索是大数据处理流程的核心步骤，用户可以根据自己的需求对这些数据进行分析处理，比如通过人工智能、机器学习、数据统计、模式识别、可视化、Web页数据挖掘等手段从大量含有噪声的数据中提取有效信息，拨开迷雾，找到数据的本质，并将数据利用率最大化、将客户定位准确化。福特公司通过对采集的数据进行探索，为汽车销售提供精准、可靠的分析结果，即提供多种可能的促销方案。

五、大数据结果应用

无论数据信息有多大价值，没有进行应用，数据永远是"死"的，所以数据的应用是让数据变废为宝并产生价值的重要一步。目前，大数据技术通过数据分析已经应用到许多领域，站在商家对客户定位的角度分析，主要有根据客户喜好设计产品、基于数据分析精准地投放广告、基于客户行为有针对性地推荐产品、根据用户消费能力制定产品价格等。

　　福特公司根据数据探索结果实施有针对性的促销计划，如在需求旺盛的地方实施专门的促销计划，哪个地区的消费者对某款汽车感兴趣，相应的广告就送到其电子邮箱和当地的报纸上，进行精准营销，只需要较少的费用。

<h1 style="text-align:center">第三节　大数据的商业价值</h1>

　　大数据将逐渐成为很多行业、企业实现商业价值的最佳途径，大数据的应用将全面展开。对于当今的企业而言，数据就是一种重要的战略资产，它就像新时代的石油一样，极富开采价值。如果能够看清大数据的价值并且迅速行动，那么，在未来的商业竞争中一定会占得先机。

一、个性化精准营销

　　大数据时代，精准营销是大势所趋，大数据与各行各业的个性化营销场景相结合，会发挥越来越大的价值。精准营销的好处就是能精准地识别出成交率高的客户，并进行精准的营销信息推送。相对于广撒网式的广告而言，大大降低了营销成本，提高了成功率。数据驱动的精准营销将颠覆传统营销的决策模式及执行过程。

　　以亚马逊为例，亚马逊"预测式发货"的新专利，可以通过对用户数据的分析，在他们还没有下单购物之前，提前发出包裹。这项技术可以缩短发货时间，从而降低消费者前往实体店的冲动。从下单到收货时间的延迟可能会流失掉一部分消费者。基于此，亚马逊会根据顾客之前的订单、物品搜索记录、购物车、鼠标停留时间、愿望清单等因素，预测他们的购物习惯，从而在他们实际下单之前便将包裹发出。根据该专利文件，虽然包裹会提前从亚马逊发出，但在用户正式下单之前，这些包裹会暂存在快递公司的转运中心或卡车里。

☞链接 2.1

　　日本麦当劳，利用大数据来"淘金"

二、市场趋势预测

　　大数据赋予我们洞察未来的能力，通过对互联网上保留的大量前兆性数据的收集和整理，可以对市场趋势进行预测。大数据分析有助于把握消费者的心理和行为，更好地了解市场的特点和变化趋势，为企业今后的决策提供支持，帮助企业做出更精准的营销决策。马云成功预测了 2008 年的经济危机，帮助一些企业躲避了这次危机。其主要依据：2008

年初，阿里巴巴平台上整个买家询盘数急剧下滑，欧美对中国采购在下滑。一般，买家在采购商品前，会比较多家供应商的产品，反映到阿里巴巴网站统计数据中，就是查询点击的数量和购买点击的数量会保持一个相对的数值，综合各个维度的数据可建立用户行为模型。因为数据样本巨大，保证了用户行为模型的准确性。因此在这个案例中，询盘数据的下降，自然导致买盘的下降。

三、客户关系管理

客户关系管理是指企业通过各种途径，尤其是 IT 技术，存储、共享、充分利用客户信息，优化与客户的相关业务流程并实现自动化，从而有效建立、维持良好的客户关系，实现利润最大化。其最终目的是吸引新顾客、保留老客户，以及将已有的客户转化为忠实顾客，扩大市场份额。泰国东方饭店非常重视培养忠实的客户，并且建立了一套完善的客户关系管理体系，使客户入住后可以得到无微不至的人性化服务，例如，楼层的服务人员能准确地叫出客户的姓名，会根据以前的消费记录推荐相关服务，会定期发送生日贺卡。大数据时代，企业应把内外部数据整合利用起来，从而更好地为客户服务。

四、数据存储空间出租

存储空间出租主要是通过易于使用的 API，用户可以方便地将各种数据对象放在云端，然后再像使用水、电一样按用量收费。大数据时代，数据的产生速度非常快、数据规模巨大，企业和个人有着海量信息存储的需求，只有将数据妥善存储，才有可能进一步挖掘其潜在价值。如何利用存储能力实现商业化运营，值得关注。在互联网经济模式盛行的今天，无论是互联网公司还是运营商，都倾向于为企业和个人提供免费的存储空间，形成使用黏性，然后通过其他增值服务收费。目前已有多个公司推出相应服务，如亚马逊、网易、诺基亚、百度等。运营商也推出了相应的服务，如中国移动的彩云业务。

第四节　大数据价值链

大数据与小数据的不同，使得大数据价值可以最大程度地呈现出来并应用于各行各业，改变着商业组织结构、资源配置方式和商业模式创新。大数据时代，如何利用大数据价值获取商业利益呢？企业在大数据价值链上占有一席之地，将会在大数据产业链上获得核心竞争力。

大数据价值链上包括以下五类企业：

一、基于数据本身的公司

基于数据本身的公司拥有大量数据或者至少可以收集到大量数据，但不一定有数据分析或利用数据催生新思想的技能。电信、银行、政府、医院等信息系统在实际应用中能收集大量数据，但是自身数据分析与处理的能力较弱。这类公司通过共享或出售数据可以获取数据价值，也可以与专业机构合作，对自身数据进行处理与分析，挖掘数据价值，改善自身业务，优化企业经营的方式获取数据价值。比如，VISA 和 MasterCard 信用卡发行商和其他大银行站在了信息价值链最好的位置，通过为小银行和商家提供服务，从自己的服务网获取更多的交易信息和顾客的消费信息，基于数据用来预测商业发展和客户的消费趋势，然后，把这些分析结果卖给其他公司以取得利润。

二、基于技能的公司

基于技能的公司通常是咨询公司、技术供应商或者分析公司。有专业技能但不一定拥有数据或提出数据创新用途的才能。比如 Hadoop 作为大数据技术的集大成者，更多的是通过给客户企业提供专业的数据架构、处理与分析大数据的服务而获利。2005 年，埃森哲与密苏里州圣路易斯市合作一个实验项目，给公交车安装了无线传感器来监测车辆引擎的工作情况，这些数据用来预测公交车什么时候会抛锚以及维修的最佳时机。研究促使车辆更换零件的周期从 30 万公里或 40 万公里变成了 50 万公里，仅这一项研究就帮助该市节省了 60 万美元。

三、基于创新思维的公司

目前为止，拥有数据的公司和拥有数据处理技能的公司占绝大多数。而具有创新思维的第三类公司却非常罕见。

创新思维是能挖掘出数据新价值的独特想法并用于商业用途的公司，通过思维创新获得数据的商业价值。具有创新思维的个人或公司，可能并不拥有大数据，也不具备新技能，但是有创新思维，它们往往考虑可能不可能，不考虑可行不可行。比如，埃齐奥尼做 Farecast 机票预测系统时，本身并没有大数据，通过网页爬虫的方式获取历史航空机票价格数据后，进行数据处理与分析，建立机票价格与购买机票时间点的数据模型，进而帮助人们合理购买机票，其就属于具有创新思维并进行商业应用的第三类公司。

四、三者具备的公司

三者具备的公司即同时拥有数据、拥有技能和创新思维，在大数据价值链上占有得天独厚的优势，在大数据产业链中具有核心地位，企业的竞争优势会形成行业壁垒，其他竞争对手难以超越。谷歌公司、亚马逊公司都是三者兼备的公司，在日常的业务应用中产生了海量数据，并具备对这些海量数据进行处理分析的技能，再利用创新思维将其商业化。谷歌的翻译系统、在线数字图书馆、输入纠错系统、无人驾驶汽车等都是三者兼备且超越全球同类竞争对手的典型代表。亚马逊的书目个性推荐系统、Kindle 电子阅读器、云计算服务也是三者兼备获取商业价值的重要体现。

五、数据中间商

数据+技能+创新思维很容易诞生数据中间商。数据中间商会从各种地方搜集数据进行整合，然后再提取有用的信息进行利用。数据拥有者可以让中间商充当这样的角色，因为有些数据的价值只能通过中间商来挖掘。

美国的交通数据处理公司 Inrix 就是典型的数据中间商。Inrix 汇集了来自美洲和欧洲近 1 亿辆汽车的实时交通数据。这些数据来自宝马、福特、丰田等私家车，还有一些商用车，比如出租车和货车。Inrix 通过把这些数据与历史交通数据进行对比，再考虑天气和其他诸如当地时事等信息来预测交通状况。数据软件分析的结果会被同步到汽车卫星导航系统中，政府部门和商用车队都会使用它。Inrix 是典型的独立运作大数据中间商，把各种渠道汇聚起来的数据能产生的价值远远超过他们被单独利用时的价值。而且随着数据量增加，预测数据会更加准确。分析交通情况并不会影响一个人是否购车，所以这些同行业中的竞争者并不介意行业外中间商来汇聚他们的数据。大数据价值链上有过很多类似数据中间商，比如 Hitwise、Quantcast、Health Care Cost Institute 等公司或组织都通过汇集数据发现了其中的价值。

数据中间商占据大数据价值链上收益颇丰的位置，但是它们并没有威胁到为它们提供数据的数据拥有者的利润，相反还可以利用这些数据价值获取企业竞争力。有时，数据中间商不一定是商业性质的组织，也可能是非营利性的，像 2011 年由美国几个最大的医疗保险公司联合创立的卫生保健成本协会，它们的数据汇集了 3300 万人的 50 亿份保险单（匿名的），数据共享后，这些公司可以看到一个较小的独立数据库看不到的信息。

第五节　大数据与云计算、物联网

大数据、云计算和物联网代表了 IT 领域最新的技术发展趋势，三者密不可分，既有联系又有区别。

一、云计算

1. 云计算的概念

云计算就是从网络资源按需获取所需要的服务内容，其中提供资源的网络被称为"云"，是基于互联网相关服务的增加、使用和交付模式，并且可以随时扩展和获取。云计算代表了以虚拟化技术为核心、以低成本为目标、动态可扩展的网络应用基础设施，是近年来最具代表性的网络计算技术与模式。

云计算包括公有云、私有云和混合云三种类型：

第一，公有云。面向所有用户提供服务，只要注册付费的用户都可以使用，公有云的最大意义是能够以低廉的价格，提供有吸引力的服务给最终用户，创造新的业务价值，公有云作为一个支撑平台，还能够整合上游的服务（如增值业务、广告）提供者和下游最终用户，打造新的价值链和生态系统。它使客户能够访问和共享基本的计算机基础设施，其中包括硬件、存储和带宽等资源。如创建于 2009 年的阿里云，服务于制造、金融、政务、交通、医疗、电信、能源等众多领域企业，包括中国联通、12306、中石化、中石油、飞利浦、华大基因等大型企业客户，以及微博、知乎、锤子科技等明星互联网公司。

第二，私有云。为特定用户提供服务，可以提供对数据、安全性和服务质量的最有效控制。私有云可部署在企业数据中心的防火墙内，也可以部署在一个安全的主机托管场所。私有云极大地保障了安全问题，比如大型企业出于安全考虑自建的云环境，只为企业内部提供服务。

第三，混合云。混合云融合了公有云和私有云的特点，是近年来云计算的主要模式和发展方向。对于一些企业而言，出于安全考虑需要把数据存放于私有云中，同时又希望可以获得公有云的计算资源，达到既省钱又安全的目的。比如对一些零售商来说，他们的操作需求会随着假日的到来而剧增，或者是有些业务会有季节性的上扬。同时混合云也为有其他目的的弹性需求提供了一个很好的基础。

2. 云计算数据中心

数据中心是云计算的重要载体，为云计算提供计算、存储、宽带等各种硬件资源，为各种平台和应用提供运行支撑环境。云计算数据中心是一套复杂的设施，包括宽带网络连接、刀片服务器、监控设备、各种安全装置等。云数据中心的特点首先是高度的虚拟化，这其中包括服务器、存储、网络、应用等虚拟化，使用户可以按需调用各种资源；其次是自动化管理程度，包括对物理服务器、虚拟服务器的管理，对相关业务的自动化流程管理，对客户服务的收费等自动化管理，最后是绿色节能，云计算数据中心在各方面符合绿色节能标准。

谷歌、IBM、微软、惠普、戴尔等国际著名 IT 公司，纷纷投入巨资在全球范围内大量修建数据中心，旨在掌握云计算发展的主导权。我国政府和企业也都在大力建设云计算数据中心。重庆云计算数据中心是腾讯在西南地区重要的数据中心和网络中心，项目位于两江国际云计算产业园，总投资达 30 亿元人民币，项目建成后具备 20 万台服务器的运算存储能力。腾讯重庆云计算数据中心的建成将致力于将高性能计算能力与云端科技能力带到西南地区，为西南地区传统工业制造业智能化转型提供源动力。以 "智能+工业" 的新生态，为西部乃至全国提供 "一体化" 的云服务。阿里巴巴集团在甘肃玉门建立数据中心，是我国第一个绿色环保的数据中心，电力资源全部来自于风力发电，并用祁连山融化的雪水冷却数据中心产生的热量。贵州省发展大数据产业具有得天独厚的条件，贵州省地质结构稳定，地震、台风等灾害罕见，信息网络设备的安全系数高，水电资源丰富，因此贵州省被公认为我国南方最适合建设数据中心的地方，中国移动、联通、电信三大运营商都将南方数据中心建在贵州省。贵阳市政府将与北京云基地共同建设贵阳云基地，联合完成贵阳市云计算产业发展规划，启动贵阳云计算产业创业投资基金、云计算设备生产基地、云计算创新孵化基地、国际云服务数据中心基地、电子政务云示范等项目的建设。到 2016 年，聚集了 50 家以上云计算企业，形成服务器年产值 50 亿元，云计算应用产值 10 亿元。

3. 云计算的应用

云计算在电子政务、卫生、医疗、教育等领域得到广泛的应用，对提高政府服务水平、促进产业转型升级和培育发展新型产业都起到了至关重要的作用。政务云可以部署公共安全管理、城市管理、智能交通、社会保障等方面的应用，通过集约化建设、管理和运行，可以实现资源信息整合和政务资源共享，推动政务管理创新，加快向服务型政府转型。如四川信访云是根据国家信访局网上信息系统建设的总体思路，结合四川信访业务的实际需求，依托沃云平台建设全省统一的网上信访信息系统"信访云"，实现接访、办信、网上投诉等信访事项网上流转，把网上信访打造成群众信访的主要渠道。教育云可以有效整合幼儿园教育、中小学教育、高等教育等优质教学资源，逐步实现教育资源共享及深度挖掘的目标。医疗云可以推动医院之间、医院与社区之间、医院与家庭之间的服务共享，并形成一套全新的医疗健康服务系统，从而有效地提高医疗保健的质量，例如易捷行云（EasyStack）助力河南省立医院大规模医疗业务系统推进分级诊疗、多点执业等措施，控制医院的成本。

二、物联网

1. 物联网的概念

物联网概念最早出现于 1995 年比尔·盖茨的《未来之路》一书中，只是当时受限于无线网络、硬件及传感设备的发展，并未引起世人的重视。2005 年 11 月 17 日，在突尼斯举行的信息社会世界峰会（World Summit on the Information Society，WSIS）上，国际电信联盟（International Telecommunication Union，ITU）发布的《ITU 互联网报告 2005：物联网》，正式提出了"物联网"的概念。其中指出，无所不在的"物联网"通信时代即将来临，世界上所有的物体从轮胎到牙刷、从房屋到纸巾都可以通过互联网主动进行交换。射频识别技术（Radio Frequency Identification，RFID）、传感器技术、纳米技术、智能嵌入技术将得到更加广泛的应用。

物联网是物物相连的互联网，是互联网的延伸，利用局部网络或互联网等通信技术把传感器、控制器、人员、机器和物等通过新的方式连在一起，形成人与物、物与物相连，实现信息化和远程控制管理。如很多城市居民的智能手机中安装了"掌上公交"APP，可以用手机随时随地查询每辆公交车当前到达的位置信息，这就是非常典型的物联网应用。此外智能快递柜、无人机、无人仓等也属于物联网的应用。

从技术架构上看，物联网分为四个层次，即感知层、网络层、处理层和应用层，详见表 2-2。

表 2-2　物联网各个层次功能

层次	功能
应用层	直接面向用户，满足各种应用，如智能交通、公共安全、智慧医疗等
处理层	相当于人体的大脑，有着存储和处理的作用，包括数据存储、管理和分析
网络层	借助互联网、卫星通信网络等传输信息，相当于人体的神经中枢
感知层	利用传感器、摄像头、GPS 设备等采集来自物理世界的各种信息，类似于人体的神经末梢，用来感知世界

2. 物联网核心技术

物联网的核心技术就是传感技术，在物联网应用中有三项关键技术，如下：

（1）传感器技术是计算机应用中的关键技术。到目前为止，绝大多数计算机处理的都是数字信号。自从有计算机以来就需要传感器把模拟信号转换成数字信号计算机才能处理。

（2）射频识别技术。RFID 是一种简单的无线系统，由一个询问器（或阅读器）和很多应答器（或标签）组成。标签由耦合元件及芯片组成，每个标签具有唯一的电子编码，附着在物体上标识目标对象，它通过天线将射频信息传递给阅读器，阅读器就是读取信息的设备。RFID 技术让物品能够"开口说话"。这就赋予了物联网一个特性，即可跟踪性。就是说，人们可以随时掌握物品的准确位置及其周边环境。关于物联网 RFID 这一特性，可使沃尔玛每年节省 83.5 亿美元，其中大部分是因为不需要人工查看进货的条码而节省的劳动力成本。RFID 帮助零售业解决了商品断货和损耗（因盗窃和供应链被搅乱而损失的产品）两大难题，盗窃曾使沃尔玛一年的损失近 20 亿美元。

☞链接 2.2

　　射频识别技术（RFID）与条形码的异同

（3）嵌入式系统技术。该技术是综合了计算机软硬件、传感器技术、集成电路技术、电子应用技术为一体的复杂技术。经过多年的发展，以嵌入式系统为特征的智能终端产品随处可见，小到 MP3，大到航天航空的卫星系统。嵌入式技术正在改变着人们的生活，推动着工业生产以及国防工业的发展。

3. 物联网产业

完整的物联网产业链主要包括核心感应器提供商、感知层末端设备提供商、网络提供商、软件与行业解决方案提供商、系统集成商、运营及服务提供商等环节。其中，核心感应器件提供商提供二维码、RFID 及读写设备、传感器、智能仪器仪表灯设备。感知层末端设备提供商提供射频识别设备、传感设备及系统、GPS 设备、末端网络产品等。网络提供商包括电信网络运营商、互联网运营商、卫星网络运营商等。软件与行业解决方案提供商提供微操作系统、中间件、解决方案等。

三、大数据与云计算、物联网的关系

在"互联网+"大背景下，物联网、大数据和云计算相关产业也得到迅速发展。物联网、云计算和大数据三者互为基础，密不可分。

大数据、云计算、物联网三者区别如下：大数据侧重于对海量数据的存储、处理和分析，从中发现价值，服务于生活和生产；云计算本质上在整合和优化各种 IT 资源，并通过网络以服务的方式廉价提供给用户；物联网的发展目标是实现物物相连，进行信息交换和通信，以实现智能化识别、定位、跟踪、监控和管理的过程。

大数据、云计算、物联网三者联系如下：从整体上看，大数据、云计算和物联网三者是相辅相成的。大数据根植于云计算，大数据分析的很多技术都来自于云计算，云计算分布式的数据存储和管理系统提供了海量的数据储存和管理能力，没有云计算技术作为支撑，大数据分析就无从谈起。反之，大数据也为云计算提供了"用武之地"，没有大数据，云计算技术无法发挥其应有的价值。物联网的传感器源源不断地产生大量数据，构成了大数据的重要来源，没有物联网的飞速发展，就不会带来数据产生方式的变革。同时，物联网需要借助云计算和大数据技术，实现物联网大数据的存储、分析和处理。

由此可见，云计算、大数据和物联网三者已经彼此渗透、相互融合，在未来，三者会继续相互促进、相互影响，更好地服务于社会生产和生活的各个领域。

课后练习题

一、单项选择题

1. 大数据的首要特征是数据量大，起始计量单位至少是（　　　）。
A. PB　　　　　　　B. EB　　　　　　　C. ZB　　　　　　　D. TB

2. 智能健康手环的开发应用，体现了（　　）的数据采集技术。
A. 网络爬虫　　　　　　　　　　　B. 网络信息系统
C. 传感器　　　　　　　　　　　　D. 信息管理系统

3. 大数据时代，数据的类型非常多，其中网络日志、音频、图片和地理位置等信息属于（　　　）。
A. 结构化数据　　　　　　　　　　B. 非结构化数据
C. 半结构化数据　　　　　　　　　D. 弱结构化数据

4. 就数据的量级而言，1PB 数据是（　　　）TB。
A. 1000　　　　　　B. 1024　　　　　　C. 512　　　　　　D. 2048

5. 1 部 1 小时的视频，在连续不断的监控中，有用数据可能仅有一两秒。这体现了大数据的（　　　）特点。
A. 数据体量大　　　B. 数据类型多　　　C. 价值密度低　　　D. 处理速度快

6. 云计算是近年来最具代表性的网络计算技术与模式，包括公有云、私有云和混合云三种类型，其中（　　　）为特定用户提供服务，极大地保障了安全问题。
A. 公有云　　　　　B. 私有云　　　　　C. 混合云　　　　　D. 智能云

7. 自"感知中国"被提出以来，物联网在中国受到了极大的关注，其层级主要包括（　　　）、网络层和应用层。
A. 感知延伸层技术　　　　　　　　B. 智能处理层
C. 无线网络技术　　　　　　　　　D. 会话层

8. 利用 RFID、传感器、二维码等随时随地获取物体的信息，指的是（　　　）。
A. 可靠传递　　　　B. 全面感知　　　　C. 智能处理　　　　D. 物联网

二、简答题

1. 简述大数据的概念及 4V 特征。

2. 结合具体的案例说明大数据的主要来源。

3. 请谈谈你对 Hadoop 的认识和理解。

4. 结合具体案例分析大数据的处理流程。

5. 通过所学知识说明大数据带来的商业价值。

6. 简述云计算、物联网的概念，并阐述大数据与云计算、物联网的关系。

7. 列举同时拥有数据、技能和创新思维的大数据公司。

第三章　大数据带来的变革

📖 教学目标

1. 掌握大数据带来的思维变革，理解混杂性、相关性和整体性思维
2. 理解大数据带来的商业变革
3. 理解大数据带来的管理变革
4. 了解大数据时代带来的安全问题

📖 教学重点

1. 大数据带来的思维变革及其具体表现
2. 大数据带来的商业变革和管理变革

📖 教学难点

大数据带来的思维变革、商业变革及管理变革

引导案例

小米手环的秘密

智能产品如今获得了蓬勃发展，各种智能手环层出不穷，且备受用户欢迎。许多企业开始涉足智能手环市场，小米科技就是其中的一家。2014年，互联网企业小米科技不仅关注智能手环市场，还推出了自己的智能手环——小米手环。小米手环在小米的众多产品中并不出彩，很多米粉对小米生产手环疑惑不解，其实该手环中隐藏着小米的秘密，你可不要小看它，它不仅是一个手环，更是连接小米各种智能产品的引线。小米与腾讯社交游戏《天天酷跑》的一次合作，令小米手环与《天天酷跑》的用户都很兴奋，也让人们窥见了小米秘密的冰山一角，获得更多的移动用户数据。

一、小米手环是连接各种产品的引线

如今各种各样的智能手环出现在用户眼前，令用户目不暇接，然而能真正吸引用户的智能手环却不多。但小米科技推出的小米手环却以其简单的设计、独特的功能和低廉的价格，吸引了无数用户的眼球，迅速打入了智能手环市场，成为智能手环市场中的奇葩。

小米手环的待机时间为30天（这类产品待机时间越长越好），传感器有三个可调色指示灯，没有显示屏。它的防尘防水级别为IP67级，戴着它可以放心地洗澡，这比其他带显示屏的手环更方便。小米手环的价格为79元，其高性价比受到了用户的青睐，销量也逐步上升。小米手环设计简单，由核心传感器和塑胶腕带两部分构成，这是小米手环与其他手环的一个显著不同点，其他智能手环的腕带与传感器往往是一个整体，不可分开。小米手环的腕带有多种颜色，可满足用户对个性色彩的不同需求，其他智能手环色彩往往是单一的黑色。

小米手环的色彩，令很多用户把它当成一个可穿戴装饰品。小米手环从表面上看只是一个色彩绚丽的手环，但它却承载了小米科技的许多梦想，当然小米科技自己不会开发布会来告诉所有的人，因为这是商业秘密，天机不可泄露。但相关业内人士表示，小米科技生产小米手环，目的不是盈利，而是"另有所图"。小米手环是为小米科技收集各种各样的数据而生，是为构筑小米科技全面、广泛的生态系统而打造的，它将在小米各种产品之间起着穿针引线的作用。

小米手环已经广为人知，俨然成为了智能手环市场中的明星。智能产品往往需要与智能手机一起使用，也就是说要接入手机中，在手机中安装一个程序，才能发挥出智能手环的作用。如图3-1所示，小米手环可以收集用户多个维度的数据。它是小米科技积累用户数据的一个工具，是其快速获得移动用户数据的捷径。

小米手环需要接入Android 4.4以上版本的手机上使用，通过蓝牙与手机连接，手环的APP需要用户填写年龄、体重、身高，然后手环才会开始工作、记录用户的其他数据。手环主要记录用户的睡眠数据、运动数据，并为用户提供健康建议。睡眠数据包括用户睡觉的深浅、时长等；运动数据包括用户的运动时间、运动时长、步行的距离、消耗的卡路里。用户使用小米手环可以了解自己的实时数据、周数据、月数据。

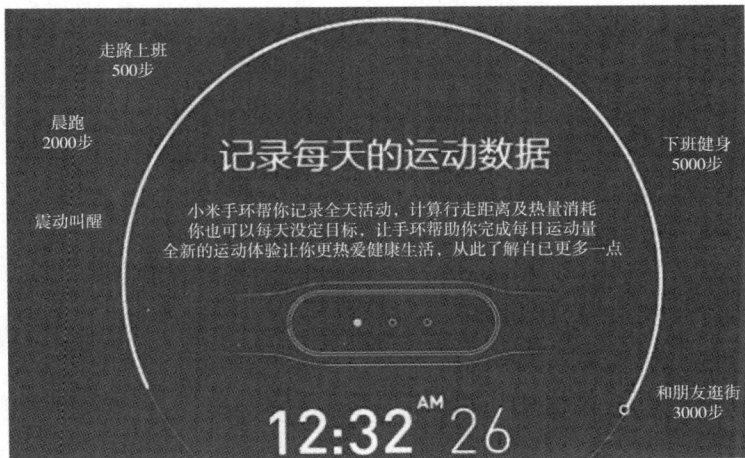

图 3-1　小米手环记录用户数据

一旦用户将手环与手机连接，小米就可以获得移动用户的身高、年龄、体重、睡眠、运动等私密数据。这些数据对于任何一个企业的产品研发和大数据营销都至关重要，更有利于小米科技在健康领域大展拳脚，做出一番成绩。

二、小米手环与李宁公司合作

2015 年 3 月 16 日，李宁公司宣布已经与小米生态链企业华米科技达成战略协议，共同打造新一代智能跑鞋（见图 3-2），并探索大数据健康领域。

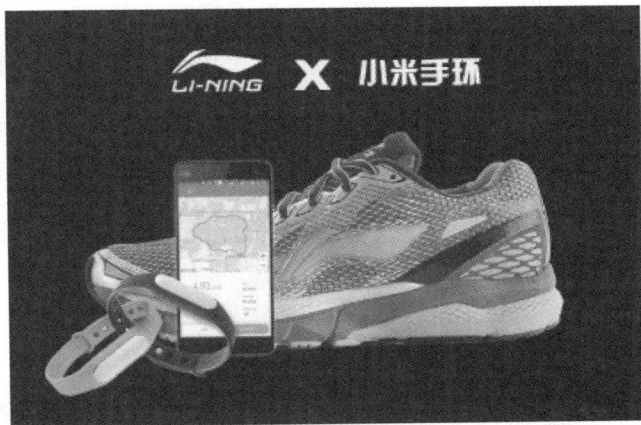

图 3-2　小米手环与李宁公司联手推出智能跑鞋

华米科技是小米手环的研发和制造商，双方首批合作计划推出两款跑鞋，一款是李宁顶级跑鞋烈骏的智能升级版，定价不会高于市面上的普通版；另一款是李宁全新款式，定价极为亲民。

据悉，李宁跑步事业部和小米手环研发团队进行了一年的开发，将李宁专业运动实验室十几年来积累的中国跑者数据和专业测试数据转化为一系列独特的算法，由小米手环团队将其集成在鞋底的智能芯片上，再通过采集跑者运动数据、对跑者姿态和步态进行分析，提供相关指导。

同时，新产品还可以与小米运动移动端 APP 相连，对运动过程和结果进行记录、步态分析、专业指导、里程换购。

三、小米手环与《天天酷跑》合作

小米手环与腾讯社交游戏《天天酷跑》进行合作，外行人认为小米是为了增加用户的娱乐性，而内行人则敏捷地洞察到小米的秘密：为了获得更多的移动用户数据。

众所周知，《天天酷跑》是一款全民级别的社交手机游戏，其用户数量早已过亿，而且用户非常活跃。《天天酷跑》游戏的高峰是午休时间和临睡前。《天天酷跑》的社交属性，能让游戏吸引到更多用户。根据研究数据表明：三个互为好友的用户，只要其中两个人开始玩《天天酷跑》，那么剩下的那个人受这两个人的影响，也玩"天天酷跑"的概率相当高。《天天酷跑》游戏不断升级的版本还会超出已有的熟人社交，使许多陌生人可以在玩游戏的过程中建立特定关系，这增加了用户之间的粘性。

小米手环看重《天天酷跑》的用户数量、用户粘性、社交属性，便立即与《天天酷跑》合作：小米手环的用户步行超过 1000 步，可获得《天天酷跑》礼包爱丽丝兔积分道具，一些用户领取了礼包，就会把《天天酷跑》游戏下载在手机里；而喜欢玩《天天酷跑》的用户都想得到《天天酷跑》的礼包，为了获得礼包有些游戏用户就会购买小米手环，在手机里安装小米运动 APP。这样小米就可以把《天天酷跑》庞大的用户转化为小米手环的用户，并可以获得海量的移动用户数据，这对于小米科技来说无疑是一笔巨大的财富。

小米科技有更宏伟的发展蓝图，小米手环则是其获取各种移动用户数据的入口，小米科技想要实现更大的数据版图，离不开这些数据。小米手环将为小米科技积累到更多、更有价值的移动用户数据，为其大数据营销打下坚实的基础。

资料来源：于久贺. 大数据营销，应该这样玩［M］. 北京：人民邮电出版社，2016，174-177.

第一节　大数据带来的思维变革

大数据深深影响了人们的思维方式，所有企业都要做好改变思维的心理准备，这样才能适应时代的变革，让企业在变革中获得飞跃发展。大数据时代，企业只有学会重视、分析数据，才算真正转变思维，才能从大数据中找到金子。拥有大数据思维的企业往往能获得快速的成功，如互联网三大巨头 BAT，它们利用大数据资源，使自身的竞争力越来越强；唯品会通过分析三、四线城市的用户数据，从而找到市场，快速获得成功。

☞链接 3.1

"百度大数据+峨眉山景区"强强联合，提升服务质量

　　所谓思维方式就是我们大脑活动的内在程序，是一种习惯性地思考问题和处理问题的模式。在大数据时代，各个行业产生了超大量的数据积累，量变引起质变，使人们对于事物规律的认识和预测方式也发生了质的改变，不再依赖尽量精确的抽样调查，也不再热衷追逐某单一方向的精确，不再那么汲汲于因果关系的探索，而是通过对整体大数据的理解和分析，来获取自己想要的那一部分关于世界的真相。

一、整体性思维

　　小数据时代，数据收集、存储、处理和分析的能力与资源有限，因而人为地将数据量缩减到最少。但数据量太少，不能反映出数据本身的价值，更不能代表全体样本的概况。因而，传统的统计学采取随机抽样的方式，用尽可能少的数据来证实尽可能重大的发现。随机采样在小数据时代取得了巨大成功，成为现代社会、现代测量领域的主心骨。但这一条捷径，是在不可收集和分析全部数据的情况下的选择，它本身存在许多固有的缺陷。传统统计学的成功在于采样的绝对随机性，但是实现采样绝对随机性非常困难，一旦采样过程存在任何偏见，分析结果会相差甚远。

　　但在大数据时代，数据处理技术已经发生了翻天覆地的改变，传统数据分析的随机抽样以及先验假设分析就完全可以克服了，在大数据时代进行抽样分析就像在汽车时代骑马一样。大数据是建立在掌握所有数据，至少是尽可能多的数据基础上的，所以我们就可以正确地考察细节并进行新的分析。

　　小数据时代的传统抽样统计其实只是为了在技术受限的特定时期，解决当时存在的一些特定问题而产生的。如今，技术环境已经有了很大的改善，我们已具备了大数据的各种技术处理能力，思维需要转换到大数据的全数据模式：样本＝全部，避开小数据随机抽样的不足。

　　在乔布斯的胰腺治疗奇迹中，大数据功不可没，全样本分析的方法将他的寿命延长了好几年。2004 年，乔布斯花费几十万美元做了基因检测，成为世界上第一个对自身所有 DNA 和肿瘤 DNA 进行排序的人，他还得到了整个基因密码的数据文档。通过这些基因数据，医生可以根据乔布斯特定的 DNA 为他设计药物，并观察药效，如果由于癌症的病变导致药物失效，医生可以及时地更换药物，以免延误治疗期。从结果上看，乔布斯自罹患胰腺神经内分泌肿瘤至离世，与癌症抗争 8 年之久，几乎创造了胰腺癌历史上的奇迹。

二、混杂性思维

　　大数据时代，不再执迷于精确性，执迷于精确性是信息缺乏时代的产物。只有约 10% 的数据是结构化且能适用于传统数据库的。如果不接受混乱，剩下 90% 的非结构化数据都无法被利用。只有接受不精确性，我们才能打开一扇从未涉足的世界的窗户。

　　在整合来源不同的各类信息时，因为它们通常不完全一致，所以也会加大混乱力度。在大数据时代，我们就是要接受这些纷繁的数据并从中受益，而不是以高昂的代价消除所有的不确定性，允许不精确的出现成为一个新的亮点，而非缺点。因为放松了容错的标准，人们掌握的数据也多起来，还可利用这些数据做更多新的事情。大数据创造了更好的结果。

2006年，谷歌涉足机器翻译。"收集全世界的数据资源，并让人人都可以享受这些资源"。谷歌语料库的内容来自于未经过滤的网页内容，所以会包含一些不完整的句子、拼写错误、语法错误以及其他错误，况且也没有详细的人工纠错后的注解。但是，谷歌语料库拥有上万亿的数据量，这样的优势完全压倒了混杂（错误）的缺点。目前，谷歌翻译系统涵盖了60多种语言，甚至能够接受14种语言的语音输入，并能很流利地对等翻译。谷歌翻译系统成功的原因，并不是拥有更好的算法机制，而是利用来自全球互联网的更大、更繁杂的数据库，不只利用两种语言之间的文本翻译。由于允许错误数据，谷歌比IBM多利用成千上万的数据，谷歌上万亿的语料库就是来自互联网的一些废弃内容（训练集）。

谷歌的案例进一步论证了大数据时代精确性不那么重要了，利用大数据同样可以掌握事情的发展趋势。接受数据的不精确和不完美，我们反而能更好地进行预测，也能够更好地理解这个世界。

三、相关性思维

大数据时代，知道"是什么"就够了，没必要知道"为什么"，我们不必非得知道现象背后的原因，而是让数据自己"发声"。这就颠覆了千百年来人类的思维惯例，对人类的认知和与世界交流的方式提出了全新的挑战。

在传统小数据世界中，相关关系也是有用的，但在大数据时代，相关关系大放异彩，通过找到关联物，相关关系可以帮助我们捕捉现在和预测未来。通过相关关系，人们可以比以前更容易、更快捷、更清楚地分析事物。如果A和B经常一起发生，只要注意到B发生了，就可以预测A也发生了。这有助于我们捕捉可能和A一起发生的事情，即使我们不能直接测量或观察到A。相关关系的核心是量化两个数据值之间的数理关系。相关关系强是指当一个数据值增加时，另一个数据值很有可能也随之增加。比如谷歌流感趋势：在一个特定的地理位置，越多的人通过谷歌搜索治疗咳嗽和发热的药物，说明该地区就有更多的人患了流感。

1998年，林登的item-to-item项目协同过滤技术，用于个性化推荐，使得亚马逊销售额的1/3来自于推荐系统。奈飞公司3/4的新订单来自于自荐系统。成千上万的网站都在推荐产品、内容和朋友，但并不需要知道为什么人们对这些感兴趣。知道"是什么"可以创造点击率，这种洞察力足以重塑很多行业，不仅仅只是电子商务。

总之，相关性是大数据上升为大数据情报过程中最核心的一步。大数据类似于原油的粗糙形式，没有通过用相关性进行一定的清洗和提炼，就无法变成汽油、胶粘剂、阿司匹林、唇膏等各种具有应用价值的现代工业产品。

第二节　大数据带来的商业变革

在大数据面前，固有的商业模式受到了冲击和挑战，传统一成不变的思维已经跟不上时代发展，个性化将颠覆一切传统的商业模式，成为未来商业发展的终极方向和驱动力。大数据为个性化的商业应用提供了充足养分和可持续发展土壤，从市场定位、产品设计到售后服务都可以用数据说话，会有越来越多的决策是基于数据分析而非仅凭经验和直觉做出的。Farecast 机票预测系统的诞生就是一个典型例子。

奥伦·埃齐奥尼是美国最有名的计算机专家之一，哈佛大学首届计算机科学专业的本科生毕业，曾担任华盛顿大学人工智能项目的负责人，1994 年开始创立了在今天看来非常典型的大数据公司，当时还没有人提出大数据这个概念。2003 年的一个阳光明媚的日子里，他准备乘坐从西雅图到洛杉矶的飞机去参加弟弟的婚礼。知道飞机票越早预订越便宜，于是他在婚礼预定日期前的几个月就在网上预订了一张去洛杉矶的机票。

在飞机上，埃齐奥尼好奇地问邻座的乘客花了多少钱购买机票。当得知虽然那个人的机票比他买得更晚，但是票价却比他便宜得多时，他感到非常气愤。于是，他又询问了另外几个乘客，结果发现大家买的票居然都比他的便宜。这种被敲竹杠的感觉对大多数人来说，或许随着他们走下飞机的那一刻就会消失。然而，对于埃齐奥尼，这却是一次难忘的经历。

在飞机着陆以后，埃齐奥尼下定决心要开发一个系统，以帮助人们用来推测当前网页上的机票价格是否合理，这个系统需要分析所有特定航线机票的销售价格，并确定票价与提前购买天数的关系。作为一种商品，同一架飞机上同等舱的每个座位价格本来不应该有差别。但实际操作上，却总会有些许不同，其中缘由也只有航空公司自己才清楚了。埃齐奥尼表示，他不需要去解开机票价格差异的奥秘，他要做的仅是预测当前的机票价格在未来一段时间内会上涨还是下降。

这个预测系统建立在 41 天之内 12000 个价格样本基础上，而这些数据都是从一个旅游网站上爬取过来的。系统的运转需要海量数据的支持，为了提高可信度，埃齐奥尼与一个行业机票预订数据库合作，其拥有 2000 亿条飞行数据记录。到 2012 年为止，这个名叫 Farecast 的系统用了将近 10 万条价格记录来帮助人们预测美国国内航班的票价，其准确度已经高达 75%。使用 Farecast 来购买机票的旅客，平均每张机票可节省 50 美元。现在，Farecast 系统以 1.1 亿美元的价格被微软收购，并入微软必应搜索引擎中。

Farecast 公司是大数据公司的一个缩影，也代表了当今世界发展的趋势。

一、数据化，一切皆可量化

大数据发展的核心动力来源于人类对测量、记录和分析世界的渴望。大数据时代，认识世界、获取价值更关注"数据化"。所谓数据化就是把现实中的事物和现象转变为可以制表分析的量化形式过程，而世间万物纷繁复杂，要完成这一过程必须要借助具备更为强大存储和计算分析能力的工具来实现，这就是大数据时代产生的背景和需要。

随着计算及存储能力的提升，使得原本受限于技术条件无法实现的传统信息开始慢慢转向数据化。地理信息可以数据化成为电子地图，地质调查信息为生活、工程、采矿、航海等提供服务，情绪化可以数据化。2011 年《科学》期刊的一项研究表明：来自世界上不同文化背景的人们，每天、每周的心情都遵循着相似的模式，该结论来源于 84 个国家 240 万人 5.09 亿条微博数据分析；指纹、虹膜可以成为个人身份信息验证的绝佳手段；基因测序信息可以帮助人们更好地了解自己的身体随年龄和环境改变产生的变化、下一代出生前的健康状况；社交软件的信息可以成为分析社会现象、调查大众喜好甚至政治倾向的数据；可穿戴设备可以监测人体心跳、呼吸、睡眠、血压，为医疗、健康行业更好地了解客户、提供更贴心的服务创造条件；地板、座垫甚至可以采集微妙的个人信息来进行身份识别、突发情况警报等，大数据已经涉及人们生活的方方面面，给人们生活带来了巨大的变化，人们的衣、食、住、行皆可数据化。

☞**链接 3.2**

你的坐姿泄露了你哪些秘密

有了大数据的帮助，我们不会再将世界看作是一连串我们认为是自然或社会现象的事件，我们会意识到本质上世界是由信息构成的。"量化一切"对社会发展至关重要，在不久的将来，量化一切将是一种与生俱来的能力。

二、价值——取之不尽、用之不竭的数据创新

数据就像一个神奇的钻石矿，当它的首要价值被挖掘后仍能不断产生价值。它的真实价值就像漂浮在海洋中的冰山，第一眼只能看到冰上一角，而绝大部分都隐藏在表面之下。

大部分数据的直接价值对收集者而言是显而易见的。事实上，数据通常都是为了某个特定的目的而被收集。数据的基本用途为信息的收集和处理提供依据。数据的价值是其所有可能用途的总和。在判断数据价值时需要考虑未来它可能的多种用途，而非仅仅考虑目前的用途。数据的所有用途就是数据的"潜在价值"。如谷歌街景和 GPS 数据所收集的地理位置信息数据一开始的目的仅仅是为电子地图和导航服务的，后来却发现在无人驾驶领域这样的数据能发挥更大的作用，能够为无人驾驶汽车提供精准的位置服务及在复杂场景下计算机视觉识别的训练。

数据废气包含那些错误的、看似毫无价值的数据。它是用户在线交互的副产品，包括浏览了哪些页面、停留了多久、鼠标光标停留的位置、输入了什么信息等。许多公司因此对系统进行了设计，使自己能够得到数据废气并循环利用，以改善现有的服务或开发新服务。此外，随着大数据的出现，数据的总和比部分更有价值。当我们将多个数据集的总和重组在一起时，重组总和本身的价值比单个总和更大。例如，房地产网站（Zillow.com）将房地产信息和价格添加在美国的社区地图上，同时还聚合社区近期的交易和物业规格等大量信息，以此来预测区域内具体每套住宅的价值。

发掘数据的潜在商业价值、重复利用数据是大数据的重要特征。作为数据最大采集机构的政府每年要在全国各行业、全方位统计各方面信息（包括国家统计局及各行政主管部门），作为国家发展评估和决策的依据，这部分数据如果能及时公开与社会共享，将为国家的发展和运行提供极大帮助。

第三节 大数据带来的管理变革

大数据时代的到来为数据在企业运营中打破时空局限提供了新思路，为"解放数据生产力"提供新办法。企业将面临一场变革，其不仅需要掌握更多更优质的数据，还需要有足够的领导力和先进的管理体系，这样才能适应时代的发展。在大数据环境下，企业管理变革主要体现在以下几个方面：

一、大数据人才管理的变革

大数据背景下企业的经营方式、信息传递机制、组织结构均发生重大转变，要求人力资源管理与时俱进，变革管理模式，为各个业务部门提供个性化的解决方案。大数据催生了一批与之相关的新就业岗位，如大数据系统研发工程师、大数据应用开发工程师、大数据分析师、数据可视化工程师、数据安全研发人才等，数据人才的价值日益凸显，大数据时代的数据人才必须集各个学科知识于一身，只有这样才能从各种貌似没有关联的海量数据中，通过整理、分析得到有价值的商业信息，数据人才将变成未来相互争夺的稀缺资源。

二、大数据决策管理的变革

大数据时代，管理者的经验和直觉所起到的作用正日益减少，企业管理者广泛运用数据分析手段进行管理和优化公司运营，基于数据分析做出决策，将之转化为领导力。比如麦当劳、肯德基、苹果等公司对实体店位置的选择，都是建立在数据分析基础之上的。此外，在零售业中，数据分析的技术手段更是得到广泛的应用，传统企业沃尔玛通过数据挖掘重塑并优化供应链，京东、淘宝等电商巨头则通过对海量数据的收集和分析，为用户提供更加专业化、个性化和定制化的服务。

三、大数据安全管理的变革

我们时刻都暴露在"第三只眼"之下：淘宝监视我们的购物习惯，百度监视我们的网页浏览习惯，而微信似乎什么都知道，不仅监听到了我们心中的"他"，还有我们的社交关系。科技的发展从来不是有百利而无一害的，大数据的发展带来便利和繁荣的同时，也给我们的个人隐私造成了极大威胁。我们所有的个人信息、出行、购物、喜好全被"第三只眼"看得清清楚楚，我们时刻面临着信息泄露、滥用的危险，也饱受各种推销电话的骚扰。且大型数据公司形成数据垄断，一旦执掌这些机构的人出于不怀好意的目的，或者独裁者利用大数据对人民进行监控来维护自己的统治，抹杀异己之声，将造成不可挽回的可怕后果。因而，大数据发展的同时，需要相应的监管条例来管控数据的使用，避免数据滥用造成的严重后果。

课后练习题

一、单项选择题

1. 大数据时代,我们是要让数据自己"发声",没必要知道为什么,只需要知道(   )。
A. 预测的关键   B. 是什么   C. 原因   D. 关联物

2. 下列选项中,不属于大数据带来的思维方式的转变的是(   )。
A. 精确而非全面   B. 效率而非精确   C. 相关而非因果   D. 全样而非抽样

3. 美国海军军官莫里通过对前人航海日志的分析,绘制了新的航海图,标明了大风和洋流可能发生的地点,这体现了大数据分析理念中的(   )。
A. 在数据上倾向于全体数据而非抽样数据
B. 在数据分析方法上更注意相关分析而非因果分析
C. 在分析效果上更追求效率而非绝对精确
D. 在数据规模上强调相对数据而非绝对数据

4. 大数据人才整体上不需要具备(   )等方面的知识。
A. 数学及统计知识   B. 计算机相关知识
C. 马克思主义哲学知识   D. 机器学习和自然语言

二、简答题

1. 大数据带来的变革主要表现在哪些方面?
2. 结合具体案例说明整体性思维、相关性思维和混杂性思维。
3. 结合所学知识简述大数据带来的商业变革。
4. 大数据时代的人才应该具备什么能力和素质,如何培养大数据人才?
5. 浅谈大数据时代面临的安全问题。

第二篇

市场营销

第四章　市场营销概述

教学目标

1. 了解市场及市场的特征
2. 掌握市场营销的概念
3. 理解生产观念、产品观念、推销观念、市场营销观念及社会营销观念等相关内容
4. 掌握市场营销的宏观环境和微观环境内容
5. 掌握市场细分、目标市场选择和市场定位

教学重点

1. 市场营销的概念及内涵
2. 市场营销的宏观环境和微观环境
3. 市场细分、目标市场选择和市场定位

教学难点

1. 生产观念、产品观念、推销观念、市场营销观念和社会营销观念
2. 市场细分、目标市场选择和市场定位

引导案例

星巴克，打出文化牌

星巴克（Starbucke Coffee）起源于1971年西雅图的一间小咖啡屋，历经30多年时间发展成国际最著名的咖啡连锁店品牌。星巴克的成长称得上是一个奇迹：它在全球的连锁店达4000多家。1992年，星巴克在美国上市，如今，股票价值在经历了四次分拆之后已经攀升了20多倍，收益之高超过了通用电气、百事可乐、微软、IBM等大公司的收益总和。星巴克于1996年正式跨入国际市场，在时尚的东京银座开了第一家海外咖啡店，至今已打入了世界32个国家的市场，现在更是以每天在这个地球上增加3~4家咖啡店的速度在成长，这样惊人的发展速度不得不令人想一窥究竟。

固然，高品质的咖啡、忠诚的员工都是星巴克得以在市场上经久不衰的原因，而星巴克最吸引人的地方，则是把这样一种在西方传承数百年的古老消费品，变成时尚的代名词，重新演绎着现代人的生活方式和文化内涵。

星巴克从品牌名称到LOGO设计都让人产生联想，并充满好奇。"星巴克"一名取自美国古典冒险小说《大白鲨》，主人公是船上的一位大副，他有着丰富的航海经验，幽默坚定，爱喝咖啡。星巴克的LOGO设计则来自于多数人都熟悉的古老的海神故事。荷马在《奥德赛》中描述了海神如何将水手引诱到水中，让他们在销魂的音乐中幸福快乐地死去。中世纪的艺术家们把这些生灵刻画成美人鱼，从此这些生灵传遍了整个欧洲，人们用它们装饰大教堂的屋顶和墙壁。星巴克商标中的那个年轻的双尾海神，便是由中世纪的故事演绎而成（见图4-1）。

图4-1 星巴克标志

星巴克成为知名品牌并不是销售一杯香甜的咖啡那么简单，更多的是销售一种在淡淡优雅的氛围中，拥有放松感觉和愉悦心情的美妙咖啡体验。正是这种独特的文化定位使星巴克从平凡的咖啡店中脱颖而出，而正是萧兹给了星巴克这样一个创新飞跃的契机。

萧兹加入星巴克负责市场营销半年后，1983年到米兰参加商展，他走在街头，发现浓缩的咖啡馆一家接一家，而且都挤满了人。意大利人早、中、晚都会在咖啡馆徘徊片刻才回家，大家一进门就像参加朋友聚会一般，彼此会在歌剧和音乐声中相互攀谈聊天。萧兹对于人的需求的敏感让他捕捉到了扭转星巴克，也是扭转他自己一生的灵感。什么才是咖啡馆能够真正吸引顾客一来再来的主要因素？那就是一种舒适的人文环境和生活体验更多于对咖啡本身的消费需求。这是美国人在家里喝了上百年的咖啡和星巴克销售了10多年的咖啡豆也仍无法体验和总结出来的。于是，萧兹把米兰的经验稍做调整，搬到了美国，歌剧音乐换成了美国崇尚流行的爵士乐，在柔和的暖暖的灯光下，恣意流畅在星巴克的是一种悠闲和自在，你可以挑选在看似随意设置的舒服、柔软的沙发或木质桌椅前就座，尽情地享受在嘈杂和忙乱的工作和生活节奏中偷得的片刻闲暇，无论是朋友小聚，还是悠然独酌，加上一杯高品质的咖啡，谁会不为这样的情趣所心动，从而小小奢侈一把呢？尽管星巴克每杯咖啡的价格是其他咖啡店的两倍，但星巴克这种颇具文化品位的优雅经营理念，却开启了现代都市人们自己都不曾觉察到的需求。于是星巴克成了安静的早餐店，成了小聚的社交地，成了许多人静静思考的个人办公室，也成了除去家和办公室外人们最爱去的第三类场所。在中国，几十平方米的咖啡店里，常常可以看到衣着光鲜的白领手捧咖啡杯，或聊天，或摊开资料、打开笔记本电脑讨论工作。现在世界上每周都会有2000万人次光临星巴克，几乎每个星期就能够积累出一个上海人口。

　　星巴克在中国的成功也有赖于浓浓的文化情调和舒适的环境氛围，这和星巴克将目标群体定位在具有一定消费能力的"小资"人群和商务人士上无疑是一致的。

　　星巴克在选址上非常注重靠近所定位的目标群体。经过实践调查，下午和傍晚时分人气最旺，不少分店直到零点还有顾客。当地的店长介绍说，这些大都是附近的人。这点不像酒店，也不像娱乐场所，人们不会为喝一杯咖啡而跑得很远，一般都是就近就便。所以星巴克的选址一般是在写字楼集中的商务区域、休闲娱乐场、繁华的商业区等地方。在风格上，星巴克主要突出美式风格。每个新店的地点定下来之后，都要及时将店面形状绘成图纸发往美国，由位于西雅图的星巴克总部统一设计，然后再发回国内进行装修。在色调上一般用的是暗红与橘黄色，加上各种柔和略带暖色的灯光以及体现西方抽象派风格的一幅幅艺术作品，再摆放一些流行时尚的报纸杂志、精美的欧式饰品等，写一些诸如"咖啡是你一辈子的情人"等软语温存的话语，那种亦真亦幻的氛围就烘托出来了，人们在这里交往就会觉得非常富有亲和力。

　　进入星巴克，你会感受到空中回旋的音乐在激荡你的心魄。店内经常播放一些爵士乐、美国乡村音乐以及钢琴独奏曲等。这些正好迎合了那些时尚、新潮、追求前卫的白领阶层。他们天天面临着强大的生存压力，十分需要精神抚慰，这时的音乐正好起到了这种作用，确确实实让你在消费一种文化的过程中，催醒你内心某种也许已经消失的怀旧情感。

　　一位顾客反映，星巴克人对此显得很会算计，他们会尽量选一些舒缓、优美的轻柔音乐，使人们沉醉其间，增加消费，这一点和一些快餐店截然相反。那些快餐店的音乐一般都是快节奏的，以期在音乐的暗示下，让你快吃完走人。一位星巴克店长也直言不讳地说，星巴克期望你久坐在店中，然后用音乐来俘获你的心。不少人本来待不到一小时就准备走的，结果为美妙的乐曲所诱，一下子待了两三个小时，咖啡也从一杯可能增加到三四杯。人流量不增，咖啡销量却有可能翻番。如果店内的气氛不好，人家一杯咖啡喝不完就想走人，而且很可能再也不会来了。这位店长还指着一些正在上网的人说道，你来到店里，只要带上一台笔记本电脑，加插一块无线网卡，就可以无线高速上网。这里不仅可以聊天、玩游戏，还可进行情感交流，和远在天涯的人谈生意等。在星巴克，梦想中便捷而浪漫的现代生活已经成真。

资料来源：http://www.docin.com/p-47545517.html，2010-07-04.

第一节　市场营销的基本概念

一、市场的概念

市场是各方参与购买和出售商品，进行交易活动的地点或区域。尽管各方可以通过易货交换货物和服务，但大多数市场依赖卖方提供货物或服务（包括劳动力）来换取买方的钱。可以说，市场是商品和服务价格建立的过程。市场促进贸易并促成社会中的分配和资源分配。市场允许任何可交易项目进行评估和定价。市场或多或少自发地出现，或者可以通过人际互动刻意地构建，以便交换服务和商品。市场可以按不同的角度进行划分，如表4-1所示。

表 4-1　市场的分类

按商品交换的地理区域划分	地区：国内市场、国外市场 城乡：城市市场、农村市场
按商品交换场所划分	蔬菜市场、服装市场、煤炭市场等
按商品购销方式划分	批发市场、零售市场、批零兼营市场

现代市场的主要特征如下：

其一，统一性。各类市场在国内区域之间形成统一整体，自由流动、自由交易，购买者有更多选择。

其二，开放性。向所有经营者、购买者开放，向各个地区之间、各行业之间、各国之间开放，使企业之间在更大范围和更高层次展开竞争与合作。

其三，竞争性。各经济主体在人才、科技、经营管理、经济实力等方面公平竞争，打破任何形式的垄断，使经济活动充满生机和活力。

其四，有序性。有完备的市场运行规则，进入市场的各经济主体都能自觉维护和遵守，使各种经济关系和经济利益得到协调，做到法律、自律、监督，保证平等竞争和公平交易，保护生产经营者和消费者的合法权益。

二、市场营销的概念

关于什么是市场营销，在市场营销学不断发展的过程中，其定义不断被修正。20世纪中叶是市场营销学形成的重要阶段。美国市场营销协会（1960 年）认为，市场营销是将货物和劳务从生产者流转到消费者过程中的一切企业活动。这时对市场营销的理解偏重于销售和推销。到了市场营销学成熟的 20 世纪 80 年代，美国市场营销协会（1985 年）认为，市场营销是指通过对货物、劳务和理念的构想、定价、分销、促销等方面的计划和实施，以实现个人和组织预期目标的交换过程。这一定义比 1960 年的定义范围更宽，指出市场营销的活动过程并表明其管理的重要性。到了 2004 年，美国市场营销协会又认为，市场营销既是一种职能，也是为了组织自身及利益相关者的利益而创造、传播、传递客户价值，管理客户关系的一系列过程。这一概念强调利益交互和客户关系管理的重要性。

关于市场营销的定义，社会各界普遍认同市场营销学之父菲利普·科特勒的定义：市场营销是个人和群体通过创造，提供出售，并同他人交换产品和价值以满足需求和欲望的一种社会和管理过程。科特勒的这一定义，表明市场营销的目的与内涵，即价值交互，也就是市场营销各主体之间各取所需的利益满足过程。对市场的客户而言，就是企业通过一系列的市场营销活动，发现需求并尽可能提供满足市场需求的产品和服务，进而达成价值交换，各取所需，完成市场营销过程。可见，市场营销是通过提供消费者满意的产品或服务，实现企业利润的最大化，达到"双赢"状态。

从上述定义中可以进一步理解市场营销的含义：营销在销售之前已经开始；营销就是要使推销成为多余；营销的核心是价值的交换和关系的管理；营销不是企业的专利。

三、市场营销观念演变

营销观念出现于 20 世纪 50 年代中期。营销观念又称为市场营销管理理念，简称营销理念，是指企业从事市场营销活动及管理过程的指导思想或根本看法和根本态度，也就是企业在开展市场营销活动的过程中，在处理企业、顾客和社会三方利益方面所持的态度和指导思想。建立正确的营销观念，对企业经营的成败具有决定性意义。近百余年来，企业经营管理的指导思想经历了一个漫长的演变过程，如图 4-2 所示。

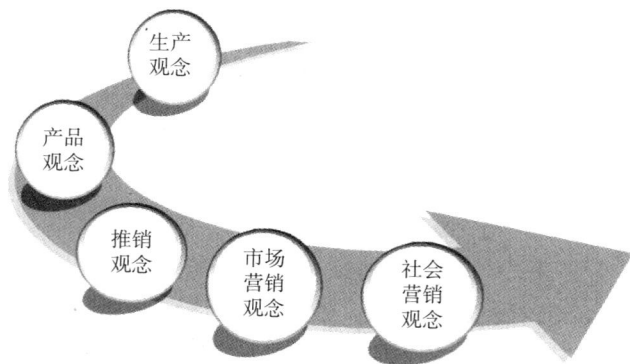

图 4-2　市场营销观念演变过程

1. 生产观念

生产观念盛行于 19 世纪末 20 世纪初。该观念认为，消费者喜欢那些可以随处买到和价格低廉的商品，企业应当组织和利用所有资源，集中一切力量提高生产效率和扩大分销范围，增加产量，降低成本。显然，生产观念是一种重生产、轻营销的指导思想，其典型表现就是"我们生产什么，就卖什么"。以生产观念指导营销活动的企业，称为生产导向型企业。美国福特汽车的创始人亨利·福特曾说，"我们只生产黑色轿车"就是典型的生产观念。

2. 产品观念

产品观念是与生产观念并存的一种市场营销观念，都是重生产、轻营销。产品观念认为，消费者喜欢高质量、多功能和具有某些特色的产品。因此，企业管理的中心是致力于生产优质产品，并不断精益求精，日臻完善。在这种观念的指导下，公司经理人常常迷恋自己的产品，以至于没有意识到产品可能并不迎合市场，甚至市场正朝着不同的方向发展。"酒香不怕巷子深"就是产品观念的典型思想，在"酒香"，即产品质量有保障的情况下，企业忽视了消费者对"巷子深"的抵触心理。如果竞争对手的酒，质量好，也"万里飘香"，"巷子深"则可能给企业带来灾难性结局。

3. 推销观念

推销观念产生于资本主义经济由"卖方市场"向"买方市场"的过渡阶段。它认为，消费者不会自觉主动地购买大量本企业的产品，因此企业管理的中心任务是积极推销和大力促销，以诱导消费者购买产品。其具体表现是"我卖什么，就设法让人们买什么"。执行推销观念的企业，称为推销导向型企业。在推销观念的指导下，企业相信产品是"卖出去的"，而不是"被买去的"。他们致力于产品的推广和广告活动，以求说服甚至强制消费者购买。

推销观念与生产管理、产品观念一样，也是建立在以企业为中心的"以产定销"，而不是建立在满足消费者真正需要的基础上。因此，这三种观念被称为市场营销的旧观念。

4. 市场营销观念

市场营销观念形成于 20 世纪 50 年代。该观念认为，实现企业诸目标的关键在于正确确定目标市场的需要和欲望，一切以消费者为中心，并且比竞争对手更有效、更有力地传送目标市场所期望满足的东西。它要求企业营销管理贯彻"顾客至上"的原则，将管理重心放在善于发现和了解目标顾客的需要上，并千方百计去满足它，从而实现企业目标。执行市场营销观念的企业称为市场导向型企业。

当以福特汽车为代表的美系汽车遇上以丰田为代表的日系汽车，市场竞争优势受到极大打击。丰田的大野耐一创造的准时制生产方式（Just in Time，JIT），以精益求精的方式优化生产运行问题，同时以个性化、小批量生产的方式满足市场需求，在欧美市场上快速发展，给美系汽车带来无限的市场压力。面对以丰田为代表的日系汽车的冲击，亨利·福特的生产观念转变为"请问，你需要什么颜色的汽车，我为你生产"的市场营销观念。

树立并全面贯彻市场营销观念，有四个主要支柱：目标市场、整体营销、顾客满意和盈利率。也就是说，市场营销观念是从选定的市场出发，通过整体活动，实现顾客满意，从而提高盈利率。

5. 社会营销观念

社会营销观念是以社会长远利益为中心的市场营销观念，是对市场营销观念的补充和修正。该观念认为，企业生产经营不仅要考虑消费者的需要，而且要考虑消费者和整个社会的长远利益。社会营销观念的基本核心：以实现消费者满意以及消费者和社会公众的长期福利为企业的根本目的与责任。理想的营销决策应同时考虑到：消费者的需求与愿望的满足，应不影响消费者和社会的长远利益和企业的营销利益。

生产观念、产品观念、推销观念一般被称为旧观念，是以企业为中心，以企业利益为根本取向的最高目标来处理营销问题的观念；市场营销观念与社会营销观念被称为新观念，分别称为以消费者为中心的顾客导向观念和以社会长远利益为中心的社会导向观念。5种营销观念的区别如表4-2所示。

表4-2　市场营销观念的对比分析

营销观念	演变过程	顺序不同	重点不同	方法不同	目标不同
旧观念	生产观念	产品—市场	生产	生产效率和销售网络	增加产量增加利润
旧观念	产品观念	产品—市场	产品	制造优良产品并经常改进	增加产量增加利润
旧观念	推销观念	产品—市场	销售	开展推销和促销活动	增加销量增加利润
新观念	市场营销观念	市场—产品	市场	整体营销	满足需求获得利润
新观念	社会营销观念	市场—产品	市场	整体营销	满足需求兼顾社会福利获得利润

第二节　市场营销环境

市场营销环境是指与企业营销活动有潜在关系的所有外部力量和相关因素的集合，它是影响企业生存和发展的各种内外部条件的总和。市场营销环境的动态变化将给企业营销活动带来两种结果：一方面可能给企业营销带来新的市场机会；另一方面也可能给企业营销带来环境威胁。

一般来说，市场营销环境包括宏观营销环境、微观营销环境，如图4-3所示。

对营销环境进行分析可以了解和把握营销环境的变化及其发展趋势，保证经营决策的正确性；可以运用自己控制的手段，及时调整营销策略，以适应不可控环境因素的变化，提高营销应变能力；可以从营销环境的变化中，发掘新的市场机会，捕捉市场机遇，把握营销时机，更好地发展企业；可以及时发现环境给企业带来的威胁，采取积极措施，避免或减轻威胁给企业造成的损失。

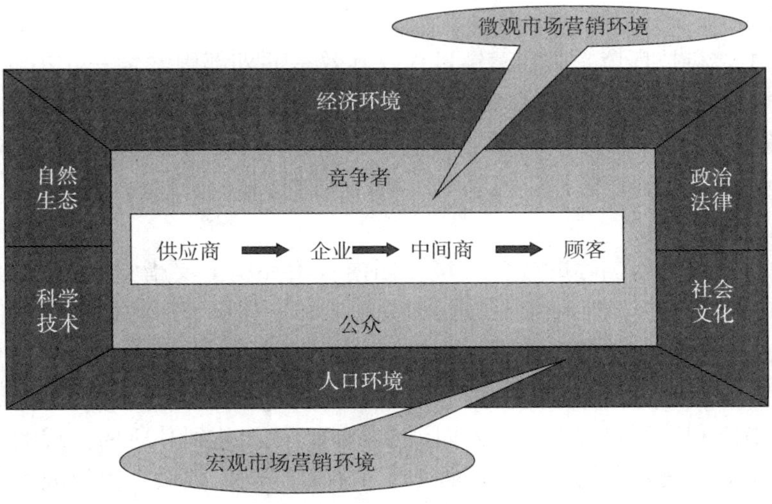

图 4-3　市场营销环境

一、宏观营销环境

宏观环境以微观环境为媒体，去影响和制约营销活动的载体平台——市场，属于间接营销环境。宏观环境及其变化造就市场机会，也给营销企业带来各种威胁和压力。

宏观环境一般从人口环境，经济环境，自然环境，科技环境，政治、法律环境以及社会文化环境六个方面分析考察。

1. 人口环境

人口情况是企业市场营销的主要环境因素。人口多少直接决定市场的潜在容量，而且人口的年龄结构、地理分布、婚姻状况、出生率、死亡率、人口密度、流动性及文化教育程度等人口特性，又会对市场需求格局产生深刻影响，例如，女性是服装、化妆品、家庭日用品的主要购买者，男性是烟、酒的主要购买者。

2. 经济环境

经济环境是指影响企业市场营销方式与规模的经济因素，主要包括消费者收入水平、消费者储蓄和信贷情况、商品供求因素、经济发展水平、行业发展状况、城市化程度等多种因素。恩格尔定律指出，随着家庭收入的增加，家庭用于购买食品的支出占家庭收入的比重就会下降，反之，家庭用于住房、服装、交通、娱乐、教育和储蓄占家庭收入的比重就会上升。

3. 自然环境

自然环境是相对于社会环境而言，主要是指自然物质环境，即自然界提供给人类各种形式的物质财富，如矿产资源、森林资源、土地资源、水力资源等，是消费、生产、供给状况的基础。所有这些，都会直接或间接地给企业带来威胁或机会。随着自然环境和汽车使用环境的变化，新能源汽车成为汽车产业转变的重要方向，比亚迪推出的纯电动、油电混合动力汽车，已快速成长为最具创新的新锐民族自主汽车品牌，引领全球新能源的变革。

4. 科技环境

在营销学中，科技环境是影响营销过程及其效率的外部因素之一。20 世纪 80 年代以来，全球新技术迅猛发展，改变了人们的生活方式及其消费需求，从而对企业或组织的营销战略、营销过程和营销技术构成重要影响。科学技术对经济社会发展的作用日益显著，新技术有利于企业改善经营管理，且影响零售商业结构和消费购物习惯。

5. 政治、法律环境

政治环境是指国内与国际的政治环境。国内政治环境主要指党和政府的路线、方针、政策的制定和调整；国际政治环境是指两国关系、和平环境等。法律环境则包括国际和本国主管部门及各地区颁布的各项法规、法令、条例等。

一个国家的政府与政策对企业的市场营销活动产生着深刻的影响。每个国家的政府都能够运用政策措施和政策权力对有关方面施加影响，从而达到其所要实现的政治与经济的目的。因此，企业要搞好营销，必须了解与营销有关的国家政策。美伊战争时期，阿拉伯国家和欧洲的一些反战国家抵制美国的产品。参加抵制运动的欧洲人拒绝购买美国的消费品或是到美国旅游。

6. 社会文化环境

社会文化环境是指在一种社会形态下已形成的信念、价值观念、宗教信仰、道德规范、审美观念以及世代相传的风俗习惯等被社会所公认的各种行为规范。任何企业都处于一定的社会文化环境中，企业营销活动必然受到所在社会文化环境的影响和制约。为此，企业应了解和分析社会文化环境，针对不同的文化环境制定不同的营销策略，组织不同的营销活动。企业营销对社会文化环境的研究主要表现在以下方面：教育状况分析、宗教信仰分析、价值观念分析、消费习俗分析。

麦当劳公司入驻日本市场时进行促销，设计了"小白脸麦当劳"的滑稽形象进行宣传，结果失败。原因在于在日本白脸意味着死亡。于是改为其在香港促销时用的"麦当劳叔叔"的广告形象，结果当年公司的营业额翻了四倍。由此可见社会文化环境对于市场营销的重要性。

☞链接 4.1

大商集团的转变

二、微观营销环境

微观环境直接影响企业营销活动。市场营销微观环境指构成企业营销系统的各个组成部分，包括供应商、企业内部环境、营销中间商、竞争者、顾客和公众。

1. 供应商

供应商是向企业提供生产经营所需资源的企业或个人，包括供应原材料、零配件、设备、能源、劳务、资金及其他用品。供应商对企业营销业务有实质影响，其所提供的原材料数量和质量将直接影响企业产品的质量，所提供的资源价格会影响企业的成本和利润。供应商对企业供货的稳定性和及时性，是企业营销活动顺利进行的前提。因此，为减少供应商对企业的影响和制约，必须尽可能联系多个供应商，避免单一供应商产生的风险。

2. 企业内部环境

企业内部环境是指公司内部组织划分和层级以及非正式组织所构成的整体。企业内部环境不仅强调组织的正式和非正式结构，更强调组织成员的协作关系。企业内部环境是企业市场营销环境的中心。营销管理者在制订营销计划时，必须考虑到与公司其他部门的协调和协作。例如，财务部门负责解决实施营销计划所需的资金来源，并将资金在各产品、各品牌或各种营销活动中进行分配；会计部门则负责成本与收益的核算，帮助营销部门了解企业利润目标实现的状况；研究开发部门在研究和开发新产品方面给营销部门以有力支持；采购部门则在获得足够的和合适的原料或其他生产性投入方面担当重要责任；而制造部门的批量生产则保证了适时地向市场提供产品。

3. 营销中间商

营销中间商指协助企业促销、销售和经销其产品给最终购买者的机构。中间商既可以为某一企业提供中介服务，也可以为具有竞争关系的若干企业提供中介服务。除了拥有完整营销体系的少数大企业，在一般情况下，如果与营销企业合作的商业中介组织多、中介服务能力强、中介组织分布广泛合理，营销企业对微观环境的适应性和利用能力就强。沃尔玛、家乐福、神州数码、德邦物流、调查研究公司、广告公司等都属于中间商。

4. 竞争者

在社会分工和竞争的条件下，同一产品、同一服务都有一定数量的供应者。满足同一消费需求，一般存在于若干属性相同、略有差别的产品、服务中，因此，营销企业在市场上必然面临竞争者和可替代产品服务。在消费需求和其他环境状态既定的情况下，企业与竞争对手的相对地位和能力，直接关系到企业的营销效果。如航空公司、铁路客运、长途客运汽车公司都可以满足消费者外出旅行的需要，当火车票价上涨时，乘飞机、坐汽车的旅客就可能增加，相互之间争夺满足消费者的同一需要。

5. 顾客

顾客和用户是企业直接或最终的营销对象。企业不能控制顾客与用户的购买行为，但企业通过有效的营销活动，能在顾客中产生某种印象和形象，改变其对企业及产品的态度和看法，改善与顾客和用户的关系。

6. 公众

对于营销领域而言，公众指对企业完成其营销目标的能力有着实际或潜在利益关系和影响力的群体或个人，主要包括金融公众、媒介公众、政府公众、社团公众、社区公众和内部公众。公众对企业的态度会对企业营销活动产生巨大的影响。

公众从不同角度，以不同方式制约企业的营销活动。从我国工商企业的营销实践来看，大部分企业对直接的微观环境予以高度重视，但对有间接影响的宏观环境则重视不足。

第三节 目标市场营销战略

企业面对成千上万的消费者，他们的消费心理、购买习惯、收入水平和所处的地理环境、文化环境等都存在着很大差别。对于这样复杂多变的大市场，任何一个企业，不管它的规模多大、资金实力多雄厚，都不可能满足整个市场上全部顾客的所有需求。在这种情况下，企业只能根据自身的优势，从事某方面的生产营销活动，选择力所能及的、适合自己经营的目标市场，开展目标市场营销。

一、市场细分（Segmenting）

市场细分是根据购买者对产品或营销组合的不同需要，将市场分为若干不同的顾客群体，并勾勒出细分市场的轮廓。市场细分有利于发现市场机会，开拓新市场；有利于掌握目标市场的特点，制定营销战略；有利于集中资源，提高竞争力；有利于企业提高经济效益。

消费品市场的细分标准因企业不同而各具特色，但是有一些标准是共同的，即地理因素、人口因素、心理因素和行为因素四个方面，每个方面又包括一系列的细分变量。

1. 地理因素

以地理因素为标准细分市场就是按消费者所在的不同地理位置将市场加以划分，是大多数企业采取的主要标准之一，这是因为这一因素相对于其他因素来说表现得较为稳定，也容易分析。地理因素主要包括区域、地形、气候、城镇大小和交通条件等。由于不同的地理环境、气候条件、社会风俗等因素的影响，同一地区内的消费者需求具有一定的相似性，不同地区的消费需求则具有明显的差异。如海尔集团针对江南地区"梅雨"天气较多、衣服不容易干的情况，及时研发了集洗涤、脱水、烘干于一体的海尔"玛格丽特"三合一全自动洗衣机；针对西南地区农村市场，研发了"大地瓜"洗衣机，满足该地农民图快捷省事，在洗衣机里洗红薯的需要。

2. 人口因素

人口状态是市场细分惯用的和最主要的标准，它与消费需求以及许多产品的销售有着密切联系，而且这些因素往往又容易被辨认和衡量。根据消费者年龄、性别、职业、收入、宗教信仰以及国籍、民族的差别，把总体市场划分成一个个有差别的消费群体。不同消费群的偏好、购买力和需求重点不同，同一消费群中的不同消费者，既有共性，又有特性和差别，但其共性大于特性。如中国移动集团针对不同的人群推出不同的套餐，全球通主要面向商务人士，动感地带比较适合年轻人、学生，神州行主要针对普通大众，资费低，适合消费水平一般的用户。

☞**链接 4.2**

唯品会：一家专门做特卖的网站

3. 心理因素

在地理环境和人口状态相同的条件下，消费者之间存在着截然不同的消费习惯和特点，这往往是由消费者不同的消费心理差异所导致的。尤其是在比较富裕的社会中，顾客购物已不限于满足基本生活需要，因而消费心理对市场需求的影响更大。所以，消费心理也就成为市场细分的又一重要标准。根据消费者的生活方式、性格及对品牌的忠诚度对市场进行细分，就属于这种细分。可口可乐的许多忠实购买者将可口可乐与过去美好记忆联系在一起，当公司宣布取代原先的可口可乐时，这些人感觉失去了一位老朋友，导致当月销售额受到影响，公司迅速采用原来的牌子，改为"经典可口可乐"重新上市。

4. 行为因素

按行为因素进行细分也是一种较深入的细分方法，它与消费心理细分结合起来，分析效果更好。行为细分依据消费者购买行为的分类和差别，可以从购买时机、利益要点、使用状况、更新频率以及态度、忠诚度等具体标准出发，将总体市场逐一分解。在时机方面，节假日与其他时间的旅游需求不同。在利益方面，购买手表注重美观、实用、豪华或身价，不同消费者追求的重点不同。在全部消费者中，有未用、准备使用、尝试使用和经常使用多种情况。在用户群中，有使用频率高低和品牌忠诚度高低两类多种消费群体。对于新产品或成熟产品，总体市场细分中的行为区分还可以采用待购阶段和用户态度两类标准，形成是否知晓、是否准备购买两种不同消费群体，分出态度积极或消极的若干不同用户群。

二、目标市场选择（**Targeting**）

目标市场，是指企业在市场细分的基础上，根据市场潜力、竞争对手状况、企业资源、产品生命周期等所选定和进入的市场。选择哪些细分市场作为目标市场，既要依据细分市场的容量、潜力和环境因素，更重要的是细分市场的状况是否能最大限度地发挥企业的优势和营销能力。根据各个细分市场的独特性和企业自身的目标，有以下几种模式可供选择。

1. 单一市场集中化

只选择一个细分市场，只生产一种产品来满足某一固定客户群的需求，进行集中营销，即一个市场一种产品。

2. 产品专业化

企业选择几个细分市场作为目标市场，但只生产一种产品供市场需求，即几个市场一种产品。

3. 市场专业化

企业选择一个细分市场作为目标市场，并生产一系列产品来专门满足这一消费群体，即一个市场多种产品。

4. 选择性专业化

选择几个有足够吸引力且符合公司目标和资源的细分市场作为目标市场，并根据每个细分市场的消费需求，提供相应产品。

5. 市场全面覆盖

企业为所有细分市场生产不同产品，满足所有需求。

三、市场定位（Positioning）

市场定位，根据竞争者现有的产品在细分市场所处地位和顾客对产品某些属性的重视程度，塑造出本企业产品与众不同的鲜明个性或形象，并传递给顾客，从而使该产品在细分市场上占有一席之地。市场定位并不是对一件产品本身做些什么，而是企业在潜在消费者的心目中做些什么。市场定位的实质是使此企业与其他企业严格区分，使顾客明显感觉和认识到这种差别，从而在顾客心目中占有特殊的位置。市场定位的目的是使企业的产品和形象在目标顾客的心理上占据一个独特、有价值的位置。如七喜定位为"非可乐"，奔驰显示"声望"，宝马适合"驾驶"，富豪是"安全"的汽车，法拉利代表"速度"，王老吉是"预防上火的饮料"。

☞链接4.3

陌陌平台的定位

市场定位是企业市场营销战略体系中的重要组成部分。市场定位的方法主要包括初次定位、重新定位、对峙定位、回避定位和寻找市场定位。

1. 初次定位

初次定位指新成立的企业进入市场，企业新产品投入市场或产品进入新市场时，企业必须从零开始，运用所有的市场营销组合，使产品特色与所选择的目标市场相吻合。如"统一鲜橙多，多喝多漂亮！"等等，这些独特的定位在消费者的心目中留下深刻的印象，构成对消费者巨大而持久的吸引力。

2. 重新定位

初次定位后，由于顾客的需求偏好发生转移，市场对本企业产品的需求较少，或新的竞争者进入市场，选择与本企业相近的市场定位，这时，企业就需要对产品进行重新定位。可口可乐的第七任总裁将可口可乐定位为大众日用饮品；"二战"爆发后，可口可乐利用新闻媒体发起一场"第二次世界大战与可口可乐"的大论战，将产品定位为士兵更好休息的慰问品和军需物资；"二战"结束后，可口可乐不失时机地展示出"和平天使"的企业定位，产品也相应地变成了"爽心""怡神"的最佳饮品；20世纪70年代初，可口可乐遭遇百事可乐的挑战后，将自己定位为"这是真品"，暗示其余可乐都是在模仿可口可乐。

3. 对峙定位

对峙定位又称迎头定位，指企业根据自身的实力，为了占据较佳的市场位置，不惜与市场上占据支配地位、实力最强或较强的竞争对手发生正面竞争，从而使自己的产品进入与对手相同的市场地位，这一定位方式引人注目，企业及产品能较快地为消费者了解，达到树立市场形象的目的。采用这种定位方式需要具备的条件：能生产出更好的产品，市场容量足够大，企业资金实力雄厚。发展较晚的百事可乐在进入市场时，与可口可乐展开面对面的较量，实行对峙定位（你是可乐，我也是可乐），企业必须做到知己知彼，力争比竞争对手做得更好。

4. 回避定位

回避定位指企业避免与强有力的竞争对手发生直接竞争，而将自己的产品定位于另一市场的区域内，使自己产品在某些特征或属性方面与强势对手有明显的区别。这一策略可使企业迅速在市场上站稳脚跟，在消费者心中树立一定的形象。如"七喜"汽水突出宣传自己不含咖啡因的特点，成为非可乐型饮料的领先者。

5. 寻找市场定位

填补市场上的空白，主要有两种情况：一是潜在市场没有被发现；二是潜在市场已经被发现，但其他企业无力占领。如"怕上火，喝王老吉"。

课后练习题

一、单项选择题

1. 构成市场营销微观环境的因素除企业本身、中间商、竞争者、公众之外还有一种重要因素，它是（　　）。

A. 人口　　　　　　　B. 社会文化　　　　　C. 国外宏观环境　　　D. 供应商

2. 企业按照消费者的年龄、性别、收入、职业、受教育程度等因素对消费者市场进行细分，这属于（　　）。

A. 行为细分　　　　　B. 地理细分　　　　　C. 心理细分　　　　　D. 人口细分

3. 关于市场定位的理解，下列选项中不正确的是（　　）。

A. 定位应该是一种战略行为

B. 定位应强调和竞争对手的差异性

C. 定位不可改变

D. 定位强调的是和消费者心灵的双向沟通

4. 2008 年北京奥运会期间海尔公司有一个举措：中国健儿赛场上得一块金牌，海尔就捐建一所希望小学。海尔的这一举措体现的是（　　）。

A. 生产观念　　　　　B. 产品观念　　　　　C. 推销观念　　　　　D. 社会营销观念

5. "酒香不怕巷子深"体现的是一种（　　）。

A. 生产观念　　　　　B. 产品观念　　　　　C. 推销观念　　　　　D. 社会营销观念

6. 麦当劳公司入驻日本市场时，设计了"小白脸麦当劳"的滑稽形象进行宣传（日本白脸意味着死亡），结果失败。这体现了企业在进行营销时必须考虑（　　）。

 A. 科技环境   B. 政治法律环境 C. 社会文化环境 D. 供应商

 7. 现代市场营销观念强调企业营销活动的出发点是（　　）。

 A. 经销商   B. 销售区域   C. 企业   D. 顾客

 8. 在春节、中秋节、端午节等节日即将来临时，许多商家纷纷进行广告宣传，以促销自己的产品。他们对市场进行细分的方法是（　　）。

 A. 地理细分   B. 行为细分   C. 心理细分   D. 人口细分

二、简答题

 1. 简述市场及市场营销的含义。

 2. 简述市场营销观念的演变过程。

 3. 什么是市场营销环境，分析营销环境的意义何在？

 4. 微观营销环境由哪些方面构成？竞争者对企业营销活动有何影响？

 5. 宏观环境包含哪些因素？

 6. 结合具体的案例阐述 STP 战略。

 7. 消费者市场细分的依据有哪些？市场细分的作用主要表现在哪些方面？

 8. 企业如何选择目标市场，确定目标市场应该考虑哪些因素？

 9. 结合具体的案例阐述市场定位的方法。

 10. 洗发水领域，联合利华推出"十年磨一剑"的专业去屑品牌——清扬，结合所学知识分析，清扬与海飞丝的对决属于哪种定位策略。

三、案例分析题

 美客是一家拥有 1000 平方米营业面积，以经营法式菜为主的西餐厅。老板是台湾人，到大陆开创事业。他把事业的起点选在了陕西省。西餐厅内部的装潢和设施是完全的欧式风格，高档而完善。置身其中既有高贵浪漫的气息，又有温馨的家庭氛围。但由于资金所限，当初他选择了一个距闹市区 20 公里、地价比较低、交通便利、周边生态环境较好的地方。

 为了让顾客品尝地道的法国菜肴，提供一流的服务，餐厅无论是管理者、厨师还是服务员都是一流的。餐厅经营定位在两个方面：一是到餐厅来的消费人群；二是为喜欢西餐的公司白领提供西式套餐的快餐服务。历时半年的经营，餐厅的经营状况差强人意，老板非常苦恼，苦苦思考着经营的突破口在哪里。

 问题：西餐厅的市场定位是否准确，为什么？并提出你的建议。

第五章　市场营销调研

📖 教学目标

1. 了解市场营销调研的含义
2. 掌握市场营销调研的过程，理解大数据时代的市场调研
3. 掌握市场营销调研的方法
4. 掌握调查问卷的设计原则和基本结构

📖 教学重点

1. 市场营销调研的基本过程
2. 调查问卷的基本结构和设计原则
3. 市场营销调研的方法的适用情况

📖 教学难点

1. 大数据时代的市场调研
2. 设计一份调查问卷

引导案例

雪花啤酒——分销渠道调研及渠道优化方案

一、案例背景

华润雪花啤酒（中国）有限公司成立于1994年，是一家生产、经营啤酒的全国性专业啤酒公司，总部位于北京。目前华润雪花啤酒在中国经营98家啤酒厂，旗下含雪花啤酒品牌及30多个区域品牌。2016年华润雪花啤酒总销量达到1171.5万千升，共占有中国啤酒市场约26%的份额。2018年7月18日，财富中文网发布了2018年《财富》中国500强排行榜，华润雪花啤酒以297.32亿元的营业收入占据榜单"第252名"。

2007年，华润雪花啤酒进入兰州市之前，兰州市啤酒市场基本上是兰州黄河与五泉啤酒两家争夺的局面。华润雪花啤酒在兰州市建厂并投入生产之后，兰州市啤酒市场集中度得以提升，竞争日趋激烈。兰州黄河依靠外资注入和地域优势，华润雪花啤酒依靠雄厚资本和渠道运作优势，青岛啤酒依靠整合手段和品牌优势，在兰州市啤酒市场上确立起了各自地位，这些都深刻影响了兰州市啤酒市场未来格局。

华润雪花啤酒甘肃公司自2007年10月正式建成投产以来，借助资本优势，通过前期战略布局与品牌整合，以灵活竞争策略与执行文化，确立了市场优势地位，在消费群中有很高的认知度。但由于后期在市场运作中失误，致使其销量一度下滑，并且由于该品牌在销售奖励上没有落实，使渠道客户失去经营信心。虽然经历挫折，但华润雪花啤酒甘肃公司没有放弃。2009年，公司为了重新夺回市场，决定委托北京华经纵横咨询有限公司对其分销渠道进行调研及渠道优化，以进行新一轮市场销售。

此次调查研究的目的：通过市场调查，进行渠道结构和渠道成员以及销售相关因素研究，以便准确把握渠道现状，明确渠道问题，从而为市场细分、优化营销渠道制定营销策略提供依据。

二、研究方法

本次调查研究主要采取座谈会、深度访谈及入户访问三种方法：

1. 座谈会

在小组座谈中，共分两部分调研群体（见表5-1）。第一部分是测定便利渠道零售终端成员对啤酒的认知，对啤酒销售因素理解以及便利渠道零售终端成员对厂家的看法与期望，为寻求渠道改进提供依据。第二部分是通过对餐饮渠道成员进行销售相关因素调研，从定性角度探求餐饮渠道成员对雪花啤酒的认识和销售影响程度。

2. 深度访谈

以深度访谈大纲为工具，样本规模情况如表5-2所示。

3. 入户访问

采用观察与询问相结合的调查方法，以调查表为工具，样本规模与对象情况如表5-3所示。

表 5-1　雪花啤酒分销渠道调研——座谈会对象

调研群体	与会者条件	组别	
		第一组	第二组
便利渠道零售终端成员	①瓶装啤酒销售人员；②从事啤酒销售 5 年以上；③经常饮用啤酒	饮用频率每周 1~2 次，年龄 25~50 岁	饮用频率每周 4 次以上，年龄 25~50 岁
餐饮渠道成员	①餐饮店的采购人员；②从事采购工作 2 年以上；③经常饮用啤酒		

表 5-2　雪花啤酒分销渠道调研——深度访谈样本规模

渠道类型	规模	样本数
批发商	大型	3
	中型	4
	小型	4
合计		11

表 5-3　雪花啤酒分销渠道调研——入户访问样本规模与对象

调查对象	样本数
超级市场	10
自选商场	50
中低档酒店	90
食杂店	150
合计	300

三、研究结果

如果从渠道方面入手，现存的渠道网络结构是否适应华润雪花啤酒的发展，现存的渠道构成存在哪些问题，如何改进渠道网络结构以适应当前竞争激烈的啤酒市场等便成为集团所面临的问题。但对这些问题的解答，只能通过深层次认识，包括了解渠道成员构成状况、渠道成员在啤酒销售中的作用、啤酒的流通特点、明确渠道网络结构、认识华润雪花啤酒的销售渠道现状等问题，才能得到有效的解决方案。因此，制定出系统的分销渠道调研方案，并通过科学的方法获取足够的信息，从而为编制营销渠道优化方案、制定远期战略计划提供依据。

1. 零售渠道成员研究

华润雪花啤酒的零售渠道构成基本上有以下几种类型：食杂店、社区内的中小型超市、各类饭店、酒店，另外有少数在大型超市中销售。在调查中发现，有部分零售终端以前曾经做过华润雪花啤酒的零售商，但现在已不经销其产品。

由于啤酒属于快速消费品，华润雪花啤酒在网络布局上按密集型分销布置，力求在网点建立上提高竞争优势。但调研中发现，其网络分布上并没有形成竞争优势，销售网点过少，该公司也没有有效措施稳固网络成员，特别在中小型饭店，其网络成员更少。其分布特点：食杂店较少、中小型超市相对较多、餐饮店较少。

2. 批发渠道成员研究

在售前的卖点推广上，批发渠道成员均表示对该产品很少进行卖点宣讲，而是直接由终端零售商自己决定销售哪个品牌，个别批发渠道成员也只限于宣传其新上市、口感好、质量好等模糊概念。在调研最优推广方式时，批发商一致认为，保证质量、服务周到和细致、给予退货、厂家铺市、销售理念先进是最有力的推广形式。

在调查中，批发商认为，终端消费者对啤酒口味、新鲜程度、啤酒质量、品牌忠诚度是其选择啤酒品牌的关键因素，而批发商选择啤酒的因素则归结如下：厂家销售政策到位；铺货力度大；是否赢利；市场需求；与厂家关系。而对于其未经营过的品牌，只有做到有市场、相对利润较高、进行搭赠等促销；广告力度大，他们才有兴趣进行采购及经销。

从批发商深度访谈问卷中可以看出，批发商选择经营品牌第一关注市场需求情况，被调查者均表示只有顾客提出购买的前提下才经营该品牌，第二关注因素是厂家全力支持，并且与厂家在关系融洽的情况下考虑经营该品牌，而品牌质量则是保证这一切的前提条件。

3. 渠道构成及相互关系研究

在调研渠道成员的相互关系问题时，发现厂家与一级批发商的联系最为紧密。华润雪花啤酒的业务人员与一级批发商的沟通比较多，而与二级批发商、终端成员之间的联系则较少。在一级批发商的进货过程中，厂家能够给出合理的意见及建议，同时在政策的落实上也比较到位。除少量因结算问题引起的返利滞后外，相应的销售政策均能落实。在一级批发商与二级批发商的关系上，由于二者是长期合作伙伴，所以在各方面配合较好，甚至在货款结算上也留有余地。但厂家的销售策略到二级批发商处由于一级批发商保留或二级批发商不配合而导致策略执行不到位，有许多甚至无法执行，这种情况同时出现在二级批发商与终端销售点上。在调研中发现厂家与二级批发商及零售终端联系较少，所以即使厂家认识到要有效控制终端，保持销售网络健全、稳定，但由于缺乏行之有效的措施维护及与网络成员的沟通，从而使二级批发商及终端成员始终处于厂家网络的边缘，甚至游离其外，没有建立起合作关系，导致厂家的许多销售策略无法在终端贯彻执行。

4. 华润雪花啤酒分销渠道问题

经过对信息的整理和数据的处理及分析，我们基本上摸清了分销渠道现状，并由此分析出华润雪花啤酒分销渠道存在的问题。主要有以下几方面：①渠道结构过于混乱，相互之间的关系不明确；②渠道运作效率较低，严重影响产品的价格竞争优势；③渠道的单向式、多层次结构，不利于信息及时、准确反馈，也不利于销售政策的有效执行。

5. 分销渠道优化方案

（1）建立关系型批发营销渠道。

第一，在一级批发商的建立上，制定一级批发商选择标准，并对现有批发商根据规模、客户结构指标、商誉、销售额及增长速度几方面进行考评，并在适当的时候以此标准调整一级批发商网络结构。

第二，经过甄选后得到的一级批发商应成为公司关系营销渠道的重要成员，为了建立关系营销渠道，公司应从营销政策方面着手，体现出生产商与批发商的互利互惠关系，实行关系营销策略。

（2）建立关系型便利营销渠道。首先，在机构设置上单独设立直销区域，该区业务代表除完成产品出样指导外，同时还用营销方面的理论去辅导便利店主，使之能对产品布置更加合理，并掌握更多营销方面知识，从而带来销量提升。其次，可以协助便利店进行其终端消费者的关系营销。进行会员制探索，这种模式的优点如下：增进相互了解，培养顾客忠诚；需求信息反馈，是建立顾客信息系统的基础；会员的相互宣传，比商家自己促销效果好得多，便利店根据自己的实力和特点，可以选择会员卡形式，价格让渡要有一定限度，主要注重非价格手段的选择。

（3）建立关系型餐饮营销渠道。公司建立华润雪花啤酒品牌俱乐部，使渠道成员成为该品牌的俱乐部会员，对非俱乐部会员提供服务支持。

在进行该种方式的运作过程中，业务代表应该提高对会员店的拜访频率，增加与店内决策人的沟通，厂家也应该在促销品的投放上有所倾斜，充分发挥其作为产品窗口的功能，尽量营造充满雪花的氛围，同时应尽可能在不同时期举行针对消费者的促销活动，如抽奖、免费赠饮等。通过这些方法，厂家与渠道成员不仅可以达到共赢，且随着该关系的维持，能逐步达到渠道垄断，从而决胜于终端。

【小结】2009年以来，华润雪花啤酒甘肃公司依托渠道，向上延伸终端优势，在兰州市市场呈快速、稳步的上升趋势，拥有众多忠诚消费者，且正在逐渐成为兰州市消费者的首选啤酒品牌。

资料来源：http：//www.chinacir.com.cn/2011_dyal/256677.shtml.

第一节　市场营销调研概述

一、市场营销调研含义

1998年，美国市场营销协会（American Marketing Association，AMA）对营销调研进行界定：营销调研是通过市场信息把消费者、顾客和大众与市场营销人员连接起来的活动，市场信息用来确认和界定市场营销的机会与威胁；产生、改进和评估市场营销活动；反映市场营销成果；改进对市场营销过程的了解和把握。

目前，学者们对于市场营销调研的定义各不相同，没有统一的说法。现在通常说的市场营销调研包括市场调查和市场预测两个方面，并且分为狭义和广义两类。狭义的营销调研，是指以企业的产品和竞争对手为对象，调查、分析和预测竞争对手的市场活动，并以科学的方法收集、分析和预测顾客购买以及使用商品的数量、意见、动机、交换和消费循环行为等有关资料。广义的营销调研是对社会市场运行环境及其社会生产、分配、活动中各种经济现象和经济规律的研究。

企业范围内的市场营销调研包括以下七个方面：

其一，产品研究。对新产品的设计、开发和市场试验，现有产品的改进，预测消费者和顾客对产品的功能、质量、包装、颜色、品牌等的偏好以及竞争产品的比较研究。

其二，销售研究。研究企业的所有销售活动，包括销售趋势及其构成的分析预测，市场地位的分析，销售人员的监督、训练方法、工作方式及报酬制度的分析，销售份额及地区的建立，分配方式及成本的分析等。

其三，市场需求调查与预测。研究国内外市场的潜在需要量、地区分布及特性等。

其四，购买行为研究。研究购买者的购买动机及行为，如购买者为何喜欢某种品牌或商店的原因。

其五，广告及促销研究。测验与评估广告及各种促销活动的效果，促销包括消费者促销及经销商促销。这种研究以广告研究最为常见，广告研究主要分析广告的需求、文字、图案、媒体选择及测定广告的效果。

其六，销售预测。对销售量及各种销售机会的短期及长期预测。

其七，产业及市场特性的研究。研究某种产业或市场的特性及其发展趋势。

二、市场营销调研过程

1. 确定市场营销调研目标

市场营销调研的目的在于帮助企业准确地做出经营战略和营销决策，在市场营销调研之前，需要先了解企业所面临的市场现状和背景情况，明确亟待解决的问题，如产品销量、产品寿命、广告效果等，调研问题的明确决定了调研数据是否精确、有效，从而进一步确定市场营销调研的目标和范围。

2. 确定所需信息资料

市场信息众多，企业进行市场营销调研必须根据已确定的目标和范围收集与之密切相关的资料，而没有必要面面俱到。纵使资料堆积如山，如果没有确定的目标，也只会事倍功半。

3. 确定资料收集方式

企业在进行市场营销调研时，收集资料必不可少。而收集资料的方法极其多样，企业必须根据所需资料的性质选择合适的方法，如实验法、观察法、问卷调查法、访谈法等。

4. 收集现成资料

为有效利用企业内外现有的资料和信息，首先应该集中收集与既定目标有关的信息，这包括对企业内部经营资料、各级政府统计数据、行业调研报告和学术研究成果的收集和整理。

5. 设计调研方案

在尽可能充分地占有现成资料和信息的基础上，再根据既定目标的要求，估计调研信息的价值，确定提供什么精度的信息，选择收集信息的方法和测量技术，根据调研方法确定地点、对象、抽样规则等。同时，做好市场营销调研时间计划、费用预算和人员安排等相关工作。

6. 组织实地调研

采用实地调研方法，以获取有针对性的市场情报。实地调研需要调研人员直接参与，调研人员的素质影响着调研结果的正确性，因而首先必须对调研人员进行适当的技术和理论训练，其次还应该加强对调研活动的规划和监控，针对调研中出现的问题及时调整和补救。

7. 进行观察实验

在调研结果不足以揭示目标要求时，采用实地观察和实验方法，组织有经验的营销人员对调查对象进行深度研究，或者进行对比试验，以获得更有针对性的信息。

8. 统计分析结果

对获得的信息和资料进行信息处理和统计分析，提出相应的建议和对策是市场营销调研的根本目的。市场营销调研人员必须以客观的态度和科学的方法进行细致的统计计算，以获得高度概括性的市场动向指标，并对这些指标进行横向和纵向的比较、分析和预测，以揭示市场发展的现状和趋势。

9. 撰写调研报告

市场营销调研的最后阶段是根据比较、分析和预测结果写出书面调研报告，阐明针对既定目标所获得的结果，以及建立在这种结果基础上的经营思路、可供选择的行动方案和未来探索的重点。

三、大数据时代的营销调研

大数据时代的市场营销调研与传统的营销调研方法有很大的不同，主要表现在以下方面：

1. 基于互联网进行市场调研提高了效率、降低了成本

网络调研具有传统调研方法无可比拟的便捷性和经济性。企业可在其门户网站建立市场调研板块，再将新产品邮寄给消费者，消费者试用后只要在网站上点击即可轻松完成问卷填写，其便利性大大降低了市场调研的人力和物力投入，也使消费者更乐于参与市场调研。

2. 挖掘网络社交平台信息成为研究消费者态度及心理的新手段

Facebook、微博、微信、抖音等社交平台已日渐成为新生代消费群体重要的社交工具，消费者往往有着极高的从众性，针对社交平台的信息挖掘成为研究消费潮流趋势的新手段。例如，通过微博评论可以统计、分析消费者对某种功能型产品的兴趣及偏好，这对研究消费者态度及心理有非常大的帮助。更重要的是，这类信息属于消费者主动披露，与访谈形式的被动挖掘相比信息的真实性更高。

3. 移动终端提供了实时、动态的消费者信息

随着4G、5G网络及智能手机的普及，市场研究已渗透到移动终端领域。大量的手机APP应用（二维码）为实时采集消费信息提供了可能性，移动终端的信息分析在购买时点、产品渗透率及回购率、奖励促销效果评估等方面将发挥不可估量的作用。

4. 零售终端信息采集系统能够帮助企业了解市场

目前，Pc-Pos系统在零售终端得到了广泛的应用，只要扫描商品条形码，消费者购

买的商品名称、规格、购进价、零售价、购买地点等信息就可以轻松采集。通过构建完整的零售终端信息采集系统，企业可以掌握商业渠道的动态信息，适时调整营销策略。

5. 采用智能化信息采集、储存及分析手段

具体包括以下几方面：

第一，超大容量的数据仓库具有容量大、主题明确、高度集成、相对稳定、反映历史变化等特点，可以有效地支撑企业进行大数据研究与应用。数据仓库可以更有效地挖掘数据资源，并可以按照日、周、月、季、年等周期提供分析报表，有助于营销人员更有效地制定营销战略。

第二，专业、高效的搜索引擎。旅游搜索、博客搜索、购物搜索、在线黄页搜索等专业搜索引擎已经得到了广泛应用，企业可以根据自身特色建立专业化的搜索引擎，对相关的企业信息、产品信息、商业服务信息等数据进行智能化检索、分类及收集，形成高度专业化、综合性的商业搜索引擎。

第三，基于云计算的数学分析模型。市场研究的关键是洞察消费者需求，基于云计算的数学分析模型可以将碎片化信息还原为完整的消费过程信息链条，更好地帮助营销人员研究消费行为及消费心理。这些碎片化的信息包括消费者在不同时间、不同地点、不同网络应用上发布的消费价值观信息、购买信息、商品评论信息等。基于云计算的智能化分析，一方面可以帮助市场研究人员对消费行为及消费心理进行分析，另一方面云计算成本低、效率高的特点非常适合企业数据量庞大的特性。

第二节　市场营销调研方法

一、观察法

观察法是指调查者在现场对被调查者的情况直接观察、记录，以取得市场信息资料的方法，主要是凭借调查人员的直观感觉或借助于某些摄录设备和仪器来跟踪、记录和考察被调查者的活动及现场事实，以获取某些重要的市场信息。另外，利用这一调查方式可以有效地掌握销售渠道运营情况的第一手资料，而且能较好地观察竞争对手产品的市场表现。观察法具有直接、客观、全面的特点。例如，调查人员通过对顾客购物行为的观察，预测某种商品销售情况；利用交通计数器对来往车流量进行记录。

观察法常用的方式有秘密购物调查。秘密调查者可以通过观察和询问，以检验企业营销策略的市场表现和有效性。但是，由于秘密访问者在调查时不是当场而是事后填写一份问卷，这就会因潜在的遗忘而导致调查报告缺乏准确性，多用于餐饮、娱乐和零售等行业。

小案例：一天，一个美国家庭住进了一位日本客人。奇怪的是，这个日本人每天都在做笔记，记录美国人居家生活的各种细节，包括吃什么食物、看什么电视节目等。一个月后，日本人走了。不久丰田公司推出了针对当今美国家庭需求而设计的物美价廉的旅行

车。如美国男士喜欢喝玻璃瓶装饮料而非纸盒装的饮料，日本设计师就专门在车内设计了能冷藏并能安全防止玻璃瓶破碎的柜子。直到此时，丰田公司才在报纸上刊登了他们对美国家庭的研究报告，同时向收留日本人的家庭表示感谢。

二、电话调查法

电话调查指的是调查者按照统一问卷，通过电话向被访者提问，笔录答案。该方法有专人在电话的一端进行提问，电话调查可以采用省略模式、彻底调查、回头打听，以及信函调查等方式进行。

电话调查并不能达到个人访问所具有的复杂度和多样性。与被调查者面对面的访问调查可以保证所需调查的问题被他人所理解，而通过电话，稍微复杂一些的问题就很难进行下去。如果要求一个被调查者按照他/她的购买意愿在几种品牌中进行选择，调查将很难实施。并且，调查者可能需要在电话里不断重复相似的问题，被调查者会很快感到厌倦。

另外，在电话调查中无法向被调查者做任何展示。因此，一些调查，如广告或包装测试等一系列依靠视觉提示来进行的调查就不能通过电话来进行。在一定范围内，电话调查的这一缺点可通过在进行电话访问前邮递给被调查者一个视觉上的提示信息加以克服。

三、深度访谈法

深度访谈法又称深层访谈法、专家访谈法等，指在访问过程中，掌握高级访谈技巧的调查员向对某一问题（或专题）有丰富经验的人进行深入的访谈，用以揭示对某一问题的潜在动机、态度和情感的一种调研方法。主要用于获取对问题理解的探索性研究。

深度访谈法的优点：能更深入地了解被访者的内心想法和态度；能更自由地交换信息；便于对保密、敏感问题进行调查；能将被访者的反应与其自身相联系，便于评价所获资料的可信度。深度访谈法的缺点：访谈技巧高，更易受访员自身素质高低影响；访谈结果的数据资料难以统计、解释和分析；时间长、经费多；调查对象难预约。深度访谈法主要用于以下情况：试图详细探究被访者内心深处想法（购私家车）；详细地了解某些复杂行为（跳槽行为）；保密、敏感问题（个人收入、婚姻状况）；访问特殊人群（专业人员、高层领导）；特殊商品调查等。

四、小组座谈法

小组座谈法又称小组访谈法、焦点访谈法，是采用小型座谈会的形式，挑选一组（8~12 个）具有代表性的消费者或客户，在一个装有单面镜和录音录像设备的房间内，在主持人的组织下就某个专题进行讨论，从而获得对有关问题深入了解的一种调研方法。它通常被视为一种最重要的定性研究方法，也常用于探索性研究中。

小组座谈法的优点：资料收集快、效率高；取得的资料较为广泛和深入（滚雪球效应）；结构灵活；能将调查与讨论相结合；可进行科学监测。小组座谈法的缺点：对主持人的要求较高（挑选困难）；容易造成判断错误；回答散乱，后期资料整理工作有难度；

有些涉及隐私、保密的问题，不宜在会上多谈；受讨论时间限制，很难深入交流。此外，小组座谈法主要用于消费者对某类产品的认识、偏好及行为；产生关于对老产品的新想法；获取对新产品概念的印象；研究广告创意；获取消费者对具体市场营销计划的初步反应等方面。

小组座谈法未来的发展趋势：网上小组访谈、双向焦点小组访谈、电话会议小组访谈。

五、邮寄调查法

邮寄调查，指将设计好的调查问卷通过邮政网络系统寄给选定的调查对象，由被访者按规定要求和时间填写并寄回问卷的一种调查方式。如何提高邮寄问卷的回收率是这种调查方式的关键点。邮寄调查法的优点：匿名回答，保密性强；调研范围广；费用较低；无调查员偏差。邮寄调查法的缺点：回收率低（10%～15%已经是不错）；花费时间较长；填答问卷的质量难以控制；调查对象受到限制。

一般来说，当调查的时效性要求不高，调查对象的名单、地址都比较清楚，调查经费比较紧缺，而在调查的内容又比较多、比较敏感的情况下，采用邮寄调查较合适。邮寄调查法既可以是对日常消费、购物习惯等具体方面的调查，也可以是对有关消费观念、生活形态、意识等比较抽象方面的调查。

强生公司是一家国际知名的婴儿用品生产公司。该公司想利用其在婴儿用品市场的高知名度来开发婴儿用的阿司匹林，但不知市场的接受程度如何。由于强生公司有一些关系较好的市场调查样本群体，且问题比较简单，但需由被调查者做出解释，故决定采用费用较低的邮寄方法进行市场调查。通过邮寄方法的调查分析，强生公司得出了这样一个结论：该公司的产品被消费者一致认为是温和的（这种反应与强生公司所做广告的宣传效果是一致的），但温和并不是人们对婴儿阿司匹林的期望。相反，许多人认为温和的阿司匹林可能不具有很好的疗效。为此，强生公司认为如果开发这种新产品，并做出适合于该产品的宣传就会损坏公司的整体形象，公司多年的努力也将付之东流。如果按以往的形象做出宣传又无法打开市场。因此强生公司最终决定放弃这种产品的开发。

六、抽样调查法

抽样调查是市场调查中使用程度较高的一种调查方式，它按照一定程序，从调查总体中抽取部分样本进行调查或观察，并运用数理统计原理和方法对总体的数量特征进行估计和推断。抽样调查具有经济、高效、及时和准确性较高的特点。抽样调查可以用于调查居民出行情况，调查灯泡的使用寿命等情况。

抽样方法分为随机抽样（也称概率抽样）和非随机抽样（也称非概率抽样）。随机抽样，是按概率原则，从总体中抽取一定数目的单位作为样本进行观察，随机抽样包括简单随机抽样、等距抽样、分层随机抽样、整群抽样和多阶段抽样。非随机抽样，是从方便出发或根据研究者主观判断来抽取样本，具体方法有方便抽样、判断抽样、滚雪球抽样和配额抽样。

七、网络调查法

网络调查起源于 20 世纪 90 年代，兴起于 21 世纪初。1994 年，美国佐治亚理工学院的 GVU Centre 进行的关于互联网使用情况的调查，被认为是最早的网络调查。1998 年，搜狐网与零点调查公司联合推出网络调查业务，被业界认为是中国调查步入网络时代的标志。在国内，近十年来，随着互联网的迅猛发展，网络调查在市场营销、体育、教育、旅游等领域应用开来。

网络调查是以网络为载体，收集、整理、分析特定对象统计资料的一种新型调查方法。换句话说，网络调查是一种以各种基于互联网的技术手段为研究工具，利用网页问卷、电子邮件问卷、网上聊天室、电子公告板、搜索引擎法等多媒体通信手段来收集调查数据和访谈资料的一种新型调查方法。网络调查具有调查范围大、时效性强、成本低、匿名性、可操控性、人为误差小和问卷形式丰富等优点。其局限性主要表现在调查样本缺少代表性、安全性无法保障等问题。

☞链接 5.1

网络调查网站集锦

总之，互联网调查与传统市场调查方式相比，具有时间短、费用低、覆盖面广泛、形式多样化等特点。在确定调查对象的前提下传统市场调查的小组座谈、深度访谈也可以通过互联网调查来实施。

第三节　调查问卷设计

获取足够的市场信息资源是市场营销调研的基础，无论采用哪种调研方式，都不可避免地要使用到问卷。调查问卷的设计质量很大程度上决定了调研能否获取足够、适用和准确的信息资料，进而影响市场调研结果的准确性。因此，有效的调查问卷设计是成功进行营销调研的基础。

一、问卷基本结构

问卷的基本结构包括标题、封面信、指导语、主体部分、结束语。

1. 标题

问卷的标题是概括说明研究的主题，使被调查者对要回答的问题有大致了解。在确定标题时需要简明扼要，一目了然，易于引起回答者的兴趣。例如：大学生消费情况调查，最好采用"我与广告——公众广告意识调查"类似标题，而不要简单采用"问卷调查"这样的标题，它容易引起被调查者不必要的怀疑而拒绝回答。

2. 封面信

封面信一般说明以下问题：调查的主办单位或个人身份；调查的内容和范围；调查目的；调查对象的选取方式，附加保密承诺，减少被调查者的心理压力；问卷的填答方式、回收方式和致谢。

例如：《×××学院图书馆使用情况调查》问卷封面信如下：

亲爱的同学：

您好！我们是某级信息管理与信息系统班的同学，为了了解大家对我院图书馆的使用情况，我们特邀您参加此项调查，您宝贵的意见和建议将成为我们学习资源建设的重要参考材料。本次调查采取随机抽查不记名的方式，我们对您的回答将予以保密，我们期待能收到您填写完整的问卷，谢谢。

3. 指导语

指导语一种为卷头指导语，属于"填表说明"。例如：请在每一个问题后将适合你自己情况的答案序号上画圈，或在"____"处填上适当的内容。

指导语另一种为卷中指导语，一般针对具体某个问题作指示。例如：您心中理想的出国留学或就业地（可以选多个答案）。

4. 主体部分

主体部分是调查问卷中最主要的部分，也是问卷设计中的关键部分。它主要以提问的形式提供给被调查者，这部分内容设计的好坏直接影响整个调查的价值。主体部分问题包括以下形式的内容：

（1）开放式问题：不提供答案。它要求调查者根据问题要求，用文字形式自由表述。

例如："您对四川航空公司有什么建议____"。

（2）半封闭半开放问题。又称混合型问题，是一种介于开放问题和封闭问题之间的一种问题设计方式，也就是说在一个问题中，只给出一部分答案，被调查者可从中挑选，另一部分答案则不给出，要求被调查者根据自身实际情况自由作答。该类型问题应用较少，因为很多场合下，可以将它一分为二。

例如：你的偶像类型是（   ）。

A. 歌星   B. 影星   C. 伟人   D. 科学家   E. 其他——

（3）封闭式问题。提供答案以备被调查者选取，具体包含如下类型：

第一类，顺序式。要求被调查者从备选答案中选出部分或全部答案，并按一定原则进行排序。

例如：《××学区留学市场调查》

以下是几个选择出国留学国家的标准，它们在您心目中的重要程度如何？第一重要____，次重要____，第三重要____。

A. 生活环境好   B. 社会治安良好   C. 留学费用合理   D. 教学质量高

E. 就业率高   F. 社会福利好

第二类，等级式。对两个以上分成等级的答案进行选择，只能从中选出一项。常用于满意度（三项式、五项式、七项式都可以，一般用五项式）或者一些程度调查。

例如：您喜欢观看我校的露天电影吗（只选一项）？

A. 喜欢　　　　　　B. 一般　　　　　　C. 不喜欢

第三类，两项式。答案只有两种，回答者选择其中一项即可，多用于民意测验。

例如：您是否知道我院每周五晚上播放露天电影（只选一项）？

A. 知道　　　　　　B. 不知道

第四类，多项选择式。给出的答案至少在两个以上，回答者根据要求选择其一或者选择多项，是问卷中最常用的方式。

例如：您在周末的时候通常都做些什么（可选多项）？

A. 看电影　　　　　B. 玩游戏　　　　　C. 逛街　　　　　　D. 看电视剧

E. 上图书馆　　　　F. 不一定

第五类，相倚问题。有些问题只适用于样本中的一部分对象，而某个被调查者是否需要回答这一问题常要依据他对前面某个问题的回答结果而定，这样的问题即相倚问题。

例如：Q9 您经常参加社团的活动吗？

A. 经常（跳到 Q11 题）　　　B. 偶尔　　　　C. 从不

Q10 您较少参加社团活动的最主要原因是：

A. 没时间　　　　　　　　　　　B. 自己本身不感兴趣

C. 活动不吸引人　　　　　　　　D. 其他

Q11 您认为您所在社团目前收取的会费水平是否合理？

A. 合理　　　　　　B. 不合理　　　　　C. 不知道

5. 结束语

（1）结束语可简可繁，因问卷需要而定。简单的结束语就只包含鸣谢部分，一句话即可。

（2）如果问卷调查不是对受访者当面实施的，这时还要在问卷末尾附上调查者的联系方式，如调查者姓名、电话、传真、电子邮件、邮编和地址等，以便他们将问卷寄回到指定地点，也方便受访者有问题时向调查者询问。

（3）问卷结束语还可请受访者对问卷问题或整个问卷调查工作进行评价，如询问受访者在回答问题中是否有不清楚的地方，对问卷总体设计有何评价，或者询问该问卷是否还有没涉及的问题等。

（4）如果调查者认为可以很快得出研究结果，问卷结束语中也可以承诺向有兴趣的受访者提供研究报告或主要调查结果。

☞链接 5. 2

调查问卷小范例

二、问卷设计原则

1. 可接受性原则

问卷说明要亲切、温和，符合应答者的理解能力和认识能力，避免使用专业术语；提问部分要自然，有礼貌和有趣味；可以采用一些物质奖励；强调保密性。

2. 目的性原则

询问的问题必须是与调查问卷主题有密切关系；重点突出，避免可有可无的问题；主题分解为更详细的细目，即把它分别做成具体的询问形式。

3. 匹配性原则

在设计答案时便于分类及解释调研目的；答案便于检查处理；答案便于数据处理和分析。

4. 简明性原则

简明性原则主要体现在内容简明，时间简短和格式易懂、易读等方面。换句话说，问题的含义对调查者和被调查者来说理解是一致的，并且问题的回答能同预期设想的可能结果相一致。

5. 逻辑性原则

容易回答的问题（如行为性问题）放在问卷前面；较难回答的问题（如态度性问题）放在中间；敏感性问题（如涉及隐私性等问题）放在后面；关于个人情况的事实性问题放在末尾；封闭性问题放在前面；开放性问题放在后面。

6. 答案不可相互重叠

问卷中要求可选择的答案清晰、界定明确、相互排斥，不允许出现两个答案相交叉的问题，即每个问题可能的选择答案不能相互重叠。

7. 避免引导性问题

如果所提问题暗示调查者的观点和见解，或指出了调查者的立场，可能诱使被调查者的回答偏向于调查者，那么所提的问题就是引导性问题。在这种情况下，被调查者失去了公平表达自己意见的机会，可能造成调查结果的偏差。

三、大数据与调查问卷

在大数据时代，社会化媒体的大数据应用于营销调研显得尤为重要。

1. 数据的丰富性和自主性

社会化媒体数据包含了消费者的购买习惯、用户需求、品牌偏好等，且都是消费者自愿表达的对产品满意度和质量问题的想法，充满了情感因素，我们无须费尽心思地引导消费者参与调查问卷。

2. 减少研究的"未知"视角

调查问卷有其固有的局限性，那就是你必须明确你的问题是什么。问卷设计者本身有未知的方面，所以在设计问题时会忽略自己的"未知"，但这些"未知"很有可能就是消费者所需要的。

3. 数据的实时化特征

不同于以往的需要通过发放、回收调查问卷，通过问卷分析再解决消费者问题的做法，如今"大数据"可以使营销人员快速发起营销活动，第一时间测试营销新方法，同时可以第一时间确认理解和追踪消费者的反馈。

4. 数据的低投入特征

传统的调查问卷费工费时，结合社会化媒体的市场调研则是低投入、高回报。使用正确的调研产品和方法可以对消费者群体的用户习惯和反馈进行透彻分析。运用社会化媒体监测软件帮助企业在线倾听消费者意见，评估获取其见解。虽然"大数据"已经被越来越多地运用到营销调研中，但"大数据"的新方法、新手段也带来新的问题：一是如何智能化检索及分析文本、图形、视频等非量化数据；二是如何防止过度采集信息，充分保护消费者隐私。虽然目前仍然有一定的技术障碍，但不可否认大数据市场研究有着无限广阔的应用前景。

课后练习题

一、单项选择题

1. 市场调研的一般过程中首要的工作是（　　　）。
A. 调研对象的确定
B. 调查方法选择与设计
C. 调研问题确定和目标陈述
D. 数据收集

2. 抽样调查的目的是（　　　）。
A. 了解总体的全面情况
B. 掌握总体的基本情况
C. 由样本推断出总体
D. 了解样本的情况

3. 调查公司安排人员在商业区的街道上用仪器测算人流量，这种方法属于（　　　）。
A. 观察法
B. 抽样调查法
C. 访谈法
D. 实验法

4. 邮寄调查指将设计好的调查问卷通过网络系统寄给选定的调查对象，并由被访者按照规定的要求和时间填写并寄回问卷。下列选项中，不属于邮寄调查法的优点的是（　　　）。
A. 费用较低
B. 保密性强
C. 花费时间较长
D. 调研范围广

5. 在设计调查问卷时，针对敏感性问题（如个人隐私），一般放于问卷的（　　　）。
A. 问卷前面
B. 问卷中间
C. 问卷后面
D. 任何位置

6. 如果要研究较为隐秘的问题（如个人隐私），或者对一些复杂产品的使用效果进行评价，合适的调查方法是（　　　）。
A. 邮寄调查法
B. 观察与实验
C. 座谈会
D. 深度访谈法

7. 下列选项中，属于开放式问题的是（　　　）。
A. 请问您是华为的员工吗
B. 请问您对网上购物有什么看法
C. 请问您吃过重庆小面吗
D. 请问您对目前使用的电脑满意吗

二、简答题

1. 简述市场调研的内涵。
2. 通过所学知识说明市场调研的过程。
3. 传统的市场调研与大数据时代市场调研的区别主要表现在哪里？
4. 市场调研的方法有哪些？什么情况下可以采用邮寄调查法？
5. 简述调查问卷的设计原则。
6. 请3位同学组成一个调查小组，选择一个学生群体以及与市场营销相关的调查主题，选择调查方法，设计调查问卷，进行数据分析，编写调查报告并进行演示。

第六章　消费者行为分析

📖 **教学目标**

1. 理解消费者行为的概念
2. 掌握影响消费者行为的内部因素和外部因素
3. 了解消费者购买决策的过程
4. 掌握互联网时代消费者的特征和影响消费者行为的因素

📖 **教学重点**

1. 影响消费者行为的内部因素和外部因素
2. 互联网时代消费者的特征和影响消费者行为的因素

📖 **教学难点**

消费者购买决策过程

引导案例

Eataly，打造你的慢生活

现代上班族的生活节奏极快，有时候甚至忙到连吃饭的时间都挤不出，大家似乎早已忘了生活本该有的优雅和从容。2007 年，一家主打慢食物（Slow Food）的意大利超市餐厅——Eataly 横空出世，倡导和培养消费者的慢生活意识，截至 2017 年 2 月底，其在全球 9 个国家拥有网点 34 家（见图 6-1）。Eataly 源于英文单词 Eat（吃）和 Italy（意大利）的组合，主打"慢食+自然"的生活理念，推行"餐厅+超市"的经营模式，配套设置书店、烹饪培训等体验式消费内容。

图 6-1 Eataly 店面

一、品牌介绍

Eataly 的定位是超市餐厅，顾名思义，你既可以在这里购买原料回家自己烹饪，也可以直接让这里的厨师为你准备饕餮大餐。但是 Eataly 绝对不止于此，这家品牌给自己的定义是一个充满活力的市场，让每一个光顾这里的消费者都能在这里品尝，甚至带回在大城市很难体会的服务和产品。Eataly 四周的环境优雅，视线开阔，阳光充足，让消费者尽可能感受自然，还你生活。

因综合了超市和餐厅两种属性，故 Eataly 在门店的布置上非常讲究，十分注重用户体验。超市的旁边就是厨房，既确保了食材的新鲜度，又向购买商品的顾客演示如何回家料理，一举两得。在餐厅里，你一眼就能看到鲜肉冷藏柜，感受到料理的新鲜程度。享用肉食怎能没有好酒相伴呢？在冷藏柜旁还放置了酒类柜台，细节之处，令人拍案叫绝。

二、社交媒体上的慢生活领导者

为了让品牌文化更加深入人心，Eataly 在社交媒体上花了不少功夫展示慢食物的魅力。除了两大主流社交媒体平台 Facebook 和 Twitter，其官方网站也是重要的推广活动媒介。主要包含以下内容：

1. 每个节日都是特殊的

怎么样才能让顾客有更多的时间光顾 Eataly 呢？这个问题似乎是所有商家的难题，

Eataly 却独树一帜想到了一个好办法，那就是让每个节日都变得更有意义。通过社交媒体平台上的轰炸式宣传，Eataly 给许多日子冠以特殊的节日名称，如果 Eataly 能让顾客感受到每个节日独特的氛围和魅力，那么这些顾客就很有可能选择在这个节日带上亲朋好友出门聚会，无形之中增加了潜在客流量。那么 Eataly 具体是怎么做的呢？

（1）无肉星期一（meatless Monday）。

传统的节日自不必说，Eataly 在 Facebook 和 Twitter 上对许多普通的日子进行了大幅改造。比如每个周一被定义为 meatless Monday，在这天倡导大家吃素食的同时顺便宣传精致的素食菜单。哪怕你不是一个素食者，看到这么精美的菜肴都会忍不住加入 meatless Monday 的行列。

（2）全国啤酒日（national beer day）。

既然有了素食星期一，怎么能少大家喜爱的啤酒呢？national beer day 号召美酒爱好者齐聚 Eataly 的酒类专区，品尝美酒和小吃。

（3）反情人节（anti-Valentine's day）。

反情人节就是 Eataly 想出来的奇怪节日之一，简直是广大单身男女的福音。如果你 2 月 14 日没有地方浪漫，那就可以来 Eataly 的屋顶餐厅加入 "one night stand" 活动。从中午到午夜，Eataly 提供了 50 多种啤酒佳酿以及美食，有些酒甚至具有巧克力口味。所以说，情人节那天没有被丘比特之箭射中没关系，错过这些美酒美食才是真的遗憾！

2. 与专家的亲密接触

（1）a night with the master。

既然倡导慢生活，如何让自家的顾客生活变得更加有质量也是个不小的问题。Eataly 通过社交媒体，经常邀请顾客参加一系列活动。这些活动通常邀请大厨以及生活专家展示高超的烹饪或者独到的生活技巧，提高顾客居家的生活品质（见图 6-2）。这些活动中人气较高的就有 "a night with the master"，该活动邀请了 Eataly 大厨教顾客如何使用橄榄油、酒来烹制美食。而顾客只要线上报名就有机会参加，与大厨切磋厨艺。

图 6-2 专家讲解烹饪技巧

（2）a girl and her greens。

如果普通的烹饪技巧无法打动你，那么这项 a girl and her greens 活动也许就是你的最爱。通过在 Facebook 上报名，在线的顾客可以与爱普罗·布鲁姆菲尔德（April Bloomfield），这位曾经荣获 James Beard Award 的名厨亲密接触，共同探讨有关四季新鲜菜谱的秘密。同时，有幸被选中参与活动的顾客还能获赠其最新出版的美食书籍一本。而且活动中针对四种不同季节的菜谱，大厨还选取了不同的酒来搭配。如果能在这样的活动上偷师几招，相信 Eataly 的忠实顾客也能在家里创造意式浪漫。

（3）Joe and Tanya bastianich。

如果你想要从专业的美食作者那里讨教一两个秘密，那么 Eataly 官网上推出的这项活动就不容错过了。这对兄妹作者除了评价菜谱、撰写美食书籍之外，自己也经营着餐厅。Eataly 邀请到这一作者团队，向顾客传授烹制意大利面的诀窍。而顾客只需要登录 Eataly 官网，进入这项活动的页面报名参加即可。

三、儿童之旅和蛋料理

为了打造一个完整、和善的品牌形象，Eataly 的官方社交媒体平台也是绞尽脑汁，想出了邀请小朋友来参观餐厅的奇思妙想。Eataly 每个月都会邀请一些纽约当地的小朋友参观厨房，并且发给他们一本定制护照，只要在一个厨房参观互动完，就能获得一个盖章，往下一个地点。盖完全部章的小朋友就能获得 Eataly citizen 的称号。

四、周五供应商日

既然倡导慢食物和精致的食物，那么优秀的食材就必不可少，可是如何让顾客清楚 Eataly 采用的都是世界顶尖的食材呢？这就产生了"周五供应商日"。每周五，Eataly 都会邀请一些原材料供应商，比如农场主，来到 Eataly 相应的柜台为顾客讲解食材的培养过程，比如肉类供应商会介绍家禽的饲养过程。同时这些供应商也会为顾客解答疑惑。同时，只要顾客参与了这项活动，当场购买食材就可以获得一定的折扣，在长知识的同时还能享受优惠，何乐而不为呢？

五、用图片色诱你的味觉

除了层出不穷的活动之外，Eataly 在社交媒体上的另一大特色就是推送的美食图着实诱人，如果你在 Facebook 和 Twitter 上关注过 Eataly，你就会明白这里在说什么了（见图6-3）。当然，光放照片还不够，Eataly 的官方媒体渠道上也有专门的客服团队，时刻解答顾客在线的疑问。如果顾客对餐厅或者超市的服务有所抱怨，也可以尽情在社交媒体上投诉，因为他们会立刻做出回应。

图 6-3　Eataly 精美食物图片

Eataly 在全球范围内颇受欢迎有两个重要原因：一是超市的设计和餐厅的食物的确令

人惊喜；二是 Eataly 倡导慢生活、慢食物的生活方式深受大城市居民喜爱。这些习惯于忙碌的大城市顾客，都非常乐意在一个充满诗意的周末到 Eataly 享受一顿优雅的大餐。你不需要在点单柜台前匆匆看几眼就选定今天的晚餐，不需要吃着汉堡同时还拿着碳酸饮料，Eataly 的顾客可以在慢悠悠地逛超市的同时，选择自己中意的食材和菜谱。如果有幸遇到个好天气来到 Eataly 的屋顶餐厅，你可以选择一个小圆桌，对着暖阳和高楼，俯瞰整个曼哈顿，这简直让每一个对生活品质有追求的食客心醉神怡。

资料来源：http：//socialbeta. com/t/eataly-social-media-case-study. html.

第一节　消费者行为概述

一、消费者行为含义

企业营销的目标是使其目标市场的消费者需求得到满足。企业只有通过合适的时间、地点和手段对目标市场的客户需求做出恰当的分析与判断，并提供恰当的产品与服务，才能实现这一目标。

消费者是指在不同时空范围内参与消费活动的人或组织。根据购买行为主体的不同，可把消费者区分为个人消费者和组织消费者。个人消费者是指为了个人和家庭生活的需要而购买或使用商品的个人或家庭；组织消费者是指为了生产或转卖等盈利目的以及其他非生活性消费目的而购买商品的企业或社会组织。个人消费者和组织消费者由于购买主体以及购买目的不一样，因此在购买行为上就表现出不同的特点。

所谓消费者行为指个人或群体为满足需要和欲望而寻找、选择、购买、使用或处置产品和服务所涉及的过程。

二、消费者行为影响因素

影响消费者购买决策过程的因素主要有消费者个人因素、心理因素等内部因素以及政治因素、经济因素、文化因素和社会因素等外部因素。

1. 内部因素

（1）个人因素。每一个消费者的消费行为会表现出不同的特点，这主要受消费者个人因素的影响。影响消费者购买行为的个人因素主要包括个人收入水平、年龄与性别、职业与文化水平、生活方式与个性等。

其一，收入水平。市场需求是指具有购买能力的有效需求，人们的消费行为必然要受到收入水平的制约。消费收入水平的变化必然会在消费商品或服务的数量、质量、结构以及消费方式等各个方面体现出来，所以，有人认为消费者是一种"经济人"，其购买行为主要受其收入水平的影响。当然，消费者并非是纯粹的"经济人"，由于受其他因素（如原有收入基础、文化素养、社会地位等）的影响，对收入变化的反应程度会有所不同。如在外资企业工作的职员与经营服装生意的个体经营者收入都比较高，但两者消费行为却有相当大的差别，但不管反应程度如何，做出反应是必然的。

其二，年龄与性别。年龄和性别是消费者最基本的个人因素，具有较明显的共性特征。如年轻人和老年人，由于各自的生活经历不同，接受价值观、审美观的教育不同，因而思维方式也存在较大的差异。例如，年轻人可能会花半个月的工资购买一件奢侈品牌服装，而多数大半辈子生活节俭的老年人，即使目前有足够的经济实力也不会这么消费。

男性和女性在购买内容和购买行为上也会表现出较明显的差异。例如，在感兴趣的商品方面，女性往往对时装、化妆品、箱包等比较关心，而男性往往对影视设备、家用电器等更感兴趣，在挑选商品时，女性往往比较挑剔，男性则相对较为随意。

其三，职业与文化水平。不同职业的消费者，对商品的需求和爱好往往不一致，消费者文化水平和文化素质的差别也会导致其对商品审美观和价值观的差别。如受教育程度高的消费者对书籍、报刊等文化用品的需求量较大，审美能力强。企业应该根据不同职业和文化水平的消费者制定相应的营销策略，正确引导消费者，促进企业产品的销售。

其四，生活方式与个性。每个人的生活方式会影响其购买行为。生活方式的差异往往与人的个性有关。如人的气质、性格差异就会表现出不同生活方式。有些人直率、热情、好交友；有些人内向、感情很少外露、不善交友；有些人属于情绪型的，易冲动，决策往往跟着感觉走；有些人则较为理智，善思考，决策时往往反复权衡。不同个性和不同生活方式的人当然在消费方式方面也会表现出不同的特点。如一个情绪型的人，往往会凭着一时冲动做出消费决策，而一个理智型的人的消费决策则往往是再三权衡利弊的结果。再如，一个性格外向、好交友的人，用于交际方面的费用可能要占去他每月收入的相当部分，而一个性格内向、不善交友的人，可能把他每月收入的相当一部分花在购买电脑游戏上。

（2）心理因素。众所周知，人的行为是受其心理活动支配和控制的，所以在市场营销中，尽管消费者的需求千变万化，购买行为千差万别，但都建立在心理活动过程的基础上。影响消费者行为的心理因素主要有行为动机、认知、学习、信念和态度等方面。

其一，行为动机。动机是指引起和维持个体活动并使之朝一定目标和方向进行的内在心理动力。人们从事任何活动都是由一定动机所引起的。引起动机有内外两种条件，内在条件是需要，外在条件是诱因。需要经唤醒会产生未满足的紧张，当人们的紧张达到某一程度后，便会产生驱动力，驱动有机体去追求需要的满足。例如，血液中水分的缺乏会使人（动物）产生对水的需要，从而引起唤醒或紧张的驱力状态，促使有机体通过喝水这一行为来满足。但是，并不是所有的需要都能表现为动机。动机的形成还需要相应的刺激条件，即诱因。因为在通常情况下，消费者的需要处于潜伏或抑制状态，需要外部刺激加以激活，外部刺激越强，需要转化为动机的可能性就越大。即使缺乏内在的需要，单凭外在的刺激，有时也能引起动机和产生行为。例如，无饥饿感时若遇美味佳肴，也可能会使人顿生一饱口福之动机。

购买动机是直接驱使消费者实现某种购买活动的一种内部动力，反映了消费者在感情、精神和心理上的需要，消费者常见的购买动机有：求实购买动机、求新购买动机、求名购买动机、求廉购买动机、求美购买动机、好胜购买动机、惠顾购买动机和嗜好购买动机。

其二，认知。认知是根据消费者对外在事物的各属性之间的有机联系进行综合性、整体性反应和认识的心理过程。通常情况下，人们反应某客观事物时很少有孤立认识和强制感觉，而是以知觉的方式去比较完整地看待事物。消费者的知觉主要有以下三个特点：①选择性注意。在人们的日常生活中，外界环境常有许多刺激因素，如广告、包装等。每个人对这些信息有选择性的接收，仅留下少量有用的信息被接收或存储起来，这就是选择性注意。营销人员应尽可能设法让消费者对其商品给予选择性注意，如在广告设计中，力求新、奇、巧、趣，便能吸引消费者的注意力。②选择性扭曲。消费者即使对某些信息十分注意，有时也并不一定能带来营销人员所期望的结果。因为每个人都有自己的思维逻辑方式，同时也有各种内、外因素影响消费者。因此，人们常常为了使得到的信息适合于自身的思维形式而对其进行扭曲，使信息更适合自己的思想倾向。有人对某些广告会产生怀疑，提出"真有那样好吗""是否夸大其词"的疑问，这就需要营销人员想方设法使传递给消费者的信息不被扭曲。③选择性记忆。人们对所接触和了解的东西不可能都记住，而只记住了需要记忆的和能够记住的东西，以及记住那些符合自己信念的东西，其余众多信息则被遗忘。

其三，学习。学习是人类活动的基础。人们吸收、积累、运用各种知识、经验、技能，并在某种程度上改变自己的行为方式。消费者的学习是消费者在购买和使用商品的活动中不断获取知识、经验和技能，不断完善其购买行为的过程。消费者的购物过程常常也是一个学习过程。消费者对其想购买但又不了解的商品，常常是先收集有关这种商品的资料、信息，学习这种商品的知识，然后再做出购买决策和实施购买行动。营销人员应设法给希望学习的消费者创造学习的机会和提供学习的方便，这样才有助于促成消费者的购买行为。

☞**链接 6.1**

钻石：20 世纪最精彩的营销骗局

其四，信念和态度。信念是人们确信某种事物或观念的看法和评价。人们对商品的信念可以建立在不同的基础上，有的建立在科学的基础上，有的建立在某种见解的基础上，有的建立在信任（品牌）的基础上，不同的信念可以导致人们不同的态度。所谓态度是指人们对客观事物或观念等社会现象所持有的一种心理反应倾向。消费者的态度是指消费者在购买和使用商品活动中对商品或劳务及其有关事物形成的反应倾向，即对商品的好恶、肯定与否定的情感倾向。因此，在一般情况下，态度直接影响和决定个人的行为，如消费者对某一商品印象很好，他就会经常购买该商品。如消费者对商品持不信任态度，一般很难导致购买行为，在这种情况下，只有通过各种方法消除消费者的疑虑、不信任，改变消费者态度，才能引起消费者的购买欲望，产生购买行为。

2. 外部因素

影响消费者行为的外部因素主要包括政治、经济、社会和文化等因素。

（1）政治因素。

其一，政治制度。政治制度是指国家或地区的政权组织形式和所奉行的根本性社会政治制度，它对消费者的消费方式、内容、行为具有很大的影响。政治制度对市场购买活动的影响是客观存在的，对消费者的购买行为有不可忽视的影响。

其二，政府政策。政府的消费政策一方面反映了政府的偏好，另一方面也是调节宏观经济发展的需要，无论在调节消费总量还是在引导消费方向、调节消费结构方面都起着非常重要的作用。例如，政府为了刺激消费，可以通过降低利率甚至对利息收入征收利息税的方法，鼓励人们减少储蓄，扩大消费。再如，政府为了促进住房商品化改革，对购买住宅采取低息贷款、购房款可抵扣所得税等一系列优惠政策，这对于调节人们的消费水平、消费结构都起到非常重要的作用。

（2）经济因素。影响消费者行为的经济因素主要表现在社会生产力的发展水平、社会生产关系和商品的价格等方面。

其一，社会生产力的发展水平。社会生产力的发展水平影响人们的消费水平和消费结构，客观上制约了人们能够消费什么、消费多少。

其二，社会生产关系。不同的社会生产关系有不同的收入分配政策，而不同的收入分配政策则决定了国民收入差距的大小。在国民收入既定的情况下，收入分配差距的大小必然会在消费水平和消费结构上体现出来。如在一个贫富差距较大的社会里和在一个收入分配较平均的社会里，即使人均国民收入相近，人们的消费结构仍然差异巨大。

其三，商品价格。商品价格包括价格总水平和价格结构，即比价关系，商品价格与收入水平共同作用于人们的消费行为。人们对于先购买汽车还先是购买住宅，消费者如果预测未来汽车价格会大幅度上涨，住宅价格会下降，有可能会暂时放弃购买住宅而购买汽车。

（3）文化因素。文化是影响消费行为的重要因素，文化是一个国家或地区在较长历史时期内形成的一种社会习惯。例如，中国的春节、西方的圣诞节就为某些行业带来商机。风俗是某一国家、民族、地区、宗教经历演变而形成的许多人都遵循的风尚、礼节或生活方式、行为方式。而习惯是由于长期重复采用而逐渐巩固和稳定下来的生活方式和行为方式。风俗与习惯常常是相互影响、相辅相成的。习俗是一种社会现象，习俗涉及的范围十分广泛，有政治、经济、生产、消费等许多方面，也有思想观念、感情、行为等方面。不同的国家、民族、地区、宗教等，由于历史文化背景、社会政治经济状况的差异，形成了不同的习俗。

（4）社会因素。影响消费者的社会因素有社会阶层、参与群体、家庭、角色和地位。不同社会阶层人的消费观念、消费行为、消费方式均有差异；参考群体的标准、目标、规范、要求、观念和行为方式，往往成为成员的行动指南；家庭决定了其成员的消费方式，家庭的消费价值观影响其成员的价值观；每个角色都伴随着一定的社会地位，这一地位反映了社会对他的总评价，不同角色和地位都会在某种程度上影响其购买行为。

☞链接 6.2

"小鲜肉"营销：中国智能手机代言之战

第二节 消费者购买决策过程

消费者购买决策过程是消费者购买动机转化为购买活动的过程。不同消费者的购买决策过程既有特殊性，也有一般性，研究消费者购买过程可以更有针对性地制定营销组合策略，扩大销售。

一、消费者购买角色

研究购买角色有利于企业在产品的广告宣传和销售服务等方面采取不同的营销策略，促使消费者购买行为的实现。消费者在购买活动中可能扮演以下五种角色的一种或几种：

其一，发起者。第一个提议或想到去购买某种产品的人。

其二，影响者。有形或无形地影响最后购买决策的人。

其三，决定者。最后决定整个购买意向的人。比如买什么、买多少、怎么买、何时买等。

其四，购买者。实际执行购买决策的人。比如与卖方协商交易条件，去商店选购商品。

其五，使用者。实际使用或消费的人。

二、消费者购买决策过程

消费者的决策是在特定心理机制驱动下，按照一定程序发生心理与行为活动的过程。不同的购买者购买不同的商品，其购买决策过程也会不同，但典型的购买决策过程一般包括五个阶段。如图 6-4 所示。

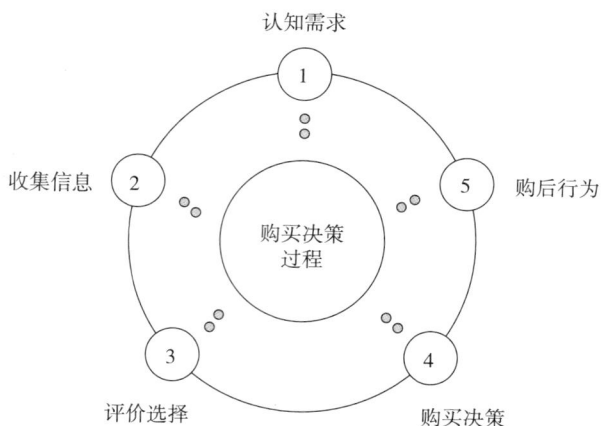

图 6-4　消费者购买决策过程

1. 认知需求

首先消费者要认识到自己需要某种商品的功能，然后才会去选择和购买。因此，认知需求是消费者购买决策过程的起点。在这个阶段，消费者认识到自己的即时状态与理想状态的差距，所以就想消除这个差距，进而产生寻求满足需求的动机。引起消费者认知需求的刺激可以来自个体内部机能，如饥饿、寒冷等；也可以来自外部刺激，如流行时尚、他人购买等。经内外刺激引起消费者对自身需求的正确认知，起着为决策限定范围、明确指向的作用，因而是有效决策的前提。因此企业在营销策略上要善于安排诱因，促使消费者对本企业产品产生强烈的需求，进而产生购买行为。

2. 收集信息

如果引起的需求很强烈，可满足的物品又易于购买时，消费者就会立即满足自身的需求。但在大多数情况下，被引起的需求及购买动机并不是马上就得到满足。因而，消费者还必须通过各种途径获取待购商品或劳务的情报、信息，以便完成从知觉到坚信的心理过程，做出购买决策。消费者信息一般来源于四个方面：①个人来源，即由家庭成员、朋友、同事或邻居等提供的信息。②公众来源，互联网、电视台、杂志等大众传播媒介和消费者组织等提供的信息。③商业来源，消费者从广告、经销商、推销员、商品说明书等方面获得的信息。④经验来源，消费者个人以前购买使用产品的经验。其中，个人来源对消费者的影响最大，商业来源是最重要的消费者信息来源，公众来源往往对消费者的购买产生很大的影响，经验来源则是对信息进行评估的可靠依据。

3. 评价选择

消费者进行比较评价的目的是为了能够识别哪一种品牌、哪一种类型的商品最适合自己的需要。消费者对商品的比较评价，是根据收集的资料对商品属性做出的价值判断，消费者对商品属性的评价因人、因时、因地而异。在消费者评价与选择的诸多标准中，通常会有一项是促成消费者决策的主要因素，这项因素被称为决定性因素。决定性因素根据商品的种类和消费者的生活方式、态度、需要等多方面因素的变化而变化。

企业营销首先要努力提高本企业产品的知名度，使其列入消费比较、评价的范围之内，才可能被选为购买目标；同时，还要调查、研究人们比较、评价某类商品时所考虑的主要因素，并突出进行这方面的宣传，以对消费者购买选择产生最大影响。

4. 购买决策

消费者通过对商品反复的比较评价后，已形成指向某品牌的购买意向，但从购买意向到购买决策之间，还会受到两个因素的影响：

（1）他人的态度，即消费者周围的人对消费者偏好的品牌所持意见和看法。其他人的态度会影响消费者购买决策，其影响程度取决于所持态度的强度及与消费者之间关系的密切程度。一般来说，反对的态度越强烈，或与消费者的关系越密切，其影响力就越大，消费者改变购买意图的可能性就越大。

（2）意外情况，消费者购买意图是在预期的家庭收入、预期的商品价格和预期的购买满足感等基础上形成的。如果出现了失业、涨价及听到该商品令人失望的信息等意外情况，消费者很可能会改变购买意图。

消费者的购买意向是否能转化为购买决策，还受所购商品价格的高低、购买风险大小和消费者自信心强弱等因素影响，营销人员需要向消费者提供详尽的有关商品的信息，以消除消费者的顾虑，促使消费者坚定地实施购买意向。

5. 购后行为

消费者购买商品后，往往会通过实际使用情况或他人的评判，对其购买选择进行检验，重新考虑购买这种商品是否明智、实惠、理想等，这就形成购后感受。消费者购后感受一般包括三种：满意、不满意、不安的感受。

综上分析，消费者的购买决策五个阶段是环环相扣、循序渐进的，但在实际营销活动中，并不是每一个被认知的需求都能转化为购买行动，也并不是任何一次购买行为都需经过完整的五个阶段。企业营销的任务就在于认识每一阶段购买者行为的特点，采取行之有效的措施，引导消费者的购买行为，促成交易，赢得消费者的重复购买和长期购买。

第三节　互联网时代消费者行为

一、我国网络购物现状

据中国互联网络信息中心（China Internet Network Information Center，CNNIC）发布的《2019 年第 43 次中国互联网络发展状况统计报告》显示，截至 2018 年 12 月，我国网络购物用户规模达 6.10 亿，较 2017 年底增长 14.4%，占网民整体比例达 73.6%。手机网络购物用户规模达 5.92 亿，较 2017 年底增长 17.1%，使用比例达 72.5%。

2018 年网络消费继续保持升级态势，消费升级为行业增长提供了强劲动力，也进一步推动市场成熟发展。例如，个性化需求促进了定制化供给，低线城市用户需求的释放加速推动电商渠道下沉，品质化需求和理性消费进一步推动品质电商的快速发展。在供给端方面，围绕资源、技术和模式的升级进一步加快。例如，各大电商门店加速落地，与传统零售商联盟化趋势加强，线上线下资源进一步整合；人工智能、大数据、区块链等技术在物流、营销、质量追溯等领域应用日趋深入；电商流量加速分化，拼购模式、小程序电商、内容电商等新模式交易规模呈指数增长。供给端升级加速了资源流动与协同分工，有效提升了供应链效率，同时通过丰富消费场景进一步激发消费潜力。

二、网络时代消费者特征

20 世纪 90 年代，由于互联网的飞速发展及应用，消费观念、消费方式和消费者的地位正发生着重要的变化，互联网的发展促进消费者主权地位的提高，为消费者购买商品提供了选择空间，使消费者的购买行为更加理性化。在网络消费时代，人们的消费行为与传统的消费行为相比，呈现出以下特征：

1. 消费需求个性化

目前网络多以年轻、高学历用户为主，他们拥有不同于他人的思想和喜好，有自己独立的见解和想法，对自己的判断能力也比较自负。网络消费者对产品和服务的具体要求越来越独特，而且变化多端，个性化越来越明显。他们特别喜欢消费新颖的产品，并且这些产品一般来说是在本地传统市场中暂时无法买到或不容易买到的产品，以展现自己的个性和与众不同的品位。

2. 消费主动性增强

网络环境下的消费者会很主动地借助网络技术条件浏览、查询甚至搜索某些商家、产品、市场的一些广告和消费信息，而这些信息也会指导网络购物消费者的购买行为或者作为网络购物行为的知识储备和经验积累。对于满意的产品，网络消费者会通过网络或者其他通信技术，在第一时间积极、主动地与商家取得联系，并产生购买行为，甚至通过网络支付手段，实现足不出户买遍全球商品的新时代消费体验。

3. 消费行为理性化

网络营销系统巨大的信息处理能力，为消费者挑选商品提供了前所未有的选择空间，消费者会利用在网上得到的信息对商品进行反复比较，以决定是否购买。

4. 消费者需求差异化

不仅仅是消费者的个性消费使网络消费需求呈现出差异性，对于不同的网络消费者因其所处的时代环境不同，也会产生不同的需求，不同的网络消费者，即便在同一需求层次上，他们的需求也会有所不同。因为网络消费者来自世界各地，有不同的国别、民族、信仰和生活习惯，因而会产生明显的需求差异性。所以，从事网络营销的厂商，要想取得成功，就必须在整个生产过程中，从产品的构思、设计、制造，到产品的包装、运输、销售，认真思考这些差异性，并针对不同消费者的特点，采取相应的措施和方法。

5. 消费者追求便利性及购物乐趣

在网上购物，除了能够完成实际的购物需求以外，消费者在购买商品的同时，还能得到许多信息，并且节省了体力，也节约了时间。灵活的支付方式和快捷的送货上门服务，让消费者体验到传统购物方式无法具备的乐趣。此外，网上购物是一种新的购物方式，也是互联网时代必不可少的一种生活方式。对于广大年轻的消费者朋友而言，追求舒适、时尚的生活方式，追捧新奇、时髦的消费产品永远是生活中的最大乐趣。因此，大多数网络购物消费者从心理上认同并且接受这种新型的消费方式，也有兴趣尝试这种新的购物方式。

6. 网络消费体现层次性

在传统的商业模式下，人们的需求一般是由低层次向高层次逐步延伸发展的，只有当低层次的需求满足之后，才会产生高层次的需求。而在网络消费中，人们的需求是由高层次向低层次扩展的。在网络消费的开始阶段，消费者侧重于精神产品的消费，到了网络消费的成熟阶段，消费者在完全掌握了网络消费的规律和操作，并且对网络购物有了一定的信任感后，才会从侧重于精神消费品的购买转向日用消费品的购买。

三、网络消费行为的影响因素

与传统渠道相同，网络消费行为也受个人和心理等内部因素和经济、文化、政治等外部因素的影响。除此之外，在网络消费中，对于消费者行为还有其特有的影响因素。

1. 安全感和信任感

消费者对于网络购物的信任和安全感尤为重要，售后服务和网络支付系统的安全性是最大的影响因素。目前，消费者对网络购物存在一定的顾虑，主要表现在缺乏信任和安全感、担心没有或者售后服务差。此外，许多网络消费者觉得目前的网络支付系统要么太复杂、不易普及，要么缺少安全性，并且注册时需要透露真实的姓名、住址和联系方式等私人信息，担心会被网站泄露。

网上欺诈、网购投诉频发，是交易双方"信息不对称"导致的。交易当事人的种种隐蔽行为，增加了网络购物过程中的信息不对称性，严重影响了交易的公平性。正因如此，目前网络购物中交易量较大的商品主要集中在书籍、日用百货、音像制品等消费金额较低的种类。对于电器、通信器材等大宗商品，许多消费者持谨慎态度。这些都大大制约了网上消费的发展。

2. 购物便捷性

节省时间、操作方便是用户进行网络购物的主要原因，也是网络购物区别于实体交易环境的重要方面。在实体交易环境中，顾客在购物过程中耗费了大量的时间和体力成本。而网络购物的优势在于能够改变这种局面，使购物过程不再是一种沉重的负担。

3. 支付方式多样性

科学技术的快速发展，对网络消费行为产生了重大而深远的影响，正是由于科学技术的进步，所以网络消费者选择网上购物支付的方式不同。目前，网络消费者主要的支付方式有第三方支付工具（支付宝、微信支付、云闪付等）、网上银行、货到付款等，其中以第三方支付较多。支付方式的多样性也会影响网络消费者的购买行为，不同的消费者有不同的偏好，并且对于不同的支付方式有其不同的信任程度。

4. 物流配送效率

商品的发货速度、运输时间、运费、商品的完好度都会影响网络消费者的消费行为。现阶段我国物流业还不成熟，许多民间物流业发展十分缓慢，电子商务配送的货物运输效率不高，货物在运输过程中的遗失或者损坏时有发生。另外，货物运输时间过长也是消费者不满意的重要原因之一。现在的市场还缺乏一个高效的社会配送体系，产品运送时间长、费用高、易破损等情况必须加以改进。

课后练习题

一、单项选择题

1. 影响消费者购买决策过程的外部因素主要有（　　）、经济因素、社会因素、文化因素等外在因素。

    A. 收入水平　　　　B. 心理因素　　　　C. 政治因素　　　　D. 个人认知

2. 有人认为消费者是一种"经纪人"，（　　）的变化必然会在消费商品或服务的数量、质量、结构及消费方式等方面体现出来。

    A. 收入水平　　　　B. 年龄　　　　C. 性别　　　　D. 受教育程度

3. 消费者在购买活动中可能扮演着一种或多种角色，其中第一个提议或想到去购买某种产品的人是（　　）。

A. 营销者 B. 发起者 C. 决定者 D. 购买者

4. 下列选项中，不属于网络消费行为的影响因素的是（　　）。

A. 购物的便捷性 B. 支付方式多样性

C. 安全感和信任感 D. 产品的质量

5. 下列影响消费者购买行为的因素中，不属于社会因素的是（　　）。

A. 参照群体 B. 身份 C. 社会阶层 D. 家庭

二、简答题

1. 简述消费者行为的内涵。

2. 影响消费者行为的内部因素和外部因素分别表现在哪些方面？

3. 结合具体的案例阐述消费者的购买过程。

4. 结合所学知识分析我国网络购物的现状，并分析其未来的发展趋势。

5. 简述网络时代消费者的特征。

6. 网络时代影响消费者行为的因素有哪些？

第七章　市场营销策略组合

📖 教学目标

1. 掌握 4P 营销策略和 4C 营销理论
2. 理解 4R 营销策略
3. 掌握 4P、4C 和 4R 之间的关系

📖 教学重点

4P、4C 和 4R 营销策略

📖 教学难点

4P、4C 和 4R 之间的关系

引导案例

海尔的 4P 营销策略

海尔集团是世界白色家电第一品牌、中国最具价值品牌。自 2002 年以来，海尔品牌连续 8 年蝉联中国最有价值品牌榜首。海尔品牌旗下冰箱、空调、洗衣机、电视机、热水器、电脑、手机、家居集成等 19 个产品被评为中国名牌，其中海尔冰箱、洗衣机还被国家质检总局评为首批中国世界名牌。

2009 年，据世界著名消费市场研究机构欧洲透视（Euromonitor）发布的数据显示，海尔在世界白色家电品牌中排名第一，全球市场占有率达 5.1%。这是中国白色家电首次成为全球第一品牌。同时，海尔冰箱、海尔洗衣机分别以 10.4% 和 8.4% 的全球市场占有率，在行业中排名第一。在智能家居集成、网络家电、数字化、大规模集成电路、新材料等技术领域，海尔也处于世界领先水平。"创新驱动"型的海尔致力于向全球消费者提供满足需求的解决方案，实现企业与用户之间的双赢。下面用 4P 模式分析海尔集团的市场营销策略。

一、产品策略

海尔集团根据市场细分的原则，在选定的目标市场内，确定消费者需求，有针对性地研制开发多品种、多规格的家电产品，以满足不同层次消费者的需要。海尔洗衣机是我国洗衣机行业跨度最大、规格最全、品种最多的产品。在洗衣机市场上，海尔集团根据不同地区的环境特点，考虑不同的消费需求，提供不同的产品。针对江南地区"梅雨"天气较多、洗衣不容易干的情况，海尔集团及时开发了集洗涤、脱水、烘干于一体的海尔"玛格丽特"三合一全自动洗衣机，以其独特的烘干功能，迎合了饱受"梅雨"之苦的消费者。此产品在上海、宁波、成都等市场引起轰动。

针对北方水质较硬的情况，海尔集团开发了专利产品"爆炸"洗净的气泡式洗衣机，即利用气泡爆炸破碎软化作用，提高洗净度 20% 以上，受到消费者的欢迎。

针对农村市场，研制开发了下列产品：①"大地瓜"洗衣机，适应盛产红薯的西南地区农民图快捷省事，在洗衣机里洗红薯的需要；②小康系列滚筒洗衣机，针对较富裕的农村地区；③"小神螺"洗衣机，价格低、宽电压带、外观豪华，非常适合广大农村市场。

二、价格策略

海尔产品定价的目的是树立和维护海尔的品牌和品质形象。具体定价策略如下：

撇脂定价法。即将价格定得相对于产品对大多数潜在顾客的经济价值来讲比较高，以便从份额虽小但价格敏感性较低的消费者细分中获得利润。采用这种定价策略的前提是，公司必须利用一些手段阻止低价竞争者的进攻，如专利或版权、名牌的声誉、稀缺资源的使用权、最佳分销渠道的优先权等。

海尔的价格策略从来都不是单纯的卖产品策略，而是依附于企业品牌形象和尽善尽美的服务之上的价格策略。这种价格策略赢得了消费者的心，也赢得了同行的尊重与敬佩，更赢得了市场。

海尔的定价策略还依托于其强大的品牌影响力，这点在大中城市尤为明显。海尔在每个城市的主要商场，都选择最佳、最大的位置，将自己的展台布置成商场内最好的；在中央和地方媒体上常年坚持不断地进行广告宣传，而且几乎全是企业品牌形象宣传和产品介绍，对于价格则从没"重视"过。正因如此，"海尔"两个字已经成为优质、放心、名牌的代言词。

三、渠道策略

海尔的渠道组合策略如下：

1. 采取直供分销制，自建营销网络

所谓直供分销制就是由厂商自主独立经营，不通过中间批发环节，直接对零售商供货。海尔直供分销制的具体做法是根据自身产品类别多、年销售量大、品牌知名度高等特点，进行通路整合。

在全国每个一级城市（省会和中心城市）设有海尔工贸公司；在二级城市（地级市）设有海尔营销中心，负责当地所有海尔产品的销售工作；在三级市场（县）按"一县一点"设专卖店。海尔现在已建立了一个庞大、完善的营销网络，拥有服务网点 11976 个，销售网点 53000 个。海尔在全国共设有 48 个工贸公司，实行逐级控制，终端的销售信息当天就可反馈到总部。

2. 采取特许经营方式，建立品牌专卖店

海尔设立品牌专卖店的主要目的是通过全面展示产品，提升品牌形象，提高海尔品牌的知名度和信誉度，同时促进产品的销售。

海尔设立专卖店有利于品牌的树立，专卖店以其统一的形象出现在消费者面前，有利于企业整体品牌的塑造。

四、促销策略

1. 海尔的品牌广告

广告是品牌传播的主要方式之一，它通过报纸、杂志、电视、户外展示和网络等大众传媒向消费者或受众传播品牌信息，诉说品牌情感，在建立品牌认知、培养品牌动机和转变品牌态度上发挥着重要作用。海尔品牌有如下的广告语：

（1）"海尔，中国造"。这一广告语朴实真挚、掷地有声、铿锵有力，是海尔向世界的宣战，显示出海尔征服国际市场的决心和信心，是海尔向世界名牌挺进的关键一步。

这句广告词从消费者记忆的角度来说，传递的信息就在于，海尔要让全世界的人都知道，中国的家电产品中有一个叫"海尔"的名牌，它会像"德国造""日本造"的产品一样，以质量、技术在国际市场上竞争，并立足于世界，改变中国产品质量低劣的形象。

（2）"真诚到永远"。这句广告语是海尔优质服务的高度凝练，注重与消费者情感的交流，建立起与消费者以心换心的关系，增强了消费者对海尔的信任度。

海尔多年来的广告策略注重树立其品牌形象。海尔结合市场细分，把广告细分为：企业形象广告、品牌形象广告和产品性能广告等若干类别。在不同时期、不同市场、不同产品和不同消费者中进行不同的宣传。

2. 海尔的品牌公关

品牌公关是指企业或品牌主通过新闻报道和对社会公共活动的参与而进行的品牌传播，并由此建立品牌主与公众的互动关系，它对建立和增强品牌形象有重要作用。品牌公关分为两类：一类是赞助公关，按所赞助对象的性质可分为教育公关、文化公关、体育公关、公益公关和慈善公关等；另一类是危机公关。海尔在品牌公关上的具体做法如下：

（1）教育公关。海尔赞助青岛市儿童艺术剧团，兴建海尔希望小学，为儿童教育事业做出贡献；同时对高等教育事业的支持也不遗余力，分别赞助青岛海洋大学、北京大学、青岛电大等高等学校。另外还举行"海尔冷柜夏令营"活动，对青少年进行爱国主义教育。

（2）体育公关。海尔赞助美国 NBA 篮球赛。

（3）文化公关。海尔投资 3000 万元制作了 212 集动画片《海尔兄弟》，组织了海尔冰箱放映队到农村为广大农民放映电影，不仅丰富了农民的业余文化生活，还宣传了"海尔"及其产品的有关内容。

（4）公益公关。2001 年，海尔向青岛市残疾儿童医疗康复基金会捐赠海尔爱心基金，并设立海尔爱心病房，体现了海尔对社会公益事业的关注。

综上，海尔集团围绕 4P 开展了大规模的战略布局和规划，4P 策略对于电子信息行业来说意义重大，只有重视和加强 4P 策略的分析和规划才能在激烈的市场竞争中立于不败之地。

资料来源：改编自 https：//wenku. baidu. com/view/6b4b14e8172ded630b-1cb695. htm.

第一节　4P 策略

1964 年，美国杰罗姆·麦卡锡教授提出"4P"理论，认为在影响企业经营的诸因素中，市场营销环境是企业不可控制的因素，而产品（Product）、价格（Price）、促销（Promotion）和渠道（Place）等这些因素是企业可以控制的变量，可以组成一个系统化的营销组合策略，即 4P 组合，以适应外部环境的变化，满足目标顾客的需求，实现企业经营目标。4P 营销理论实际上是从管理决策者角度研究营销问题。

一、产品（Product）

1. 产品策略的概念

产品策略是市场营销战略的核心，其他策略（价格策略、渠道策略、促销策略）都围绕产品策略展开。产品策略是指做出与企业向市场提供的产品有关的策划与决策，即为目标市场开发合适的产品或产品组合。产品与服务是营销组合中至关重要的因素，它包括产品种类、产品规格、质量标准、产品包装、产品特色、物理特性、心理特性、产品外观式样、产品商标、产品的维修、安装、指导、担保及承诺等连带服务措施。

☞链接 7.1

从御泥坊看淘品牌的塑造

2. 产品的生命周期

产品的生命周期指产品从投入市场到更新换代和退出市场所经历的全过程。一般分为四个阶段：

（1）导入期，该阶段的特点主要表现为产品生产批量小，制造成本高；广告投入费用大，多为知觉广告；产品销售数量有限。

（2）发展期，顾客对产品已熟悉，大量的新顾客开始购买，市场逐步扩大。产品大批量生产，生产成本相对降低，企业的销售额迅速上升，利润也迅速增长。竞争者看到有利可图，将纷纷进入市场参与竞争，使同类产品供给量增加，价格随之下降，企业利润增长速度逐步减慢，最后达到生命周期利润的最高点。

（3）成熟期，市场需求趋向饱和，潜在的顾客已经很少，销售额增长缓慢直至转而下降，标志着产品进入了成熟期。在这一阶段，竞争逐渐加剧，产品售价降低，促销费用增加，企业利润下降。

（4）衰退期，随着科学技术的发展，新产品或新的代用品出现，将使顾客的消费习惯发生改变，转向其他产品，从而使原来产品的销售额和利润额迅速下降。于是，产品又进入了衰退期。

☞链接 7.2

　　农夫山泉的产品策略

二、价格（Price）

价格策略主要指企业如何估量顾客的需求与分析成本，以便选定一种吸引顾客、实现市场营销组合的价格。定价必须考虑企业目标市场的竞争情况以及消费者对此定价的可能反应，同时，产品的价格也要满足企业盈利的要求。值得注意的是，价格的市场反应是消费者关于产品质量与品牌定位的重要信息，价格如果得不到消费者的认可，营销组合的其他努力就会失效，因为价格是消费者对企业市场营销组合感到满意时愿意支付的货款。

常用的定价方法有顾客主导定价、撇脂定价、渗透定价、免费定价、拍卖定价、心理定价、招徕定价等。企业按照产品与市场情况，灵活地运用各种定价方法与策略，可以吸引顾客，刺激购买，扩大产品销路，实现营销目标。影响企业进行产品定价的主要因素：①内部因素，主要有企业的实力、企业的经营政策、产品成本、产品自身的特性（质量、需求层次等）。②外部因素，主要有市场因素、需求因素、心理因素和政府政策因素。

☞链接 7.3

　　逛展厅行为

三、促销（Promotion）

1. 促销策略的作用

促销策略主要是指采用各种方式来传播商品信息，帮助消费者熟悉企业所提供的商品或劳务，并促进消费者建立起对商品或劳务的好感和信任，进而产生购买行为。它的作用：一是传递企业何时何地以何种方式、何种价格销售何种商品的信息；二是引起消费者的注意，激发购买兴趣；三是增强企业品牌的知名度。因此，它包含了企业与市场沟通的所有方法。

2. 促销策略的种类

（1）广告策略，广告不仅是产品快速传播的工具，而且是帮助企业建立品牌的有效武器，每一次广告战役都会崛起一个新的形象，成功的广告策略甚至可以延续几十年依然有效，广告百年的征战业绩已充分证明了广告对于销售的巨大贡献。

（2）人员推销，指通过销售人员与目标市场的中间商或消费者进行直接的产品推介，促使中间商或消费者产生购买行为的一种促销方式。每年交易展会上的市场代表、商店的售货员，甚至对于保险、金融产品等需要说服顾客的代理商，都属于人员推销。

（3）公共关系，包括用来推广或保护一个公司形象或它的个别产品的各种设计和计划。营销公关包括：宣传产品、赞助活动、参与公共服务、举办记者招待会、邀请媒体参观采访等。公共关系是促销的强有力工具之一。

（4）销售促进，也称营业推广，属于短期性刺激工具，用于刺激消费者迅速或较大量购买某一特定产品或服务。常见的销售促进工具有：赠送样品或试用品、有奖销售、折价券、购买折扣等。公司在设计促销组合时应考虑如下因素：产品市场类型，采用推动还是拉引战略，产品生命周期，公司的市场地位等因素。

☞链接 7.4

跑男 4 收官，看安慕希如何把娱乐营销玩出花

四、渠道（Place）

渠道，指产品在其所有权转移过程中从生产领域进入消费领域所经过的各个环节及经营机构。渠道是组织（机构），不是通道。古语"一步差三市"，说的就是开店地址差一步就有可能差三成的买卖，这进一步说明渠道的重要性。

1. 按渠道长度划分渠道策略

从渠道的长度来看，指产品从制造商手中转移至消费者手中所经过的多少中间环节。环节越多，表明渠道越长；反之则越短。具体可分为 4 种基本类型：零级渠道、一级渠道、二级渠道和三级渠道，如图 7-1 所示。零级渠道又叫短渠道、直接渠道，指生产制造

企业直接将产品销售给最终购买者，没有其他中间环节的参与，有人将其称为直销。一级、二级、三级渠道又叫间接渠道或长渠道。

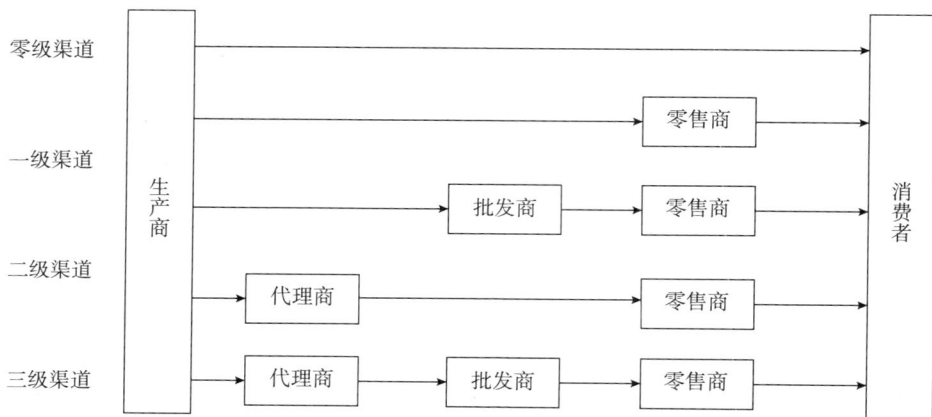

图 7-1　分销渠道的层次

2. 按渠道宽度划分渠道策略

从渠道的宽度来看，一般有三种渠道宽度策略。

（1）密集分销。生产厂家尽可能多地通过中间商推销其产品。一些日用小商品、生活必需品（如糖果、饼干、牙膏、肥皂、香烟、通用小工具等）和工业品中的通用机具多采用宽渠道的密集分配。零售环节采用密集分销法，也要求批发环节相应采取密集分销法。

（2）选择分销。生产厂家在某一地区仅通过几个精心挑选的、最合适的中间商推销产品。适用于消费品中的选购品（如时装、鞋帽、家用电器等）和新产品开发的试销阶段。

（3）独家分销。生产厂家在某一地区仅通过一家中间商推销其产品。独家分销在许多情况下是由于产品的特异性（如专利技术、专门用户、品牌优势等）所造成。

1984 年，美国著名的市场学家菲利普·科特勒首次提出大市场营销理论，称为"6P"理论，就是在原有的"4P"基础上，再加上 2 个"P"，即政治权力策略与公共关系策略。"6P"理论认为，要打入封闭或保护的市场，首先应该运用政治权力策略，必须得到有影响力的政府部门和立法机构的支持，从而进入市场。其次还须运用公共关系策略，利用各种传播媒介与目标市场的广大公众搞好关系，树立良好的企业和产品形象。大市场营销理论突破了认为市场营销环境是不可控制的传统看法，认为企业应该积极地、主动地去影响环境，运用政治力量和公共关系的各种手段，打破国际或国内市场上的贸易壁垒，为开拓新的市场扫清障碍。

第二节　4C 理论

随着市场竞争日趋激烈，媒介传播速度越来越快，以 4P 理论来指导企业营销实践已经"过时",4P 理论日益受到挑战。1990 年，罗伯特·劳特朋提出了 4C 理论，向 4P 理论发起挑战，他认为在营销时需持有的理念应是"请注意消费者"而不是传统的"消费者请注意"。

一、顾客的需求（Customer's need）

提供什么样的产品，并不是站在企业角度思考，不是企业有什么资源就卖什么产品，而是提供满足消费者需求的产品。实施顾客需求策略，企业必须首先了解和研究顾客，根据顾客的需求来提供产品。同时，企业提供的不仅是产品和服务，更重要的是由此产生的客户价值（Customer Value）。

二、成本（Cost）

成本不单是企业的生产成本，或者说 4P 中的价格，它还包括顾客的购买成本，同时也意味着产品定价的理想情况，应该是既低于顾客的心理价格，也能够让企业有所盈利。此外，这中间的顾客购买成本不仅包括其货币支出，还包括其为此耗费的时间、体力和精力消耗，以及购买风险。

顾客在购买某一商品时，除耗费一定的资金外，还要耗费一定的时间、精力和体力，这些构成了顾客总成本。所以，顾客总成本包括货币成本、时间成本、精力成本和体力成本等。由于顾客在购买商品时，总希望把有关成本包括货币、时间、精力和体力等降到最低限度，以使自己得到最大限度的满足，因此，零售企业必须考虑顾客为满足需求而愿意支付的"顾客总成本"。努力降低顾客购买的总成本，如降低商品进价成本和市场营销费用从而降低商品价格，以减少顾客的货币成本；努力提高工作效率，尽可能减少顾客的时间支出，节约顾客的购买时间；通过多种渠道向顾客提供详尽的信息、为顾客提供良好的售后服务，减少顾客精力和体力的耗费。

三、便利（Convenience）

便利策略对应 4P 理论中的渠道策略。4C 理论认为，企业在实施渠道策略时，应充分考虑客户的方便程度。4C 营销理论强调企业在制定渠道策略时，要更多地考虑顾客的方便，而不是企业自己方便。要通过好的售前、售中和售后服务让顾客在购物的同时，享受到便利。便利是客户价值不可或缺的一部分。最大程度地便利消费者，是目前处于过度竞争状况的零售企业应该认真思考的问题。如上所述，零售企业在选择地理位置时，应考虑地区抉择、区域抉择、地点抉择等因素，尤其应考虑"消费者的易接近性"这一因素，使消费者容易得到"产品"。

四、沟通（Communication）

沟通策略被用以取代 4P 中对应的促销策略。4C 理论认为，企业应通过与顾客进行积极有效的双向沟通，建立基于共同利益的新型企业/顾客关系。这不再是企业单向的促销和劝导顾客，而是在双方的沟通中找到能同时实现各自目标的途径。

案例分析

7天连锁酒店 4C 营销策略

7天连锁酒店集团（以下简称7天酒店）成立于2005年，经过多年的积累发展，分店总数已超过2000家，覆盖全国300座城市，成为中国经济型酒店行业的第一品牌。目前，7天酒店的顾客群体主要集中在中小企业商务人士及"背包族"。对于这部分群体，酒店环境舒适、卫生安全、价格经济实惠、交通便利、手续办理快捷高效是他们最关注的几个因素。7天酒店将"顾客感受第一"的理念贯彻始终，并基于4C理论提供个性化服务，主要表现在以下方面：

一、以消费者需求为核心

7天酒店高度关注顾客"天天睡好觉"的核心需求，并以此为出发点为顾客打造一个舒适如家的住宿环境。在保持原有价格优势的前提下，通过配置高质量淋浴设备、五星级标准大床；改善营养早餐搭配、提供睡前牛奶；升级隔音设施等，全面提高产品品质及舒适度。此外，7天酒店服务人员基本都是20岁左右的年轻人，充满朝气、善于沟通，有助于营造一种轻松氛围。

二、以"经济"性为中心，力求控制客户成本

为满足消费者"实惠"要求，7天酒店全面控制成本，在硬件设施配置上用心斟酌。摒弃了传统酒店客房中大衣柜、笨重书桌、浴缸等物品，使用简约、清新、便宜的宜家式家具融入客房设计，注重增添客房"家"的温馨感和实用感。

三、以"便捷"为重心，为客户创造方便快捷

7天酒店的分店一般位于交通便利的地方，如市内长途汽车站、火车站等交通枢纽附近；如会展中心等会所附近；如重庆解放碑、成都春熙路等市内各大地标附近，极大程度上满足了顾客出行方便的要求。同时，还建立了互联网络、呼叫中心、短信预订、手机客户端等系统，顾客足不出户就能完成客房资源的实时查询、预订、确认和支付等流程，既给顾客提供便利，又节约了7天酒店的人力成本。

四、以"真诚相待"为宗旨，实现交流方式多样化

7天酒店主页设置了"会员分享"板块，为非会员顾客提供了一个入住经验分享的自由平台。"24小时客服小秘书"及时在线回答最新活动、预订导航、入住宝典等各类业务问题，让顾客通过网络与7天酒店零距离接触。此外，7天酒店通过开展一系列公益捐款、会员优惠、半价兑换、获取电子抵用券等增值活动，调动顾客参与的积极性。

综上所述，经济型连锁酒店在未来有很大的发展空间，其重要的核心竞争力就是打造以客户需求为核心的4C营销策略，把握市场动向，赢得商机。

第三节　4R 策略

4P 理论以企业为中心制定营销策略，4C 理论强调以消费者为中心，而艾略特·艾登伯格在 2001 年出版的《4R 营销》一书中提出 4R 营销理论，以关系营销为核心，重在建立顾客忠诚。它阐述了四个全新的营销组合要素 4R，即关联（Relevancy）、反应（Reaction）、关系（Relationship）和回报（Reward）。

一、关联（Relevancy）

关联策略认为，企业与顾客是一个命运共同体。建立并发展与顾客之间的长期关系是企业经营的核心理念和最重要的内容。如何将企业与顾客关联起来是 4R 的前提和基础，因而关联媒介的选择尤为重要。关联媒介可以是"上天猫就够了"这样的广告语，让目标客户听到或者看到这样的广告语就能马上关联到天猫；关联媒介还可以是企业 Logo，当目标客户看到 Logo 图标后就能关联到企业及其品牌上；关联媒介还可以是包装、形象代言人、产品本身等多样化的媒介载体。关联媒介的选择策略应当基于用户偏好才能引起目标客户的关注，进而引起下一步的关联行为——对关联的反应。

二、反应（Reaction）

在相互影响的市场中，对经营者来说最难实现的问题不在于如何控制、制定和实施计划，而在于如何站在顾客的角度及时地倾听和促使商业模式转移成为高度回应需求的商业模式。

三、关系（Relationship）

在企业与客户的关系发生了本质性变化的市场环境中，抢占市场的关键已转变为与顾客建立长期而稳固的关系。与此相适应产生了 5 个转向：从一次性交易转向强调建立长期友好合作关系；从着眼于短期利益转向重视长期利益；从顾客被动适应企业单一销售转向顾客主动参与到生产过程中来；从相互的利益冲突转向共同的和谐发展；从管理营销组合转向管理企业与顾客的互动关系。

四、回报（Reward）

任何交易与合作关系的巩固和发展，都是经济利益问题。因此，一定的合理回报，既是正确处理营销活动中各种矛盾的出发点，也是营销的落脚点。

4R 营销理论的最大特点是以竞争为导向，在新的层次上概括了营销的新框架。该理论根据市场不断成熟和竞争日趋激烈的形势，着眼于企业与顾客互动与双赢，不仅积极地适应顾客的需求，而且主动地创造需求，通过关联、关系、反应等形式与客户形成独特的关系，把企业与客户联系在一起，形成竞争优势。

关系营销的核心是保持顾客，为顾客提供高度满意的产品和服务价值，通过加强与顾客的联系，提供有效的顾客服务，保持与顾客的长期关系。并在与顾客保持长期关系的基础上开展营销活动，实现企业的营销目标。实施关系营销并不是以损伤企业利益为代价的。根据研究，争取一个新顾客的营销费用是维持一个老顾客费用的 5～10 倍，因此加强与顾客关系并建立顾客忠诚度，是可以为企业带来长远利益的，它提倡的是企业与顾客的双赢策略。

案例分析

ZARA（飒拉）

ZARA 是 1975 年设立于西班牙隶属蒂则诺纺织工业公司（Inditex）集团旗下的一个子公司，既是服装品牌，也是专营 ZARA 品牌服装的连锁零售品牌，其目标群体为 25～35 岁收入较高且有着较高学历的人群。ZARA 是全球排名第三、西班牙排名第一的服装商，在 87 个国家内设立超过 2000 家的服装连锁店。2019 年全球品牌百强榜排名第 29 位。

为了吸引顾客，提高市场份额，ZARA 在市场营销过程中实行 4R 策略，主要表现如下：

一、关联

一流形象：ZARA 由米兰及巴黎顶级设计师根据最新流行时尚进行设计和搭配，给顾客营造出美好的购物感觉，ZARA 卖场的形象高档、装修豪华，且位置选择都是在每个城市的核心商业繁华地段。这有助于与顾客建立稳定、持续的联系。二流产品：在产品设计方面，不苛求细节，不求"形似"只求"神似"，生产中尽量避免使用制作周期较长或档次较高的面料。这一举措，有利于吸引追求时尚的消费群体。三流价格：ZARA 采取低价策略，该策略的实施使 ZARA 与顾客的时尚服装需求紧密关联在一起，ZARA 的平民化时尚深入人心。

二、反应

建立极速供应链体系提高市场的反应速度，与顾客追求时尚的心态保持同步，能快速抓住每个跃动的时尚信号，吸引并打动顾客。

三、关系

ZARA 不只是卖服装，卖给顾客的是对流行时尚的承诺，是对顾客追求时尚的责任承担，其依靠独特的"高速、少量、多款"销售策略与顾客建立起了稳定而良好的关系，并实施永远"缺货"的策略，使顾客每次光顾时果断、迅速购买。

四、回报

市场营销的价值在于其为企业带来短期或长期的收入和利润的能力，追求回报是营销发展的动力，同时回报是维持市场关系的必要条件。

五、4P、4C 和 4R 的关系

4P 是站在企业的角度来看营销；4C 理论以消费者为导向，是站在消费者的角度来看营销；4R 也是站在消费者的角度来看营销，同时注意与竞争对手争夺客户。从导向来看，4P 理论是由上而下的运行原则，重视产品导向而非消费者导向，它宣传的是"消费者请注意"；4C 理论以"请注意消费者"为座右铭，强调以消费者为导向；4R 也是以消费者为导向，但 4R 较 4C 更明确地立足于消费者，它宣传的是"请注意消费者和竞争对手"。4P、4C、4R 之间的比较如图 7-2 所示。

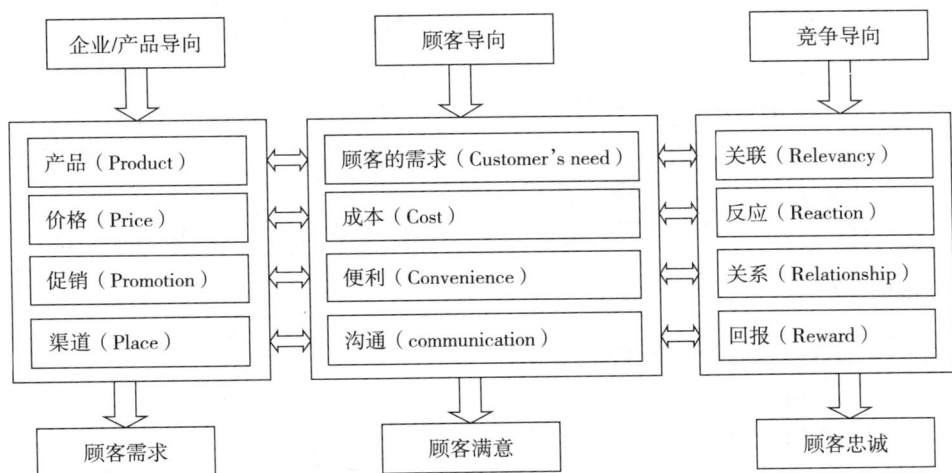

图 7-2　4P、4C、4R 理论之间的比较

市场营销策略组合作为现代市场营销理论中的一个重要概念，在其发展过程中，营销组合因素不断变化，但应当看到，传统的 4P 理论仍然是基础。

课后练习题

一、单项选择题

1. （　　）有利于搞好企业与外界关系，在公众中树立良好形象，但其效果难以把握。

A. 公共关系　　　　B. 营业推广　　　　C. 广告　　　　D. 人员促销

2. 生产者—批发商—零售商—消费者称为（　　）。

A. 一级渠道　　　　B. 二级渠道　　　　C. 三级渠道　　　　D. 四级渠道

3. （　　）指企业利用多种信息载体与目标市场进行沟通的传播活动，主要包括广告、人员推销、营业推广和公共关系。

A. 产品　　　　　　B. 定价　　　　　　C. 促销　　　　　　D. 渠道

4. 市场营销中的英文缩写 "4C"，除 Customer's need（顾客的需求）、Cost（成本）、Convenience（便利）以外，还有（　　　）。

A. Customer（顾客）　　　　　　　　B. Contribution（贡献）

C. Communication（沟通）　　　　　　D. Construction（构建）

5. 公共关系是一项（　　　）的促销方式。

A. 一次性　　　B. 偶然　　　　　C. 短期　　　　　D. 长期

6. 消费品中的便利品和工业品中的通用设备多采用的分销方式是（　　　）。

A. 密集分销　　　B. 独家分销　　　　C. 选择分销　　　D. 全面分销

7. 香奈儿、LV 等世界顶级奢侈品的生产成本与普通同类产品相差不大，但其价格却是普通同类商品的几十倍乃至上百倍，其采取的定价策略是（　　　）。

A. 整数定价　　　B. 尾数定价　　　　C. 声望定价　　　D. 招徕定价

8.（　　　）是站在消费者的角度来看营销，同时注意与竞争对手争夺客户。

A. 4P　　　　　　B. 4C　　　　　　　C. 4R　　　　　D. 以上都是

9. 促销的目的是引发刺激消费者产生（　　　）。

A. 购买行为　　　B. 购买决定　　　　C. 购买意向　　　D. 购买兴趣

二、简答题

1. 结合具体的案例阐述 4P 策略。

2. 简述产品的生命周期。

3. 影响企业定价的因素主要有哪些？

4. 结合具体的案例简述渗透定价法和撇脂定价法。

5. 简述分销渠道的类型。

6. 什么是促销的策略？影响市场营销促销的因素有哪些？

7. 简述 4C 策略和 4R 策略的内涵，并简述 4P 策略、4C 策略和 4R 策略的联系与区别。

8. 网上查找资料，通过具体的案例讲述 4C 策略和 4R 策略。

第三篇

大数据与市场营销

第八章 大数据对市场营销的影响

📖 **教学目标**

1. 掌握大数据时代市场营销的机遇与挑战
2. 理解大数据对营销主体、营销态度、营销流程和营销活动的影响

📖 **教学重点**

大数据时代市场营销的机遇与挑战

📖 **教学难点**

大数据对营销流程、营销态度的影响

引导案例

农夫山泉，大数据优化矿泉水营销

农夫山泉股份有限公司是中国饮料20强之一，其旗下有多种产品（见图8-1）以矿泉水为其主营业务。其公司总部位于浙江省杭州市，系养生堂旗下控股公司，成立于1996年9月26日。据统计，2004~2016年，农夫山泉营业收入呈上升趋势。2004年农夫山泉的营业收入只有20亿元，增长速度缓慢，2008年开始出现快速增长，增长率达30%及以上；到2016年实现接近120亿元的营业收入。2014年，农夫山泉进入中国民营企业500强，农夫山泉品牌也排在中国瓶装饮用水榜首。从20亿元到120亿元的增长背后，是大数据驱动的销售终端得以优化和改善。

图8-1　农夫山泉旗下产品

在应用大数据之前，农夫山泉公司的销售渠道主要是大量的经销商，这不仅导致农夫山泉公司对终端零售情况掌握不准确，而且因为每次都需要所有经销商将自己的销售情况反馈给农夫山泉公司，农夫山泉公司才可以开始做下一销售季节的销售预测，这也产生了预测和实际销售的时差问题。比如某个小品相的产品（350毫升饮用水），在某个城市的销量预测不到位时，公司以往通常的做法是通过大区间的调运，来弥补终端货源的不足。"华北往华南运，运到半道的时候，发现华东实际有富余，从华东调运更便宜。但很快发现对华南的预测有偏差，华北短缺更为严重，华东开始往华北运。此时如果太湖突发一次污染事件，很可能华东又出现短缺"。这些预测带来的偏差不仅给农夫山泉公司带来运输成本的增加，而且导致了某些地区的产品供不应求，而某些地区的矿泉水却有较大的库存。这种状况让农夫山泉公司头痛不已。在采购、仓储、配送这条线上，农夫山泉公司希望利用大数据解决三个顽症：首先，解决生产和销售的不平衡，准确获知该生产多少，送多少；其次，将400家办事处，30个配送中心纳入体系中来，形成一个动态网状结构，而非简单的树状结构；最后，让退货、残次品等问题与生产基地实时连接。

2011年以上这些状况开始出现转机。2011年，SAP和农夫山泉公司开始共同开发基于"饮用水"产业形态中，运输环境的数据场景。农夫山泉公司在全国有十多个水源地。农夫山泉公司将水灌装、配送、上架，一瓶超市售价 2 元的 550 毫升饮用水，其中有 3 毛钱花在了运输上。如何根据不同的变量因素来控制物流成本，成为问题的核心。

基于上述场景，SAP 团队和农夫山泉团队开始了场景开发，他们将很多数据纳入进来：高速公路的收费、道路等级、天气、配送中心辐射半径、季节性变化、不同市场的售价、不同渠道的费用、各地的人力成本，甚至突发性的需求（见图 8-2）。利用这些大数据，农夫山泉公司计算出一套最优的仓储运输方案，使各条线路的运输成本、物流中心设置最佳地点等信息及时呈现；将全国十多个水源地、几百家办事处和配送中心整合到一个体系之中，形成一个动态网状结构，进行即时的管控。让退货、残次品等问题与生产基地能够实时连接，通过大数据准确获知应该生产多少，送多少矿泉水。农夫山泉最终解决了采购、仓储、配送这条线上的顽症，实现产品运输决策的智能化、物流成本的精准化、运输资源的配置合理化。

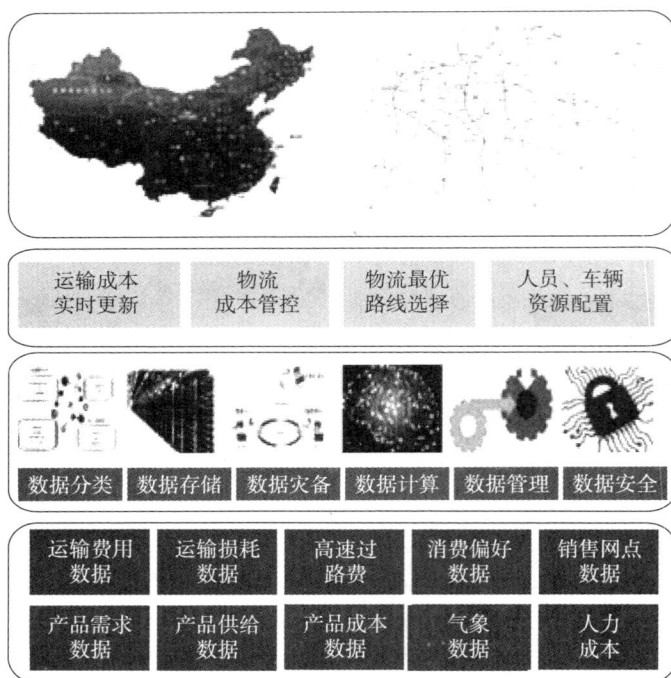

图 8-2 农夫山泉物流数据

2011 年，SAP 还推出了创新性的数据平台 SAP Hana，农夫山泉则成为全球第三个、亚洲第一个上线该系统的企业，并在当年 9 月宣布系统对接成功。采用 SAP Hana 后，同等数据的计算速度从过去 24 小时缩短到了 0.67 秒，几乎做到了实时计算结果，这让很多不可能的事情变成了可能。

有了强大的数据分析能力做支持，农夫山泉公司近年以 30%~40% 的年增长率，在饮用水方面快速超越了原来的三甲：娃哈哈、乐百氏和可口可乐。根据国家统计局公布的数据，2013 年，在饮用水领域的市场份额，农夫山泉、康师傅、娃哈哈、可口可乐的冰露，分别为 34.8%、16.1%、14.3%、4.7%，农夫山泉几乎是另外三家之和。可见大数据优化供应链后，给农夫山泉带来了质的飞越，使其成功成为矿泉水市场的老大。

　　大数据是农夫山泉大卖矿泉水背后的秘诀，利用大数据的分析能力不仅可以更好地做出销售预测，而且可以合理优化配送仓储方案，降低运输成本。大数据的应用成就了农夫山泉在矿泉水界的地位，提高了其核心竞争力，这也让我们警醒大数据应用的重要性。此外，获益的不仅仅是农夫山泉，利用农夫山泉场景中积累的经验，SAP 迅速将其复制到神州租车身上，使用 SAP Hana 为他们特制了一个算法，优化租用流程，帮助他们打破瓶颈。

　　资料来源：改编自搜狐网，https：//www. sohu. com/a/109633718_ 398084.

第一节　大数据时代市场营销的机遇与挑战

　　大数据作为时代发展的产物，让市场营销变得更加多样化和复杂化。如何将企业的市场营销活动开展得更具有精准性和有效性，就需要企业改变传统的营销方式，根据自身的实际发展情况对市场营销模式进行创新与调整，抓住大数据时代为市场营销带来的机遇，寻找有利的资源应对挑战，以此来提升企业的价值，并为企业创造出良好的经济效益。

一、大数据时代市场营销机遇

　　1. 精准营销，提供个性化服务

　　精准营销，指通过对消费者心理及行为的分析，获取有效可利用的数据，并能够利用这些特点对消费者进行分类，有针对性地开展营销活动，提升企业的经济效益。精准营销具有渠道短、节省时间、降低成本等优势。大数据时代，企业与客户之间的交流加强，企业可以通过多种渠道收集、获取用户的相关数据，这为精准营销的开展提供了有利条件。通过数据分析充分了解消费者的兴趣爱好、个性、生活方式、价值观及消费特征等，在此基础上对消费者制订有针对性的营销方案，采用最受消费者欢迎、最能接受的服务方式进行市场营销，实现个性化服务，为企业挖掘更多的客户。

　　2. 优化管理，降低销售成本

　　在大数据背景下，企业获得消费者数据信息的途径越来越便利，获取数据信息的渠道也越来越广阔，企业可以依托信息技术快捷获取相关数据信息，有效降低收集数据信息的难度，减少企业花费在收集消费者信息上的成本费用，让企业、商家将资金用于其他层面。并且，新型的线上营销模式与传统的营销模式相比，节约了许多的人力，销售人员不用走街串巷，只要坐在电脑面前就可以实现营销的目的，很大程度上节省了人力成本。

　　随着互联网技术的普及，人们的消费渠道也趋于多样化，越来越多的人倾向于在网上购物。企业、商家可以根据大数据反馈的信息，对产品以及服务在各个消费渠道的销售情况进行全面了解，从而选出最优的消费渠道，为企业发展提供方向，优化企业的市场营销方案，强化企业的生产经营管理，让企业减少在推广等环节的花费。这样一来，企业能够将更多的资金运用于产品研发与生产之中，有效提升产品的质量，有利于企业的长远发展。

3. 建立良好客户关系，提升市场竞争力

客户关系管理对市场营销的成败具有重要意义，其能够针对指定的目标客户进行深入分析，能够帮助工作人员精准地进行信息的处理，进而降低生产成本，提升经济效益。良好的客户资源是企业得以发展的动力和源泉。大数据时代，企业应该利用好互联网资源和信息技术等手段，满足客户个性化需求，进而吸引客户，拓展客户资源，实现企业经济效益的提升。对于企业来说，要想扩大市场占有率，就要吸引住客户，制定符合顾客实际需求的营销策略，进而建立良好客户关系，提高客户的满意度，这有助于提升企业的市场竞争力。

4. 实现产品交叉销售，优化产品组合

交叉销售是指发现现有顾客的多种需求，并通过满足其需求而销售多种相关服务或产品的一种新兴营销方式。简单说来，就是向拥有本公司 A 产品的客户推销本公司 B 产品，比如说某客户在你这儿购买一款鼠标，你可以向他销售充电器或者电池。交叉销售通常是超市常用的营销方式，通过对消费者购买产品进行大数据分析，了解消费习惯，实现产品的优化组合，在满足消费者需求的同时，也可以提高销售额。例如，沃尔玛利用大数据分析把啤酒和尿不湿这两种毫无关系的产品摆放在一起，从而使啤酒和尿不湿销量同步上涨。

5. 丰富营销渠道

在传统营销中，企业市场营销渠道相对固定，主要包括实体店、经销商、展会、电子商务平台等，通常根据有无中间环节分为直接营销渠道和间接营销渠道。在大数据时代，企业可以拥有更多的选择权，通过调研行业内相关数据，明确实体店应选择的地址和开设数量，与经销商之间建立更为有效的合作模式。特别对电子商务的线上渠道，企业不仅可以开设网络店面，还可凭借自身优势，成为知名电商平台的产品供应商，告别过去单一的电子商务模式。此外，在深入分析数据的基础上，企业可选择更多的合作方式，拓展营销渠道，增加市场份额，例如传统的零售行业网店用户依托电脑终端进行购买，而在大数据时代，更多用户选择手机实现购买行为，从而推进了企业营销渠道建设。

二、大数据时代市场营销面临的挑战

随着大数据时代的到来，企业在迎来发展机遇的同时也面临着挑战。由于信息传递更为便利，企业所处的营销环境也趋于复杂化，信息安全问题也是企业发展需要关注的问题。大数据技术犹如一把"双刃剑"，既存在有利的一面，又存在不利的一面。

1. 安全和隐私问题日益凸显

大数据时代是一个信息分享十分迅速的时代，随着计算机网络技术的发展，在线活动与在线交易不断增多，网络安全问题层出不穷，一些不法分子会通过不法手段获取消费者的数据与隐私，借助网络进行诈骗或者犯罪，给消费者带来了极大的安全隐患。例如，2015 年 2 月，黑客盗取了美国 Anthem 保险公司 8000 万客户的个人信息。不法分子甚至可以利用大数据技术对患者个人医疗信息进行分析，刺探个人生活隐私，然后将患者的生活隐私贩卖给一些商人，给患者造成巨大伤害，给社会造成恶劣影响。

2. 数据质量难以保证

在大数据时代下，企业面对诸多复杂的信息，随着消费者所属的信息量不断扩大，消费者信息、垃圾信息以及无用信息数量越来越庞大，企业对数据的分析通常包括数据理解、数据收集、数据清洗与整理、数据建模等多个阶段，面对海量的数据，这个过程类似"海底捞针"，无法保证数据的准确性，导致质量低下的信息混入产品信息，如此一来，消费者就会对该产品以及公司的质量产生怀疑，严重阻碍了市场营销的发展。例如，采集某发烧患者症状的信息时，假设患者处于发烧状态，在记录患者状态时，使用"发烧"和"体温38度"在语义上存在一定差异，这种语义信息差异会给最终的数据挖掘和模式分类模型带来偏差。

3. 大数据人才缺乏

大数据人才缺乏也是大数据营销的短板所在，企业之间的竞争一定是人才的竞争。大数据技术正在全球飞速发展，已经影响到各个行业，对这方面人才的需求也越来越大。2016年美国劳工局预测，2022年美国市场将需要约85万大数据方面的专业技术人才。《2019中国大数据产业发展白皮书》指出，截至2018年底，全国（不含港、澳、台地区）大数据核心人才仍存在60万人的缺口，预测到2025年全国大数据核心人才缺口达230万人。虽然全国有数百所高校已经开设了大数据相关专业，但却面临缺乏师资、没有教学经验、没有培养体系等问题。这就需要从国家层面将大数据产业发展及人才培养提到一个战略高度。

4. 数据管理复杂化

大数据的一个重要特征就在于其复杂性，包含数据量大和数据来源广泛，数据结构以非结构化数据为主。大数据的快速增长对存储空间、数据压缩技术、能源消耗提出严峻的挑战。如何更好地管理和利用大数据资源已成为业界普遍关注的问题，数据管理方式的变革正在酝酿。

5. 营销成本投入大

在大数据时代，企业虽然获得更多的市场机遇，具备更多的营销渠道可以选择，但是开拓任何营销渠道以及执行任何营销策略都与成本息息相关。例如，当电商走向繁荣之际，大数据环境下的电商平台能为企业提供多项数据参考，同时增加企业的电商运营成本，相关宣传成本、活动参与成本等在电商运营中占据相当比重；线上与线下结合的营销模式成为很多企业的首选模式，尤其是部分企业在已经取得突出的电商经营业绩时，行业内的竞争者会相继效仿，如果盲目制定营销策略，投入营销成本，有可能面临更大的风险，难以实现预期目标。

综上所述，大数据时代为市场营销提供了丰富的数据，商家可以充分地利用这些数据资源确定消费人群，了解客户各种需求，进而为客户提供个性化服务。但同时，大数据时代也给营销带来了一些困难，使信息变得复杂，人们对信息的选择变得困难。这就要求企业科学合理地利用数据资源，不断提高自身的营销能力，从而选择合适的目标客户，挖掘更多有价值的信息，为企业的发展带来更多的动力。

第二节　大数据对市场营销的影响

一、对营销流程的影响

在传统市场营销中，营销流程是基于宏微观环境分析后，发现市场机会或市场威胁，然后选择目标市场，制定市场营销战略以抓住市场机会或规避市场威胁，最后制定市场营销策略并实施营销策略，以实现市场营销的战略目标。整个流程如图8-3所示。

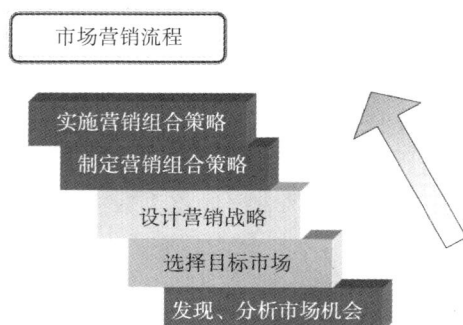

图8-3　传统市场营销流程

在大数据时代，利用数据采集与存储的海量数据，对宏微观的营销环境以及对微观的消费者行为进行分析（消费者洞察），然后进行数据处理与数据挖掘，最后进行市场营销方案的设计与实施。本节重点阐述大数据对市场营销数据采集与存储、数据处理与数据挖掘流程上的影响。

1. 数据采集多样化

如果将大数据比喻成深埋在地下的石油，那么对大数据的采集就相当于发现原油的过程，它是企业进行大数据分析和商业洞察的基础，也是大数据营销流程中重要的一环，其核心是实现与用户的互联。用户是大数据最重要的来源，也是大数据营销服务的终点。因此，收集一切与用户相关的数据是成功进行大数据营销的前提。

在智能制造、可穿戴设备、物联网越发普及的今天，数据采集变得非常重要，高速、可靠的数据采集技术是当前需要重点突破的方向。传统的数据采集一般是有限的、有意识的采集（如问卷调查），采集到的数据也多是结构化的，一般的数据库MySQL甚至Excel就能满足数据采集和处理的要求。大数据的采集则是一个十分复杂的工程。比如，在大数据采集过程中，很重要的一个环节是大数据的智能感知，它能实现大数据源的智能识别、感知、信号转换、适配、传输、载入等。在智能设备的数据中，还会涉及半结构化和非结构化等各种数据，这与纯粹结构化数据的采集有很大的不同，因此存在许多需要克服的技术难题。传统数据采集与大数据的数据采集对比如表8-1所示。

表 8-1　传统数据采集与大数据的数据采集对比

	传统的数据采集	大数据的数据采集
数据来源	来源单一，数据量较小	来源广泛，数据量巨大
数据类型	结构单一，多为结构化数据	数据类型丰富，多为半结构化、非结构化数据
数据处理	关系型数据库和并行数据仓库	分布式数据库

2. 数据处理复杂化

在小数据时代，数据的处理包括数据清洗、数据转换、归类编码和数字编码等过程，其中数据清洗占据最重要的位置，包括检查数据的一致性、处理无效值和缺失值等操作。在大数据时代，面对分散在不同地区、不同平台、种类繁多的异构数据，进行数据整合并非易事，要解决残缺、重复、异常值等脏数据的问题，需要借助 Data Wrangler、Google Refine 等工具。如何实现业务系统的数据整合，是进行大数据处理时需要考虑的难题。ETL 数据转换系统为数据的预处理提供了可靠的解决方案。

ETL 是抽取（Extract）、转换（Transform）、装载（Load）三个单词首字母的缩写，用来描述将数据从来源端经过抽取、转换和装载到目的端的过程。抽取是将数据从各种原始的业务系统中读取出来，这是所有工作的前提；转换是按照预先设计好的规则将抽取到的数据进行转换，使本来结构不同的数据格式能统一起来；装载是将转换完的数据按计划增量或全部导入数据仓库。

ETL 一词常用在数据仓库中，但其对象不限于数据仓库。在大数据环境下，混杂的数据同样要经过类似的 ETL 操作过程。ETL 将分散的、不同结构数据源中的数据抽取到临时中间层，之后进行清洗、转换、集成，最终按照预先设定好的数据仓库模型，将数据加载到数据仓库中，成为联机分析处理、数据挖掘的基础。ETL 是商务智能和数据仓库的核心和灵魂，按照统一的规则集成并提高数据的价值，负责完成数据从数据源向目标数据仓库转化的过程，是搭建数据仓库的重要步骤。如果说数据仓库模型是一座大厦的设计蓝图，数据是砖瓦，那么 ETL 就是建设大厦的过程。

数据源经过 ETL 预处理后，交易数据可用于分析用户的基本属性和购买能力，电子商务数据可用于分析用户的线上购买能力和行为特征。会员数据可用于分析用户的基本属性、兴趣爱好和价值，潜在用户数据可用于分析用户的购买意愿和二次接触数据，外部线索可用于分析用户的基本属性和行为特征来转化潜在客户，社交数据可用于分析用户的社交特征和社交关系网络，全网数据可用于分析大量的碎片化数据，与当前数据进行匹配合并，从而形成用户画像，通过用户画像可以进一步开展精准营销和个性化推荐。

3. 数据存储兼容性高

在数据的结构化程度方面，传统的数据库存储的数据结构化程度较高；而大数据来源于日志、历史数据、用户行为记录等，更多是半结构化或非结构化数据。另外，大数据的存储格式多样，例如有的数据是以文本文件格式存储，有的则是以网页文件存储，还有的是以比特流形式存在的文件等。因此，大数据的存储介质也具备多样性。大数据应用需要满足不同速度的需求，其数据存储提倡分层管理机制，所以必须对多种数据及软硬件平台有较好的兼容性来适应各种应用算法，这就让传统的存储技术无计可施，而成本低廉、具有高可扩展性的云存储技术得到业界的广泛认同。

目前，云存储技术正在颠覆传统的存储系统架构，云存储系统具有良好的可扩展性、容错性以及内部实现对用户透明等特点，这一切都离不开分布式文件系统的支撑。现有的云存储分布式文件系统包括 Hadoop HDFS、Google GFS、Lustre、FastDFS 等。

4. 数据挖掘算法先进

数据挖掘（Data mining）是利用人工智能、机器学习、统计学、模式识别等技术，从大量含有噪声的数据中提取有效信息的过程，其目标是从海量的数据中发现有价值的信息，为企业营销实践提供借鉴和指导。常用的数据挖掘方法有关联分析、聚类、决策树、归纳学习等。

从营销学的角度来看，数据挖掘其实就是一种深层次的数据分析方法，其主要特点是对海量数据进行抽取、转换、分析和其他模型化处理，从中提取出辅助决策的关键数据。大数据时代的数据挖掘并不是一门新的学科，其基本原理与传统数据挖掘并无本质区别，只是由于所需处理的数据规模庞大、价值密度低，在处理方法和逻辑上被赋予新的含义。

与"数据挖掘"相关的一个概念是传统的"数据分析"。从本质上说，两者都是为了从收集来的数据中提取有用信息、发现知识，在某些场合这两个概念是可以互换的。而它们之间的主要区别在于三个方面：①数据量不同。数据分析的数据量通常是 MB 级或者 GB 级的，数据挖掘的数据量则是 TB 级甚至 PB 级的。②数据类型不同。数据挖掘的对象不仅有结构化数据，还有半结构化和非结构化数据。③算法不同。数据分析的主要算法以统计学为基础，而数据挖掘不仅需要统计学，还大量运用了机器学习的算法。

二、对营销主体的影响

传统市场营销的主体主要是广告主、广告代理商、传统媒体企业和目标客户。而大数据时代，网络媒体方、数据服务公司、数字广告代理商是市场营销中必不可少且极其重要的参与主体。

1. 网络媒体：大数据营销产生的原因

有学者认为，网络媒体、广告主、受众三者共同造就了大数据时代下的市场营销，大数据是存留在互联网上的数据，受众是产生数据的源头，而网络媒体是受众产生数据的起因，广告主则利用受众产生的数据并通过网络媒体再传递给受众。网络媒体在大数据营销体系中占有重要的一席之地。互联网时代，受众在接触网络媒体时都会留下数据，通过这些数据，受众的行为可以被监测，网络媒体从受众留下的数据中得到反馈，以此来优化自身内容、产品与服务，在大数据营销体系中生存。例如，在社交媒体上观看某部电影，当你浏览相关内容或转发分享时，你的这些行为产生的数据会反映你的态度。通过对海量的这类数据进行分析，才有了《纸牌屋》的成功，以及《变形金刚》系列电影的票房大卖。美国新闻网站 Salon. com 曾这样描述，用户只要登录 Netflix，其每一次点击、播放、暂停甚至看了几分钟就关闭视频，都会被作为数据进入后台分析，这样一来，Netflix 就能精确定位观众的偏好。《纸牌屋》的数据库包含了 3000 万用户的收视选择、400 万条评论、300 万次主题搜索（见图 8-4）。最终，拍什么、谁来拍、谁来演、怎么播，都由数千万观众的客观喜好统计决定。

☞**链接 8.1**

《变形金刚 4》自己知道哪些人爱看

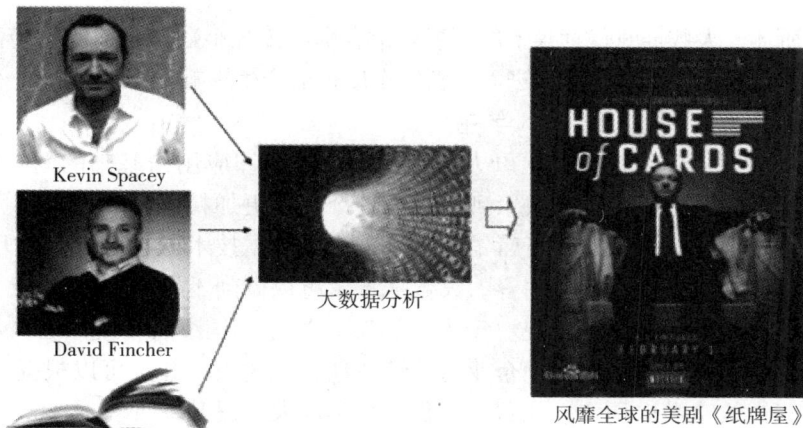

图 8-4　《纸牌屋》的大数据分析

2. 数据服务公司：大数据营销落地的关键

2013 年 3 月 1 日，市场调研机构 IDC 发布的《大数据，更大的数字身影，最大增长在远东》报告显示，尽管个人和机器每天产生大量数据，使数字世界前所未有地不断膨胀，但仅有 0.4% 的全球数据得到了分析。IDC 预计，到 2020 年，数字宇宙规模将超出预期，达到 40ZB（40ZB 相当于地球上所有海滩上的沙粒数量的 57 倍）。

在大数据营销中，数据的收集与分析至关重要，这也催生了相关数据服务公司。尼尔森网联媒介数据服务有限公司（Nielsen-CCData）是国外知名的数据服务公司之一，该公司拥有全球首创的专利技术——海量样本收视率监测的技术解决方案，能够成功应对电视数字化带来的频道数量激增和增值业务丰富导致的收视测量难题，为客户提供更准确、更安全的海量样本收视率数据。国内新生的北京腾云天下科技有限公司（Talking Data）成立于 2011 年 9 月，是独立第三方移动数据服务平台的代表，其服务内容从基本的数据统计，到后来的数据分析与挖掘，由浅入深，把大数据的作用发挥得淋漓尽致，可以为移动互联网企业提供全方位的大数据解决方案。数据服务公司让企业利用海量数据开展新的营销模式成为可能。

3. 数字广告代理商：提升营销效果的主体

对于大数据营销中的数字广告代理商来说，需要做到以多样化的手段追踪广告效果，利用大数据分析各家媒体的价值，判断通过何种渠道为企业投放广告，从而优化广告营销服务。国内知名的数字广告代理商有传漾科技和易传媒等。传漾科技通过多维分析定向、精准地锁定目标和潜在受众，以视频广告和富媒体广告等形式实现品牌广告的精准投放。易传媒集团是中国的一家整合数字平台，拥有自己的广告网络、网络公关平台、电子商务平台和社交网络平台。易传媒为品牌主（如宝洁、中国电信、联合利华、欧莱雅集团、耐克等）提供整合数字营销解决方案，包括品牌推广、口碑营销和在线销售等一系列产品和服务。2015 年 1 月，阿里巴巴集团宣布战略投资并控股易传媒，基于阿里的大数据，易传媒如今可以打造更多的独家产品，如跨屏数据管理和媒介应用等。

三、对营销态度的影响

正如前文所述，大数据时代背景下的市场营销有别于传统小数据时代的市场营销，大数据对市场营销主体、流程都有影响，进而对营销态度也会产生影响。

1. 聚焦数据，提升营销流程的科学性

大数据时代的营销创新旨在建立以大数据挖掘、分析和应用为基础的营销创新路径、方法与模式。它使企业营销活动从决策到实施的各个环节更加精准与可控。在大数据营销时代，广告主完全以受众为导向进行营销传播，因为大数据技术可让他们知晓目标受众身处何地，看着哪块屏幕，关注哪些内容。大数据技术可以做到不同用户关注同一媒体的相同界面时，广告内容有所区别，实现"千人千面"个性化营销。与传统广告"广泛撒网"相比，大数据营销可以最大限度地让企业的营销活动有的放矢，并且可以根据实时的效果监测，及时对营销策略做出调整，使营销流程的科学性大大提升。

2. 强调洞察，增强营销决策的预见性

企业营销活动成败的关键在于能否对目标消费者进行精准的洞察，只有积累足够多的消费者数据，才能准确描绘其消费偏好与购买习惯，这是大数据营销的前提与出发点。大数据带来的是一场营销革命，庞大的数据资源使得营销开启了量化的进程，而运用数据驱动决策是大数据营销的重要特征。大数据营销通过增强数据化的洞察力，从海量数据的分析和挖掘中窥得市场总体与消费者行为的现状与趋势，从而帮助企业增强营销决策的预见性。

3. 重视创新，实现营销活动的人性化

大数据的数据来源通常是多样化的。多平台的数据采集使得对消费者特征的刻画更加全面、准确。从消费者的各种网上行为可以判断他们最近在关心什么、购买什么，信息是否与企业相关，从而筛选出重点的目标消费者，并为其提供人性化的售前、售中与售后服务。在传统营销中，一些企业往往以利润为导向，忽略客户消费体验等重要反馈信息，因此产品与服务的质量不能按照消费者的意愿进行完善；而在大数据营销的新环境下，消费者行为得以量化，对消费者体验也能够进行实时、有效的评估，他们的每一次体验和反馈都可以用于产品改进和服务提升，营销活动因而变得更加人性化。

4. 避免大数据"万能症"

尽管大数据营销有诸多优势，但大数据也不是无所不能的，不能盲目认为大数据能解决一切营销问题。

（1）大数据不是"灵丹妙药"。大数据可以帮助企业更好地制定营销战略和策略，实现精准营销。但是它并不是包治百病的"灵丹妙药"，也是有局限性的。

完全依赖大数据会落入通过后视镜驱动品牌这一陷阱，这意味着企业依靠过去的信息来指导未来的营销战略，这是非常危险的，因为它们从来没有往前看，而总是往后看。具有战略眼光的企业应当在充分利用大数据的同时，始终保持先人一步的创新远见，唯有如此，企业才能在行业竞争中保持领先的地位。

（2）大数据应用不一定保障效率提升和成本下降。大数据营销有别于传统市场营销，加上大数据在精准营销中的积极作用，总是让人觉得大数据营销似乎与高效率、低成本画上等号，但事实并非如此。

首先，大数据营销基于大数据分析，而数据分析的准确性是利用大数据的关键。海量的数据大到一定程度后面临着准确度的问题。事实上，大数据分析和预测失败的例子也不少，其中比较经典的案例便是谷歌对流感趋势的预测由成功转向失败。

2008年，谷歌第一次预测流感取得了很好的效果，比美国疾病预防控制中心提前两个星期预测到流感的暴发。但是，几年之后，谷歌的预测数据比美国疾病防控中心检测的实际情况高出了50%。尽管谷歌不断调整算法，但仍不能保证其结果的准确性。事后发现是数据源出现了问题，因为2008年谷歌预测的成功引来很多网友在网上搜索相关关键词，而谷歌的预测恰恰是基于搜索引擎上的关键词做出的，关键词的增多导致不能真实反映流感趋势，但它们同样被计算在内，这就造成了结果的严重偏差。所以，我们不能盲目迷信大数据，如果像谷歌的例子那样，数据源发生了偏差，得到的分析结果往往是不准确的，用来指导营销实践，不但不能提高效率和降低成本，反而会浪费时间和金钱。况且目前国内仍缺乏开放数据平台，很多数据还无法获得，因此难以实现真正的大数据挖掘和分析，能够得到的部分数据往往不能真实地反映整体。

另外，对海量数据中有价值数据的甄别也关系到大数据应用的效率。很多企业以为拿到数据就万事大吉了，却不知道如何去粗取精，不知道什么数据才是有价值和重要的。当企业花费了大量精力去收集互联网用户产生的日常信息，对他们的所有信息进行分析后，得出的几种消费趋势却都是失败的。这是因为所获得的信息中有大量具有迷惑性的冗杂信息，许多和消费无关，因此分析结果也没有太大的价值，如果按照这种分析结果去制定和实施营销战略与策略，难免竹篮打水一场空。

（3）大数据服务商不是万能的。在大数据时代，大数据对各行各业产生了深刻影响，给很多企业尤其是中小企业带来了希望，同时也带来了压力。在机遇与挑战面前，很多不懂大数据但又想搭上大数据便车的中小型企业，就会非常依赖大数据服务商，认为大数据服务商是万能的，"找到大数据服务商就能解决一切大数据难题，自己对大数据的运作不太懂也没有关系。如果我对大数据都了解了，那还需要大数据服务商干什么？"其实这种态度是错误的，当大数据服务商与该类企业进行沟通时，会出现许多矛盾。事实上，大数据营销项目的建设与实施，是大数据服务商和企业共同努力的结果。企业只有成为学习型组织，对大数据的应用有热情与能力，才会领悟到大数据营销的魅力。在大数据营销项目中，企业参与越多，收获越多。牵头的高层领导和具体的对口部门能对大数据营销流程从一无所知到知之甚多，乃至了如指掌，参与项目的员工在实践过程中能逐渐成为获取和分析企业数据的能手。

因此，当一个大数据营销项目失败时，企业与其指责大数据营销是泡沫，不如去反思项目在实施过程中企业自身的失误。如今大数据服务商和企业的合作越来越多，双方只有充分地交流与协作才能实现共赢。

四、对营销活动的影响

1. 营销活动更加精准

传统的广告大多采用广撒网的投放模式，这样的营销模式不仅造成大量广告费的浪费，而且营销效果得不到保障。我们在面对互联网上海量媒体资源的同时，广告主的需求也发生了翻天覆地的变化。企业通过对大数据的收集与整合利用，对消费者需求的分析，找到目标受众，然后对广告投放的具体内容进行调配，完善整个投放过程，使得营销活动更加精准、有效。大数据的应用令营销更精准，具体体现在三个方面：一是精准定制产品，通过对大数据的分析，企业可以了解消费者需求，进而为其定制个性化产品；二是精准推送信息，避免向用户发送不相干的信息造成用户反感；三是精准推荐服务，通过对用户现有的浏览、搜索及地理位置数据的分析，了解其当下的需求，实时为其推荐贴心的服务。

2. 营销活动更加个性化

营销的最终目的就是要准确了解每一位潜在消费者或现实客户的需求，并为其提供满意的产品和服务以使利润最大化。而大数据就具备这方面的优势，企业可以从海量的数据中提取出消费者的个性、爱好、价值观、生活方式及消费特征，使整个营销活动更具个性化，这也是大数据给传统营销变革与发展带来的一大机遇。

3. 营销活动更加可测

大数据是一场技术性的革命，海量数据资源使营销管理开启量化的进程。而运用数据进行决策是大数据背景下营销模式转变的一个重要特征。未来企业的竞争将是数据的竞争，谁能更充分地挖掘潜在客户的数据信息，谁获胜的机会就更大。在一切皆可量化的时代，消费者数据将会以 Cookie 等形式被记录下来，有了这些数据便可以预测消费者行为及市场未来的发展趋势，使得营销活动更加可测，这是大数据给营销升级带来的另一大机遇。

4. 营销活动更加高效

相对于传统营销活动而言，大数据营销的数据采集、数据处理和数据分析、精准营销的应用与效果监测都是基于系统的智能化、信息化完成的，其效率与时效性均比传统营销高。大数据营销可以最大限度地让广告主的广告投放做到精准，还可以根据实时的营销效果反馈，及时地对投放策略进行调整，从而最大限度地减少营销传播的浪费，实现营销的高效性与时效性。

5. 营销活动跨平台协同完成

首先，大数据营销的数据来源是多方面的，多平台的数据采集使得我们对消费者的画像更加全面和准确。多平台数据采集的途径有 PC 互联网、移动互联网、智能电视及各种传感器等。其次，营销活动的参与主体是跨平台的，广告主、目标受众、大数据公司、广告投放的媒体方、广告代理商都在不同平台上，各个参与方借助信息系统跨平台同步化协作完成市场营销各项活动内容。最后，市场营销活动实施于各个平台，大数据技术公司或者广告公司负责市场环境分析和消费者行为分析，广告主和广告代理商制定市场营销计划和方案，投放于各个应用平台和媒体方，消费者在各个媒体平台和应用平台接受市场营销活动，而广告效果监测单位负责营销效果的测评。可见，市场营销活动是分别在不同平台上实施，基于信息化实现跨平台同步化交互。

☞链接8.2

大数据对电子竞技的发展和作用

🔍课后练习题

一、单项选择题

1. 关于大数据营销，下列选项中说法正确的是（　　）。
A. 大数据是包治百病的灵丹妙药
B. 大数据应用必然带来效率的提升
C. 大数据营销是一种精准营销模式
D. 大数据营销的成本投入较小

2. 相对于传统数据采集，大数据时代数据采集具有（　　）。
A. 来源单一，数据量较大　　　　　B. 结构单一，多为结构化数据
C. 多为半结构化、非结构化数据　　D. 来源单一，数据量较小

3. 大数据作为时代发展的产物，它让市场营销变得更加多样化和复杂化。下列选项中不属于大数据时代市场机遇的是（　　）。
A. 精准营销，提供个性化服务　　　B. 优化管理，增加销售成本
C. 建立良好客户关系　　　　　　　D. 丰富营销渠道

4. 下列关于大数据营销模式和传统营销模式，说法正确的是（　　）。
A. 传统营销模式比大数据营销模式投入更小
B. 传统营销模式比大数据营销模式针对性更强
C. 大数据营销模式比传统营销模式实时性更强
D. 大数据营销无法掌握消费者的全面信息

二、简答题

1. 大数据时代市场营销面临的机遇和挑战有哪些？针对大数据时代面临的挑战应如何应对？
2. 大数据时代对市场营销流程的影响主要表现在哪些方面？
3. 大数据时代市场营销主体与传统的营销主体有何不同？
4. 针对大数据的认识误区，应该如何进行有效避免？
5. 结合具体的案例论述大数据时代的营销活动有何特点。

第九章　大数据时代的消费者行为

教学目标

1. 掌握大数据时代消费者行为的演变
2. 理解大数据时代消费者行为分析方法
3. 理解大数据时代消费者行为分析流程
4. 掌握大数据时代消费者行为分析的结果

教学重点

1. 大数据时代消费者行为
2. 大数据时代消费者行为的分析结果

教学难点

大数据时代分析消费者行为的方法

引导案例

悠易互通助力天津欢乐谷暑期狂欢节推广

在广告数字化时代，数据成为定义、锁定目标人群的关键。如何为品牌实现精准营销，在全网捕捉目标受众，定制专属人群策略，实现互动。对于已产生互动人群进行访客找回（Retargeting），形成品牌二次传播，强化受众深度交互，同时通过相似人群扩展（lookalike）技术，获取更多目标用户。大数据分析技术助力企业通过数据、创意、技术等多种模式完美实现精准营销。

悠易互通是中国第一家实现广告实时竞价投放的需求方平台。悠易互通结合互联网广告程序化购买先进的投放技术、海量数据的优势，针对广告主投放需求多维度地制定投放策略。在"天津欢乐谷狂欢节推广项目"中，面对游乐场目标人群广泛且多变，没有常规互联网传播渠道能够高效覆盖目标人群的情况，悠易互通通过数据、创意、技术等大数据分析助力品牌实现精准营销，在暑期众多娱乐园、周边游的广告中脱颖而出。

天津欢乐谷（见图9-1）。

图9-1　天津欢乐谷

一、广告投放过程

1. 人群扩大，大范围辐射潜在人群

在投放过程中，洞察互动、对广告有兴趣的人群，挖掘共性，进行人群扩大，向更多潜在人群投放广告，传递品牌信息。

2. 媒体优化，形成曝光声量

在投放中，结合用户触媒偏好或互动率较高的媒体，优化投放媒体类型，以更好地实现广告传播及与用户互动。

3. 创意优化，带动参与互动

配合广告主暑期推广活动节奏，及不同的促销活动，调整创意。

4. 地域定向，集中资源提升声量

通过第一方数据收集、第三方数据匹配及LBS等移动端技术打通PC与移动端数据整合，精准找出欢乐谷的核心目标人群。同时考虑到周边交通便利性以及可以辐射周边区域，锁定天津市、河北省，尤其是以天津市为主，集中资源曝光，形成品牌声量。

5. 频次控制，同样预算覆盖更多人群

周期内频控 6 次，控制目标人群观看频次，既能保证广告信息传达的有效性，又能避免曝光浪费，亦能向更多人群传达广告信息。

二、广告投放特色及效果

互联网广告的程序化购买，意味着广告主可以利用智能优化算法，灵活地实时调整广告投放，提升投放效率和效果。悠易互通凭借日均超过 240 亿的海量资源，同时与第三方数据对接、多屏识别、覆盖目标用户。

1. 创新：通过用户的搜索、浏览行为，进一步识别感兴趣的目标人群

根据近 30 天内用户的线上搜索及浏览行为关键词数据，精准挖掘用户近期行为意图，助力活动目标人群的精细度，以此提升对目标用户的有效识别，提炼潜客分析，扩大营销机会。搜索或浏览信息，如天津欢乐谷、天津欢乐谷二期、玛雅海滩水公园、狂欢节、古北水镇、方特欢乐世界、天津水上乐园、天津欢乐海魔方嬉水乐园、天津海昌极地海洋世界、水上公园（见图 9-2）。

2. 投放效果

通过精准洞察并影响目标受众，将广告投放给具备游玩需求的人，获得良好的投放效果。本次推广通过锁定目标人群、定向周边区域、周期内频控 6 次等策略确保最大化覆盖用户；同时，结合对周边游感兴趣人群的媒体偏好，加大了优质媒体整体曝光，增加触达目标人群机会。

PC 端曝光优于预期 30%，点击优于预期 59%，CTR 优于预期 23%；Mobile 端曝光优于预期 53%，点击优于预期 66%。实现了更多的用户看到品牌广告，超过预期的用户量参与互动，达到更好的宣传效果。

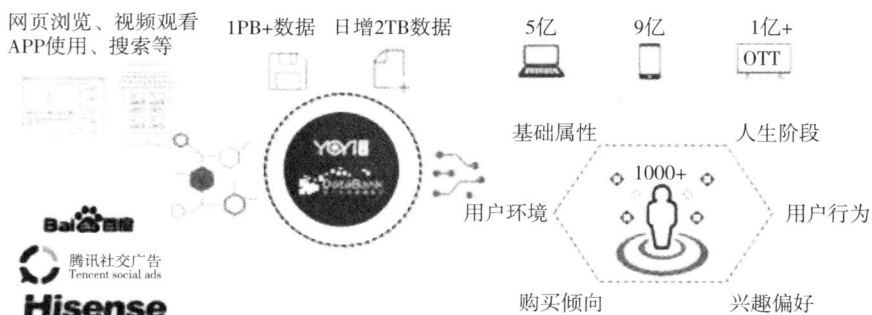

图 9-2　基础数据勾勒鲜活精准受众

资料来源：改编自梅花网，http：//market. meihua. info/works/44052284.

进入"大数据"时代，人们希望可以通过消费者的综合数据分析来探索消费者的消费行为规律和发展趋势，通过进入消费者的生活，探索消费者的感受，找到消费者的"痛点"，甚至是消费者自己还没有感受到的"痛点"，然后提供能解决问题的产品或服务。这样的产品和服务就能使消费者产生"眼前一亮"的感觉。

第一节　大数据时代消费者行为演变

大数据的快速发展改变了消费者的传统行为模式，加速了消费者主权时代的来临，消费行为呈现出以下特点：

一、消费行为更加个性化

传统工业时代，产品品种单一、生产规模大，且信息传递不畅，导致消费者的消费比较大众化，缺少个性化消费。而在大数据时代，由于通信的畅通和快捷、数据传播的广泛、文化娱乐的繁荣及思想观念的转变，消费者往往更富有想象力，喜欢创新，追求个性化消费。其对品牌的选择更加离散和多元，小众品牌和定制化商品迅速被市场接受。

消费者选择商品已经不再仅仅考虑商品的使用价值，更多关注商品体现的个性化特征，他们把消费作为树立个人形象，反映精神世界，发布个性宣言的方式，这已成为大数据时代众多消费者购买商品的首要标准。特别是"80后""90后"已成为消费主力军，消费更加彰显个性，相对于其他年龄层消费者来说，"90后"最愿意尝试新品。

二、消费者的品牌依赖度逐步下降

在传统销售时代，消费者获取信息的渠道有限，品牌在大多数情况下代表着质量，人们会依赖品牌。而在大数据时代，随着科技进步和社会发展，消费者可以随时随地借助各种终端获得产品的不同用户评价、产品介绍和统计数据，因而更容易发现产品真实客观的质量，在此情况下，消费者对品牌的依赖度越来越低，不再将品牌作为衡量产品质量的重要依据。此外，借助发达的互联网技术，消费者品牌转移的成本极大降低，在很多情况下，只需要鼠标的瞬间点击。

大数据时代，消费者追求个性化的需求越来越高，从而出现以质量为前提，个性化定制为驱动，便捷化消费促进生产的良性循环。消费者在新一轮的科技变化中，尽管不排除人们对某品牌有偏好，但对品牌的依赖程度逐步下降已成为趋势。

三、消费行为更加理性

在传统营销时代，消费者通过传统的广告媒体，如电视广告、杂志、广播、宣传单等方式来获取商品信息，而在大数据时代，当消费者需要购买某种商品时，大多数人会选择通过互联网来收集该商品的相关信息，了解该商品的价格、品种、品质等内容，消费者比销售人员对产品的了解更全面和客观，消费者已经不再轻易相信传统营销传播的灌输式轰炸，这与传统意义上的商品选择模式在本质上已经有了较大不同。消费者可以便捷地在网站上搜索到产品信息，提高购物效率，降低购物成本。大数据时代，数据无处不在，消费者更容易获得商品的市场行情，获知更多的商品信息。由此可见，大数据时代消费者的主动、理性消费行为在增加，盲目购物的比重正在逐步下降。

相关研究表明，我国中等收入群体消费时除关注产品质量及时间外，有 73.8% 的消费者在消费时更关注商品的性价比。随着消费需求的变迁，"只买贵的，不买对的"等消费观念已被"买精买好"的观念所取代，追求用合适的价格高效地选到有用的好产品是当前消费者的主要消费观。

四、消费行为易受购物评价影响

传统营销时代，消费者通过电话、杂志等方式反映对商品的评价，而大数据时代消费者会直接在淘宝、京东等购物网站、微博或其他社交媒体上对商品进行评价，这种评价信息往往会被企业或数据服务公司收集，成为对这种商品评价的来源数据之一，进而采取相应措施。大数据时代的评价模式影响更加广泛，对潜在消费者有着更加直接的影响。通常，潜在消费者通过这些评价数据就能判定这些商品的品质，从而给这些商品打一个直接印象分，并最终反映到购买或不购买上。同时，评价数据可以被转载或广泛用于各种途径，使得这种评价数据传播得越来越广，影响到的消费者越来越多，对企业产品销售的影响越来越大，有时甚至能够覆灭一个商品的生产。

第二节　消费者行为分析方法创新

一、Cookie 数据追踪消费者行为

利用 Cookie 是大数据时代洞察消费者的一种基本方法。Cookie 是网站放置在用户端的一个小文件，是服务器暂存在用户电脑上的一笔资料，以便识别用户，它存储在用户的本地电脑上，而且经过了加密处理。Cookie 是怎样形成的呢？假设用户访问某一网站，该网站的服务器会通过用户的浏览器（如 IE、360 等）在用户的电脑上生成只能由这个网站可读的 Cookie 文件，这些 Cookie 文件会存储用户在该网站上的一些输入数据与操作记录，包括用户敲入的文字、浏览行为或者一些选择，当用户下一次浏览这个网站时，网站就知道用户是否曾经访问过，以此识别用户的身份。Cookie 最基本的表现就是，保存了用户在这个网站登录时的用户名和密码，这样下次用户访问时就不需要再重复输入，而已经是登录状态了。Cookie 就好像是用户在这个网站的一张身份证，用户在这个网站的每一次访问都会促成对 Cookie 的修改。

利用 Cookie 数据进行消费者洞察表现为，通过对可得的每一个 Cookie 进行分析，找到该用户的关注点、兴趣点。Cookie 就像是用户留下的一串串脚印，根据这些脚印的所到之处，可以知道用户的兴趣爱好，以此为基础来投放广告。但是这种方法只能做到简单的数据分析，原因是受到数据量、过期时间、数据覆盖范围等因素的限制。因此，Cookie 的准确率不高。例如，仅凭用户在网站浏览名车、房地产信息就判断这个用户可能是一位中

年男性，是不准确的，该用户也可能是一位女性。Cookie 在移动时代最大的弊端就是在移动设备上没有 Cookie。阿里巴巴的数据显示，2016 年"双十一"当天，天猫平台 82.42% 的成交额来自无线设备。因此如何超越 Cookie，实现跨屏、跨设备的用户追踪成为大数据精准营销需要解决的问题。

值得一提的是，Facebook 推出的新版 Atlas 解决了这个问题。Atlas 最初是一个追踪系统，2013 年被 Facebook 从微软手中收购，经过 Facebook 的改写，如今的 Atlas 可以在没有 Cookie 的移动世界里捕捉消费者的行为。Atlas 利用 Facebook 的永久 ID 解决了移动设备的 Cookie 难题。如果说 Cookie 是用户留在网页上的脚印，Facebook 的 ID 更像是一个人的指纹，更具有唯一性，无论用户到哪里，都可以通过这个指纹识别出具体的个人。因此，Atlas 也称为"基于人的营销"。

二、搜索数据揭示消费者兴趣

大数据时代的另一种消费者行为分析方法是基于搜索引擎提供的消费者搜索行为数据的洞察。搜索引擎就像是企业和消费者之间的一个信息接口，为企业信息提供了一块展板，也满足了消费者的信息获取需求。搜索平台拥有庞大的用户行为数据，实时洞察消费者需求，集成数据，进行结构化分析，也可以进行一定程度的洞察。搜索引擎的推送已经不只是基于单纯的搜索行为了，而是变得越来越精细，特别是在历史搜索行为以及实际打开网站的基础上，很多搜索引擎都建立了消费者档案库，可以根据每一用户的档案及搜索的关键词，有选择地向他们推送其搜索结果。

谷歌搜索数据揭示 10 年来（2009～2018 年）的食品趋势。为了分析消费者不断变化的味蕾，英国食品和技术供应商 SousVideTools. com 利用谷歌趋势平台进行研究分析。该平台会根据每月相应搜索量给每个主题——无论是美食还是超级食物——按百分制打分。根据谷歌的搜索数据发现，自 2009 年以来，奇亚籽的超级食物知名度得到了最大的提升，受欢迎程度已经上升了 858.89%。同时，异域美食的受欢迎程度也在上升。数据表明，韩国料理以 163.17% 的增长率位居榜首，中餐以 95.40% 的增长率位居第二，其次是越南菜（78.13%）、墨西哥菜（77.92%）和土耳其菜（65.17%）。具体数据（见图 9-3 和图 9-4）。

三、社交数据发现消费者身份

随着移动互联网的兴起，社交媒体已经成为消费者日常生活中不可缺少的一部分。大多数消费者，特别是年轻人已经习惯了每天早晨起来看看朋友圈，刷抖音，去论坛看看有无最新活动，写下留言……在社交环节，越来越多的消费者通过社交媒体反馈自己对企业产品、品牌形象的看法，这个过程会产生许多有价值信息，甚至包括一些潜在的市场需求。对一个企业来说，这些信息不仅可以使他们调整原有产品，甚至还可能催生新的商业模式。

全球最大的传播集团 WPP 旗下的调研公司凯度发布的《2016 中国社交媒体影响报告》显示，超过一半（51%）的中国城市居民已经成为社交媒体用户。社交媒体的用户是如此广泛，使得它成为对消费者行为分析的一座数据宝库。企业可以充分利用社交媒体来收集客户数据，从中发掘客户的年龄、性别、喜好等信息，根据分析结果来开展精准营销活动。

Ten Year % Change

-100% 0% 100% 200% 300% 400% 500% 600% 700% 800% 900% 1000%1100%

Chia seed 奇亚籽 ————————————————————————— 858.89%
Turmeric 姜黄 ——————————————— 431.88%
Curly kale 羽衣甘蓝 ——————— 300.00%
Kefir 开菲尔酸奶 ——————— 297.07%
Avocado 鳄梨 ————— 226.19%
Sweet potato 甘薯 ———— 168.24%
Alimond 扁桃仁 ——— 136.55%
Lentil 小扁豆 ——— 124.24%
Ginger 生姜 —— 115.37%
Garlic 大蒜 —— 114.94%
Sunflower seed 葵花籽 —— 104.05%
Olive oll 橄榄油 —— 98.33%
Spinach 菠菜 —— 89.79%
Legumes 豆类 — 56.90%
Green tea 绿茶 — 40.34%
Blueberry 蓝莓 — 38.14%
Pumpkin seed 南瓜籽 — 37.07%

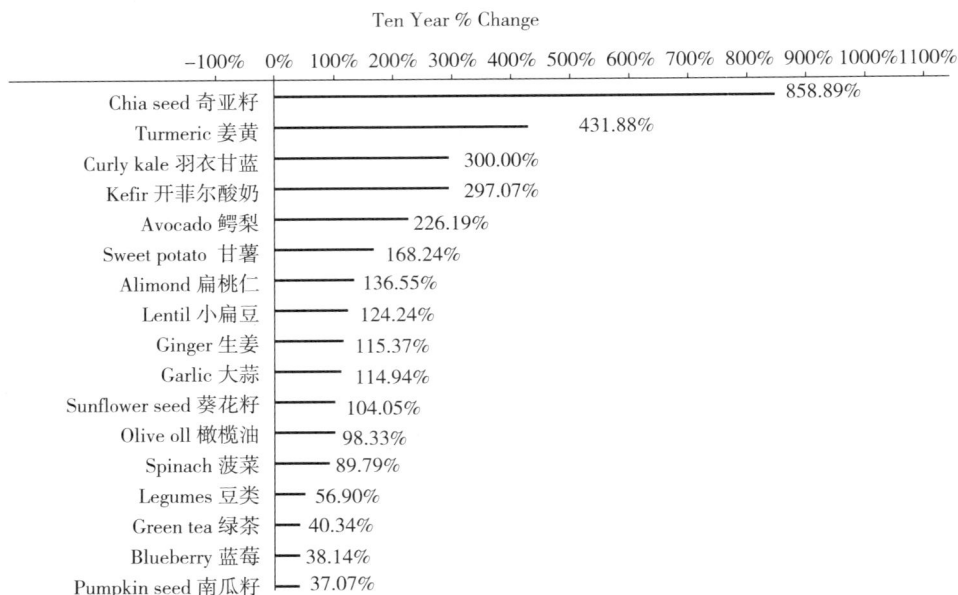

图 9-3　超级食品谷歌搜索量 10 年变化率

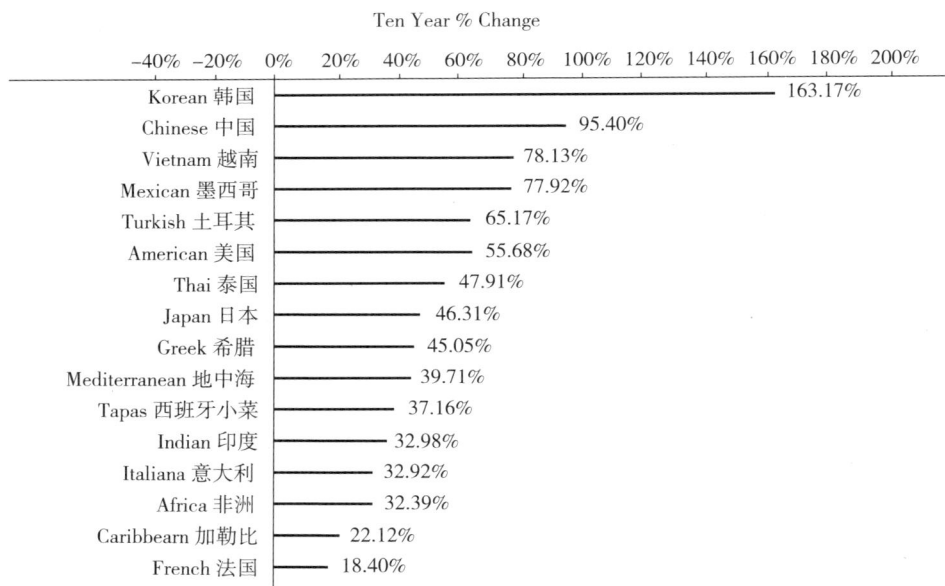

Ten Year % Change

-40% -20% 0% 20% 40% 60% 80% 100% 120% 140% 160% 180% 200%

Korean 韩国 ———————————————————————— 163.17%
Chinese 中国 ————————————— 95.40%
Vietnam 越南 ——————————— 78.13%
Mexican 墨西哥 ——————————— 77.92%
Turkish 土耳其 —————————— 65.17%
American 美国 ————————— 55.68%
Thai 泰国 ———————— 47.91%
Japan 日本 ———————— 46.31%
Greek 希腊 ———————— 45.05%
Mediterranean 地中海 ——————— 39.71%
Tapas 西班牙小菜 ——————— 37.16%
Indian 印度 —————— 32.98%
Italiana 意大利 —————— 32.92%
Africa 非洲 —————— 32.39%
Caribbearn 加勒比 ———— 22.12%
French 法国 ——— 18.40%

图 9-4　美食风格谷歌搜索量 10 年变化率

四、电商数据体现消费者消费习惯

　　如今，越来越多的中国人倾向于在网上购物，每年天猫的"双十一"、京东的"6·18"、苏宁的"8·18"都是网购的狂欢节。正因为电商的用户如此之多，所以电商数据也成为大数据分析不可忽视的一部分。以淘宝指数为例，它是淘宝官方免费的数据分享平台，于 2011 年底上线，通过它，用户可以窥探淘宝购物数据，了解淘宝购物趋势。而且产品不仅仅针对淘宝卖家，还包括淘宝买家及广大的第三方用户。淘宝指数包括长周期走势、人群特性、成交排行与市场细分四个维度，分别反映淘宝上任一关键词（如商品、行业、事件等）的搜索和成交走势、不同商品的消费人群特征、基于淘宝搜索和成交的排行榜，以及不同标签的人买过什么商品的市场细分等。通过对电商大数据的分析，能够更直接地了解消费者的动态。2015 年淘宝推出的新势力周活动，就是通过对淘宝大数据的分析发现了 20 个风格的流行趋势，例如波西米亚、街头文化等，吸引了消费者的眼球。

五、跨屏数据打破消费者的消费界限

依靠"PC+移动"的数据才是大数据时代进行消费者行为分析最理想的方法，这种方法囊括了 PC 端和移动端的数据（见图 9-5），既有消费者的基本属性（如性别、年龄等），又有消费者全网浏览、搜索及购物行为的数据。以集奥聚合这一大数据公司为例，它依靠的是高质量非 Cookie 的数据，能通过数据挖掘技术对网民进行连续的追踪和分析，包括受众活跃时间段、全网搜索词、触媒习惯、本品与竞品受众行为等方面，在此基础上为广告主提供全方面的洞察数据。相对于前面提到的几种方法，这种方法能构建消费者行为模型，即对从消费者知晓商品、查询信息、比较商品到购买的整个过程进行分析，实现消费者行为的还原，完成消费者清晰的画像。

图 9-5　大数据时代多屏幕

第三节　消费者行为分析流程创新

在传统市场营销中，对消费者行为的分析往往是在售前进行。由市场调查开始，通过问卷调查、访谈等方式获取数据，再通过统计分析消费者行为态度和消费习惯，最后制定市场营销方案并实施。

在大数据时代，对消费者行为的分析是售前、售中和售后同步进行，并根据营销效果

的反馈结果动态改进消费者行为分析的精确性，并进行营销策略的实时改进，实现精准营销。

基于大数据的消费者行为分析流程大致有四个步骤：第一步是收集整理消费者数据，第二步是利用标签绘制消费者画像，第三步是针对消费者特征制定营销策略，第四步是在营销活动开展后根据实时反馈的情况来改进营销策略。

☞**链接 9.1**

腾讯群聚标签 DMP：发现欧乐 B 目标人群

第一步是收集整理消费者数据，从大数据中提取有价值的数据，剔除冗杂无关的数据，建立消费者数据库。数据收集回来后，要确定相应的筛选标准、筛选范围、筛选具体对象等，据此对有效信息和无效信息进行鉴别。确定消费者数据中哪些对企业而言是有用的，哪些是没用的。一般来说，消费者数据的筛选需要经过初步筛选、人为筛选和精选三个阶段。

建立一个有效且完善的消费者数据库是大数据营销成功的基础。消费者数据库就像是企业的一个营销宝库，例如，Facebook 发布 2019 年第三季度财报显示，截至 2019 年 9 月 30 日，Facebook 的月度活跃人数为 24.5 亿，Facebook 建立起一个庞大的数据库。通过对数据的分析，能帮助企业锁定目标消费者，洞察消费者的需求与偏好，从而更高效地将企业产品信息传递给他们，也能够提供更优质贴心的售前、售中和售后服务。

第二步是在建立消费者数据库的基础上，利用数据挖掘技术，依据消费者各自的特征对消费者进行归类，贴上相应的标签，例如"网购达人""白富美""苹果粉""极客"等，然后基于这些标签采用不同的、定制化的活动进行定向的精准营销。通过利用大量的标签，大数据时代的消费者行为分析能够把消费者细分到非常小的人群甚至个体，比传统营销环境下的简单归类更加符合个性化原则。

然后可以分析每一类消费者的喜好，从衣食住行到社交娱乐，绘制该类消费者的画像。以数据库中标签为"白领"的人群为例，我们可以描绘出这样一幅消费者画像：喜欢高品质的生活，爱好旅游、逛街、摄影等；穿着有品位，追求细节，生活小资有格调；消费水平中等偏上。假设某轻奢女包品牌希望进行推广营销，那么数据库中标签为"白领"的女性人群便是该女包品牌的目标推广人群。

消费者画像分析是企业营销的基础，非常重要。国内一家时尚传媒集团在做电子商城时，对用户的定位是高端时尚消费者，商品售价普遍在 1000 元以上。商城上线运营半年后，发现转化率一直不高。对用户画像分析后发现，这些用户虽然是该传媒集团时尚资讯的粉丝，但实际购买力大多在 300 元左右，并不会购买其电子商城中的正品，而是去其他网站买仿品。可见，消费者画像是洞察的关键，是企业营销的基础。

值得注意的是，每个消费者并不是只有单一的标签，可以同时有多个标签，标签越多，对该消费者的了解越透彻，进而达到一种"比消费者更了解自己"的境界。

第三步是找到目标消费者并制定个性化的营销策略，在最合适的时间和地点，用最合适的方式为其提供差异化的产品和服务。最后通过对营销活动的评价和反馈，进一步了解消费者需求。

第四步是营销活动结束后，根据消费者对产品的实时反馈，如质量、颜色、价格等产品信息，有针对性地改进营销策略。以前面提到的轻奢女包品牌为例。假设通过第二步的数据挖掘，已经选出三类消费者作为该品牌的目标消费者，分别是标签为"白富美""高富帅"和"大城市轻熟女"的人群，其中，"白富美"是该女包品牌的核心目标人群。在绘制了这三类人群的消费者画像之后，分别针对这三类人群进行品牌定位、产品包装、广告口号等一整套市场营销策划。假设要对核心目标群体"白富美"进行营销，那么首先应选择推广的商品，这些商品可能是该女包品牌中的高端产品；然后进行文案策划，选择最能打动"白富美"这一群体的文案；最后确定针对这一群体的推广时间和营销渠道等策略，并在营销活动的执行过程中，根据反馈信息进一步完善消费者行为分析及营销方案。

此外，大数据时代，网上销售时想要知道消费者最关注什么，不像现实中那样可以通过察言观色的方式来获得，必须采用特殊的方法，收集到用户上网的数据，发现用户最关心、最愿意接受的信息类型，分析用户的上网行为，从而对客户进行精准定位。在这种需求下，Userfly、ClickTale、Mouseflow 及测眼仪等互联网分析工具起到了关键作用，有助于企业进行精准营销，满足消费者的个性化需求。

第四节　消费者行为分析的结果创新

利用大数据对海量全样本数据进行消费者行为分析，相较于传统的消费者行为分析，其结果更具创新，分析结果普遍具有高效率、全面、客观的特征，而且实时的效果监测与动态调整也使得消费者行为分析更具有动态性和精确性。

一、提高效率：大数据 VS 小数据

传统营销的消费者洞察主要是依靠实地调研、抽样问卷调查等方法，这种方式历史悠久，但在互联网时代逐渐暴露出其缺点，即成本高、反馈周期长、样本量小等。与传统的消费者行为分析相比，大数据时代的消费者行为分析是基于消费者自身在互联网中产生的庞大真实数据——不管是搜索的关键词、浏览的页面，还是观看的视频、社交媒体上的活动状态等。这种方式能节省大量调查的人力和费用，缩短信息反馈周期，大大提高消费者行为分析的准确性。如网购收货地址结合登录 IP 地址的场所识别（学校、医院、写字楼、小区、政府机构、工厂、商场等），再结合上网时间（白天还是晚上、工作日还是周末），通过算法模型就可以判断出一个人的工作地点、住宅小区、身份职业等信息。

二、优化效果：动态 VS 静态

传统的市场调研方法是静态的，这种静态特质不仅体现为时间上的静态，更体现为调

研内容上的静态。在时间上，问卷调查是在某一具体时间节点上对消费者进行访问。在调研内容上，例如调查问卷的内容，每个问题的顺序、表达、如何回答都是提前设计好的，这在某种程度上局限了调研的范围，而且问卷的设计水平将直接影响调研的效果。如果问卷设计肤浅、片面，那么获得的信息对营销决策的价值很有限，如果修改问卷后重新调研，会花费更多的人力和财力。

在大数据时代，实时数据分析才是真理。"80后""90后"新一代消费者更强调个性，面对的诱惑更多，不会单纯相信企业的宣传，倾向于自己在网络上搜索评价并做出判断，他们的决策在这一秒和下一秒可能截然不同。消费者在改变，对消费者的行为分析方式也需要改变。大数据能打破时间和空间的限制，使得对消费者的分析能够实时动态更新，真正做到随时随地了解他们当下的需求。如农夫山泉运用 SAP Hana 实时处理海量数据。利用 SAP Hana 的触发机制，农夫山泉实现了真正的实时数据转移及数据同步。这样的同步实时数据使得数据分析能够更及时，也为业务人员带来极大的便利，使得他们所做出的分析及市场反应能够更及时、准确，也能减少错误的发生。

☞**链接 9.2**

1 号店的大数据营销

三、深入分析：全面 VS 片面

基于大数据的消费者行为分析的基本特性之一就是数据获取的全面性。对用户行为轨迹进行追踪，对特定时间段的数据进行收集，传统市场调研是做不到的；而在大数据时代，消费者的各种行为都被记录下来，比如在淘宝购物车收藏了什么、每天花在网上购物的时长、购物的平均金额，等等。另外，数据的获取没有时间和地点限制，在消费者不愿意接受问卷调查时，也能获得该消费者的数据，使得消费者行为分析少了很多阻碍，进入一个更为全面的阶段。有全面的数据才能有全面的分析，所了解的情况才能与消费者的实际情况更加接近。

四、真实可信：客观 VS 主观

首先，传统的消费者行为分析更多是主观的介入，调查问卷的题目设计都是主观的，被调查者只能在给定的问卷中作答。而且，人是情感动物，对问卷中的题目理解及答案选项都会带有自己的个人情绪或者个人思维，其所选的答案并不客观。其次，调查人员在碰到消费者提问或者问卷分析中有不理解的问题时，往往会带入自己的情感和主观推测。最后，问卷调查中很多题目是判断题或问答题，消费者在面对这样的题目时，多数情况下是经过思考才回答的，当涉及一些敏感问题时，我们无法判断消费者填写的答案是真实的还是虚假的，是他脑海里即时冒出来的答案，还是经过一番美化后的想法。

　　大数据则不然，大数据是对消费者各个方面特征的客观捕捉。基于互联网的数据采集是多渠道、多元化的，如我们可以捕捉消费者在网上购物时留下的数据对其进行分析，这是消费者客观、真实的购物行为，避免了传统市场调研中主观性的问题。

课后练习题

一、单项选择题

1. 下列选项中，不属于大数据时代洞察消费者优势的是（　　　）。

A. 提高效率　　　　B. 优化效果　　　　C. 深入分析　　　　D. 主观判断

2. 大数据的快速发展改变了消费者的传统行为模式，加速了消费者主权时代的到来，下列选项中不属于大数据时代消费者行为变化的是（　　　）。

A. 消费行为更加个性化　　　　　　B. 消费者对品牌依赖度逐步上升

C. 消费行为更加理性　　　　　　　D. 消费行为易受购物评价影响

3. （　　　）就像是用户留下的一串串脚印，可以知道用户的兴趣爱好，以此为基础来投放广告。

A. Cookie　　　　B. Facebook　　　　C. ID　　　　D. SEO

4. 大数据时代的消费者行为分析是基于消费者自身在互联网中产生的真实数据，不属于这种方式的优点有（　　　）。

A. 节省大量的人力和费用　　　　　B. 延长信息反馈周期

C. 提高消费者行为分析的准确性　　D. 缩短信息反馈周期

5. 基于消费者行为分析的流程大致有四个步骤，分别是收集整理消费数据、（　　　）、制定营销策略和实时反馈改进营销策略。

A. 利用标签绘制消费者画像　　　　B. 数据可视化

C. 发放调查问卷　　　　　　　　　D. 开展营销活动

二、简答题

1. 大数据时代消费者行为与传统时代相比有何不同？

2. 大数据时代收集消费者数据的途径有哪些？与传统的数据收集方式相比有哪些特点？

3. 简述大数据时代分析消费者行为的步骤。

4. 相较于传统的消费者行为分析结果，大数据时代分析消费者行为结果的创新表现在哪些方面？

5. 通过查找资料用具体的案例分析大数据时代的消费者行为。

第十章　大数据时代客户关系管理营销

教学目标

1. 掌握客户关系管理的概念
2. 了解选择客户关系管理软件需要考虑的因素
3. 了解客户关系管理的发展趋势
4. 掌握大数据与客户关系管理营销
5. 理解大数据时代的客户关系管理营销创新

教学重点

1. 客户关系管理的概念
2. 大数据与客户关系管理的融合

教学难点

大数据时代客户关系管理的营销创新

引导案例

恒丰银行——基于大数据的客户关系管理

在互联网金融迅速发展的背景下，差异化营销和个性化服务越来越成为银行长期客户维系的重要方面。传统银行客户关系管理（Customer Relationship Management，CRM）主要关注内部数据，关注如何把银行内部各个业务环节中零散的客户信息收集、汇聚起来。而在大数据时代，伴随社交和移动化的盛行，外部数据越来越丰富，促使银行不仅要关注内部数据，更要想办法把外部数据整合利用起来。通过多种渠道获取大量中、高价值潜在客户信息，获取更多的销售商机和线索，充分了解客户的个性化需求并提供差异化的服务和解决方案；拓展传统销售渠道，利用新媒体、新渠道开展精准营销，提高营销环节的投入产出比。

基于此，恒丰银行开始建设基于大数据的 CRM 系统，为"大力发展企业金融业务，聚焦重点行业核心客户"服务，自上而下实现客户定位与营销指引的目标。

一、任务目标

1. 数据方面

分析整合大量的行内外数据，综合运用知识图谱、机器学习、智能推理引擎、自动规划等智能技术，充分挖掘行内外结构化与非结构化数据信息价值，减少客户数据采集成本，实现更全面、清晰的客户视图，并通过自动化工作提醒、优化组合产品解决方案、智能客户推荐等多种业务功能，提升一线业务团队的工作效率。

2. 功能方面

为客户经理可随时随地通过手机获取客户实时业务动态、客户风险预警信息，了解最新行业资讯和市场动态，极大限度地提高了实时协作、商机发掘的效率；为各级管理人员提供绩效排名、客户现场签到记录、拜访记录等辅助管理功能，为自动化管理、绩效驱动管理模式打下坚实基础。

3. 体验方面

系统提供清晰、整洁的用户界面和简洁有效的功能，打造易用性、可用性、舒适性、安全性高度统一的优质系统。

4. 效率与成本

采取原型设计驱动的方式，组织精干的需求分析团队，通过直观的原型设计快速进行设计方案迭代；采用敏捷开发技术，提高开发和沟通效率，迅速完成项目里程碑目标。

二、挑战与机遇

面对银行业整体的业务发展和业务团队对客户营销方面的高要求，此项目从立项开始就面对来自业务和技术方面的巨大挑战。

1. 业务方面

在业务方面，CRM 系统要打破以往传统业务和数据模式，实现传统 CRM 不能提供或不能实时处理的信息和功能：①360 度客户视图需要整合打通内外部数据，提供更完善的客户全景视图，实现客户的深度洞察；②需要根据大量交易数据实施加工并提供可靠的交易、产品、风险预警等多种信息提醒，使业务人员能够及时预判客户的资产变化和风险趋势；③为营销人员提供智能的客户推荐与产品推荐，提高获客率和产品持有率；④结合地理信息，为营销人员经常性的外勤任务提供方便的签到、拜访记录管理等功能，实现任务记录的移动化。

2. 技术方面

在技术方面，CRM 系统要同时具备高实时性、高并发、高可用、可扩展性强和便于维护等要求，又要考虑由处理结构化数据向处理半结构、非结构化数据转变的要求：①系统需要支持移动设备、PC、PAD 等多种访问方式，能够提供可适配、客户体验度高的用户操作界面；②系统可以支持高性能、高并发的用户请求和高性能的数据处理能力，并通过实时处理海量数据获取高价值的业务信息和风险信息；③系统可以支持分布式容器化部署，支持横向扩展和纵向扩展两种维度扩展系统性能和数据吞吐能力；④系统需要具备处理海量半结构化、非结构化的数据能力，运用机器学习及智能推理引擎获取有价值的营销线索及推荐信息。

三、实施过程/解决方案

恒丰银行 CRM 系统采用 MVVM＋微服务的技术架构，前端集成了 Bootstrap、AngluarJS、Echarts、Websocket 等技术，使用 scala 语言的 xitrum 框架搭建 RESTful API，解耦客户端和服务端接口，使系统易于扩展和维护（见图 10-1）。服务端使用 akka 框架处理系统复杂逻辑及异步通讯，提高系统的容错性和可扩展性，使系统能够支持大量用户高并发、高流量的服务请求。部署方式采用两地三中心的 OpenStack 云环境，可以支持弹性部署与集群部署模式，提供实现弹性扩容和差异化的硬件资源配置，以降低运维人力成本。

CRM 系统依托行内大数据平台尝试进行业务创新，致力于向业务人员提供准确、及时、智能的营销信息和营销机会，主要内容如下：

其一，恒丰银行 CRM 系统基于数据挖掘、文本处理、关系网络分析、实时流处理等大数据技术，通过对客户行内外数据的实时采集和智能分析，为业务人员提供客户行为类、到期类、预测类及生命周期类的营销响应信息。

其二，系统创建了智能获客与产品推荐模型，为客户经理正确评估客户价值、获取潜在价值客户、开发集团客户、实现精准营销提供信息支撑。

其三，CRM 系统借助于行内大数据平台，全面整合工商、企业舆情、互联网行为等外部公开信息，构建了更为清晰、全面的客户视图，使客户经理能够敏锐地掌握企业经营动态，及时发现客户在重大技改、兼并重组、IPO 等重大经济活动中蕴藏的客户需求和金融服务机会。

四、CRM 系统在大数据方面的重点探索

1. 多渠道、全方位的客户画像

客户画像是对客户个体形象的全貌描述，它从大量的客户基础数据、触点轨迹数据等信息中提炼模型，细致刻画客户的社会角色、行为偏好、信用风险、客户价值等深层次特征，大大提升了企业对客户隐性需求的洞察力（见图 10-2）。

为良好地分析客户，构建全面、立体的客户画像，突破固有思维，将数据采集的着眼点从行内交易和维护数据，转向构建出立体的多维用户画像标签体系。主要的设计思路如下：

第一，从多个角度出发进行分析，通过对客户的分析，定义客户的贡献度、忠诚度，刻画客户生命价值特征，为定位客户需求打下基础。

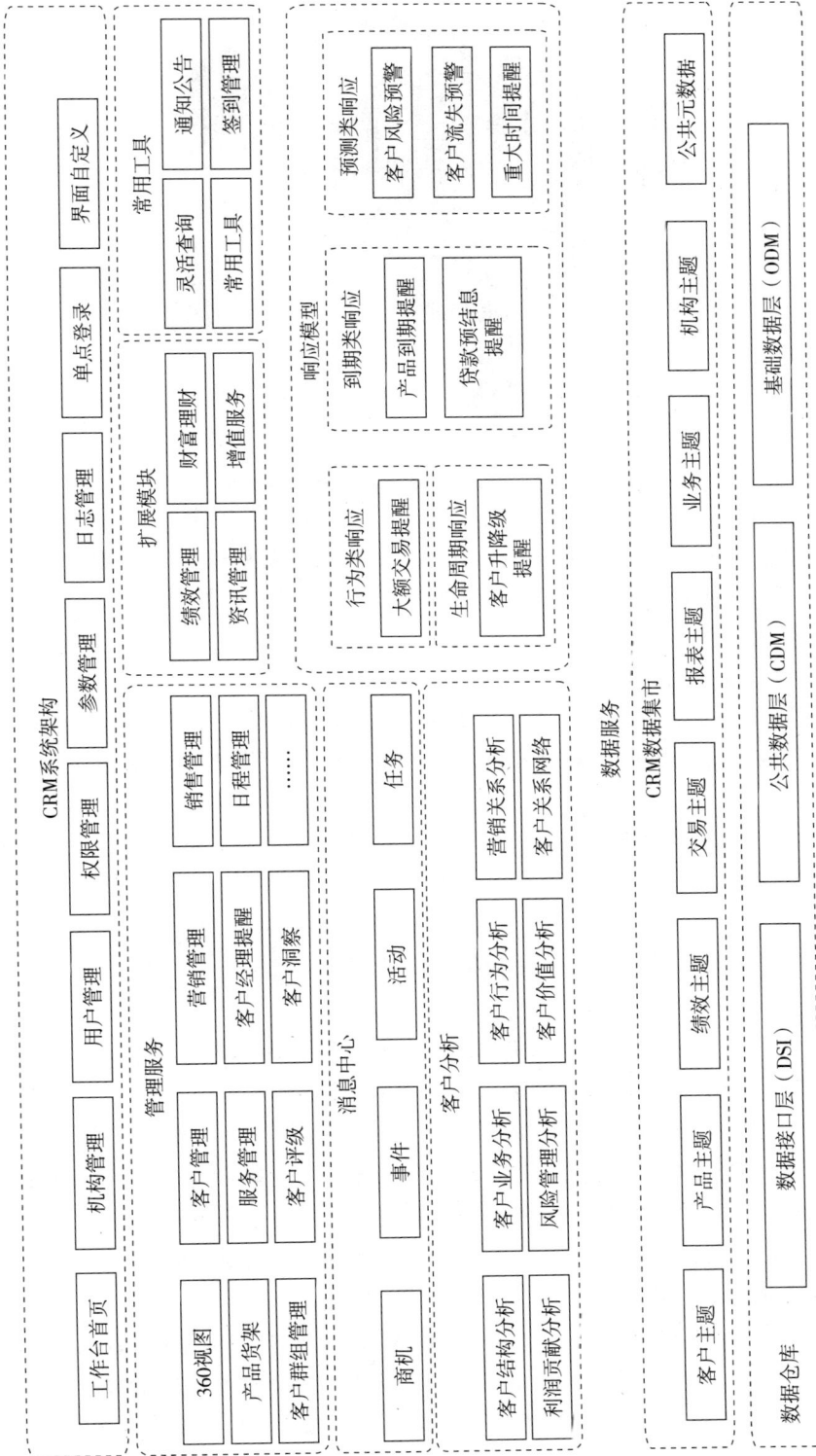

图10-1　恒丰银行CRM系统架构

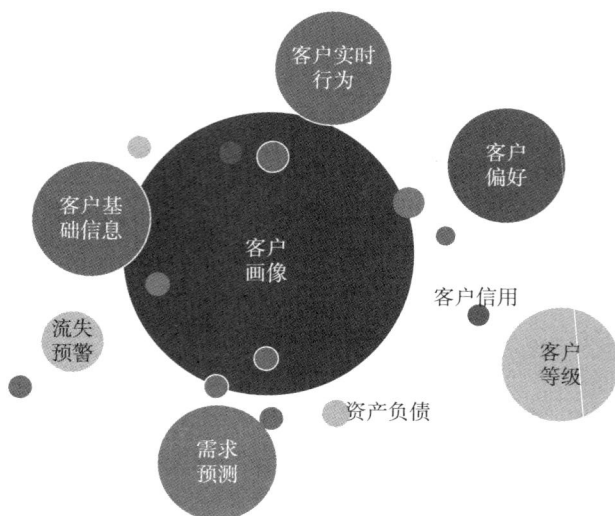

图 10-2　恒丰银行 CRM 系统的客户画像

第二，深度挖掘各类客户数据，实现用户人生阶段及大事件智能分析；利用特定用户群进行精准的客户画像，提取各个维度特征的语义标签，分析出用户群适合的服务和产品。

2. 高价值潜在客户的获取

CRM 系统提供潜在客户获取、潜在客户营销、潜在客户转化的潜客周期管理的功能，能够精准识别与行内客户关联的高价值潜在客户进行营销和管理，根据客户类型不同，分为以下两个类别：

（1）企业客户。微观方面以客户交易链、资金流向为主，以外部工商数据为辅进行客户定位和获取，结合宏观市场、产业链、金融市场等方面进行推荐。

（2）零售客户。以渠道交易信息为主，以公开的工商注册信息、信用信息、公共社交网络如微博等信息为辅，结合本行客户的关联关系进行推荐。

3. 基于关系网络的企业图谱

企业图谱主要为业务人员实时掌握客户动态并准确预测客户行为，提供决策、投研、风控等方面的服务。CRM 系统采用机器学习方式，采用关系网络分析技术和基于消息传递接口（Message-Passing Interface，MPI）的模型算法的并行化分布式计算对海量数据进行数据挖掘利用，整合工商信息、司法信息、资讯信息、交易信息，提取体现在上下游供应链、股东、投资、高管、抵押担保等企业间关系，通过整合企业及企业关联信息，挖掘客户在互联网上的信息，结合多维交叉分析及智能算法，形成统一的企业图谱。

4. 实时智能化的工作提醒

（1）基于实时流处理的交易提醒。CRM 系统提供基于 Kafka、Zookeeper、Redis、Storm 等流处理组件的实时客户交易提醒功能，将交易数据加工汇总提醒到业务人员/管理人员的相关设备。核心交易系统实时交易数据通过 Kafka 推送至 CRM 系统，CRM 将数据存储于 Redis 数据库并通过消息推送平台推送到手机 APP 及 PC 端；使用 Storm 分析生成客户实时交易链和客户、机构、交易渠道、交易频率等分析数据，为管理人员监控日常业务运营情况提供了强有力的数据支撑（见图10-3）。

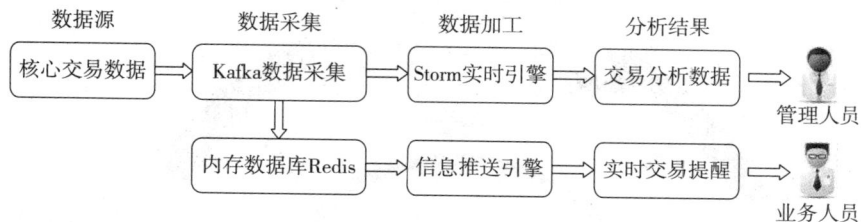

图10-3　恒丰银行CRM系统的实时交易提醒处理流程

（2）基于影响性质的事件提醒。构建外部数据爬虫智能网络，整合互联网信息采集技术及信息智能处理技术，通过对互联网海量信息自动抓取、自动分类聚类、主题检测、专题聚焦，实现客户的网络舆情监测和新闻专题追踪，为全面掌握客户动态，对客户做出正确评估提供分析依据（见图10-4）。

图10-4　恒丰银行CRM系统事件提醒

（3）客户风险信号的智能分析。客户行内的交易行为暴露的风险信号仅仅是很小的一部分。我们在此基础上借助行内大数据平台的数据优势、计算优势，运用多种信息渠道和分析方法，根据银行的风险战略和偏好确定预警指标，并以这些指标为出发点，及时识别、分析、衡量客户和资产的信用风险状况或潜在风险，及时采取适当的措施，对信用风险进行汇报、防范、控制和化解（见图10-5）。

风险监测范围包括：客户基本信息变动、经营资格变化、负面事件、经营管理者异常情况、公司经营内外部异常情况、银企关系、履约能力、关联风险以及宏观政策、行业政策、产品风险、监管风险等。

（4）客户流失预警与客户挽留。客户流失预警是客户关系管理的重要组成部分，也是银行进行事前营销的重要环节。提前预测到客户在未来具有流失的倾向，可以对这部分客户提前采取相应的营销手段挽留住这部分高价值客户，为银行保留高价值客户争取了宝贵的时间。

系统综合现有活跃客户和已流失客户的历史行为，包括在行内的产品签约和持有情况、各渠道交易的业务类型和频度、同名账户交易情况等，利用组合决策树模型了解流失客户流失期间的行为特征和活跃客户行为特征。由于组合树模型预测效果好，并可以解释不同价值客户流失的相关原因，训练出来的模型可以预测客户下一阶段流失概率，便于对不同价值、不同流失概率客户进行分组管理，设计出不同的客户挽回及管理方案。系统预

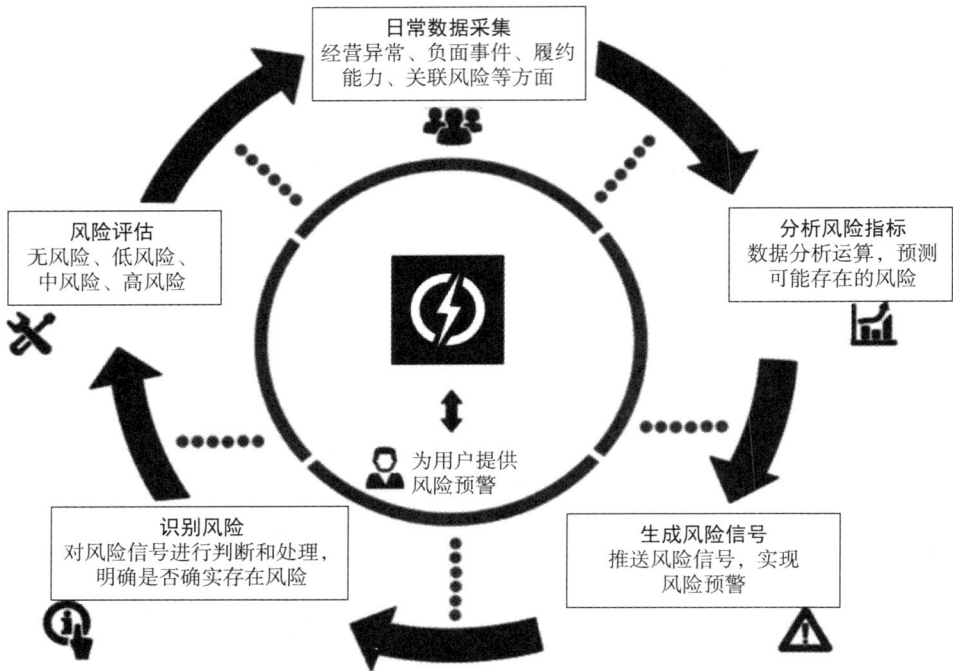

图 10-5   恒丰银行 CRM 系统客户风险信号智能分析

警后，客户经理可以通过电话营销、客户拜访、特定产品及活动等挽留措施，实现对潜在的客户流失未雨绸缪，巩固客户的忠诚度。

5. 产品推荐智能化

提供丰富的推荐策略，通过以下方式全方位满足用户的不同推荐需求：①基于每位客户的不同喜好，千人千面地推荐产品；②根据用户历史浏览记录，利用协同过滤、SCD 等算法关联性地推荐产品；③紧跟热点，推送当下最热产品，以满足大部分用户的兴趣与需求（见图 10-6）。

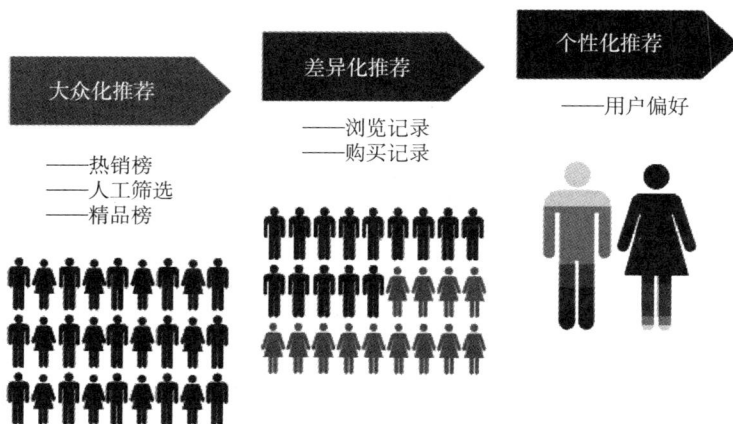

图 10-6   恒丰银行 CRM 系统产品智能推荐体系

6. 资讯信息定制化推荐

针对金融新闻网站上的金融财经领域热点资讯，实现内容聚合分析及个性化推荐，系统实时进行采集及热点聚合分析，对热点内容进行内容语义分析，提取语义标签，比如资讯分类、行业、机构品牌、人物、地点、主题关键词、语义短语等，结合情感分析技术分析客户的喜好，从而针对客户的个性化需求，实现资讯的个性化订制与推荐。

此外，利用网络爬虫及流处理技术，针对互联网上各种突发或者正在暴发的热点信息，进行实时的监测，结合语义分析技术实现对文本内容关键信息的提取和分析，及时向客户经理进行推送，及时规避风险或挖掘潜在获客机会。

7. 多渠道定向化的精准营销

客户关系管理系统提供了基于客户画像和客户行为的精准营销功能，可以多渠道、定向化地为不同客户提供针对性的服务和产品推荐，为营销活动智能划定客户群，降低了银行和客户总成本，并提高了客户总价值（见图 10-7）。主要体现如下：

一是线上为主，包括行内线上资源和行外线上资源，如门户网站、社交渠道（微信、微博）、个性化论坛等，更强调多波段、跨渠道、线下线上有机协同营销。

二是通过流处理组件和 Drools 规则引擎的运用，通过预定义事件筛选目标客群，结合营销场景，实现了事件式营销体系，提升了营销成功率。

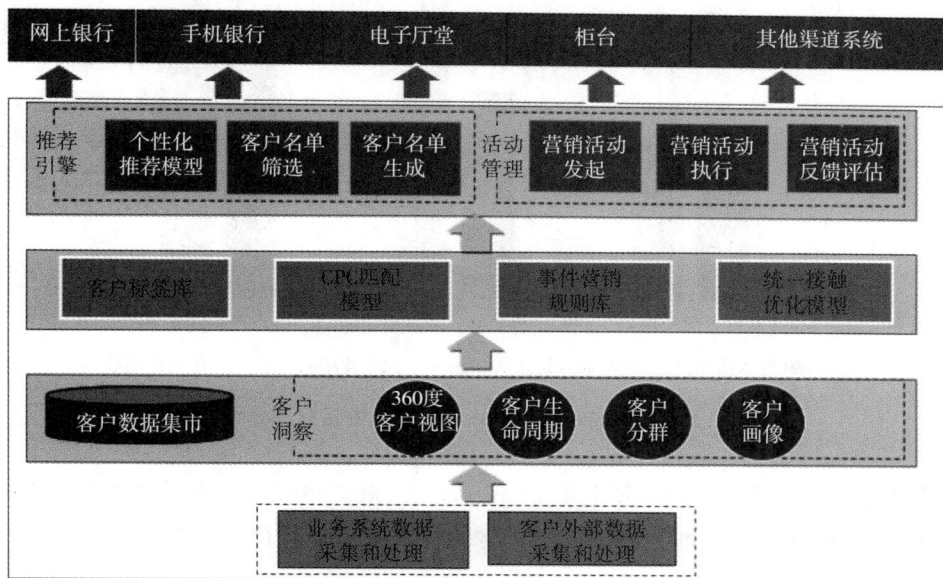

图 10-7　恒丰银行 CRM 系统多渠道整合精准营销

五、实施效果

1. 技术方面

（1）采用最新的开源技术实现了高性价比、可弹性扩展的数据应用服务架构。

（2）基于微服务技术，通过自主研发高性能大数据应用服务架构，以较低成本实现了更强的数据处理能力，满足了移动互联场景的高并发、低延迟应用服务需求，实现了可弹性部署和动态扩容的软件服务技术架构。

（3）智能技术的大量运用，提升了数据价值的挖掘和利用水平。

（4）整合大量的行内外数据，通过大量运用知识图谱、机器学习、智能推理引擎等智能技术，充分挖掘行内外结构化与非结构化数据信息价值，减少客户数据采集成本，实现更全面、清晰的客户视图，并通过自动化工作提醒、优化组合产品方案、智能客户推荐等多种业务功能，提升一线业务团队的工作效率。

（5）实时流处理技术实现了全信息流高效整合利用。

（6）通过实时流处理技术实现全渠道信息的实时高效整合，充分运用智能技术实现客户营销机会预测、客户风险预警，提升客户服务体验，实现快速的客户风险应对能力。

（7）大数据可视化技术运用提高了系统的易用性和数据信息提取效率。

2. 业务方面

客户经理通过对产品分析生成的流失客户预警进行客户挽留，降低了客户流失率，同时通过产品推荐和智能获客，提高了新客户增长率、价值客户增加率和产品持有率。客户指标在 CRM 系统实施前后的对比分析（见图 10-8）。

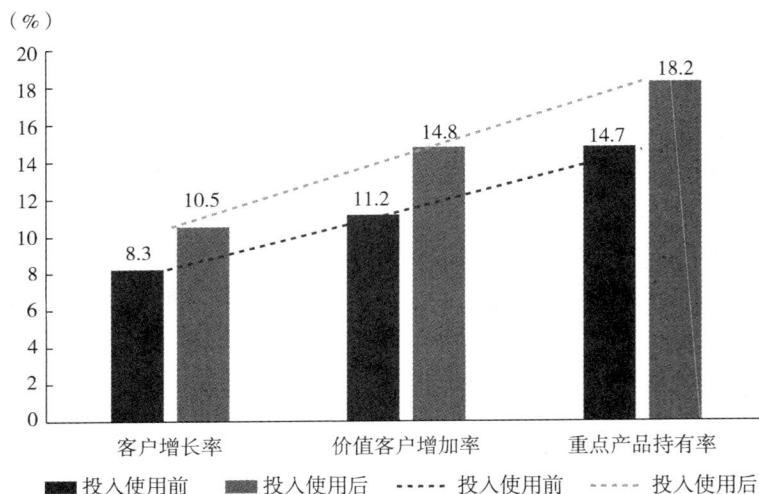

图 10-8　恒丰银行 CRM 系统实施前后对比分析

资料来源：数据猿．案例：恒丰银行——基于大数据的客户关系管理系统 [EB/OL]. http：//www. sohu. com/a/150376929_ 400678，017-06-20/2018-08-13.

第一节　客户关系管理概述

一、客户关系管理概念

客户关系管理（Customer Relationship Management，CRM）指利用信息科学技术，实

现市场营销、销售、服务等活动自动化，使企业能更高效地为客户提供满意、周到的服务，以提高客户满意度、忠诚度为目的的一种管理经营方式。客户关系管理既是一种管理理念，又是一种软件技术。

1999 年，高德纳咨询公司提出了 CRM 概念。CRM 概念引入中国已有数年，从其产生开始，主要用于企业与客户之间的关系，是一种获取、保持和增加可获利客户的方法和过程。CRM 的主要内容如图 10-9 所示。

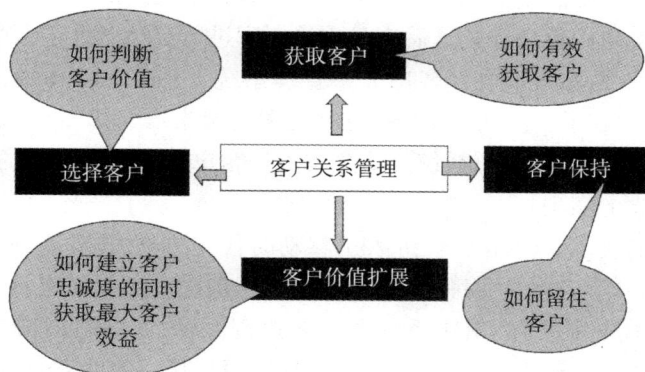

图 10-9　CRM 的内容

CRM 的内涵可以从以下几个方面作进一步的理解：

1. CRM 是一种现代经营管理理念

CRM 包含了客户价值理论、客户生命周期理论、客户分类管理、客户满意度与客户忠诚度理论、关系营销、一对一营销、数据库营销等新管理思想的精华，如图 10-10 所示。在这些经营理念中，"关系营销"是其核心理论。

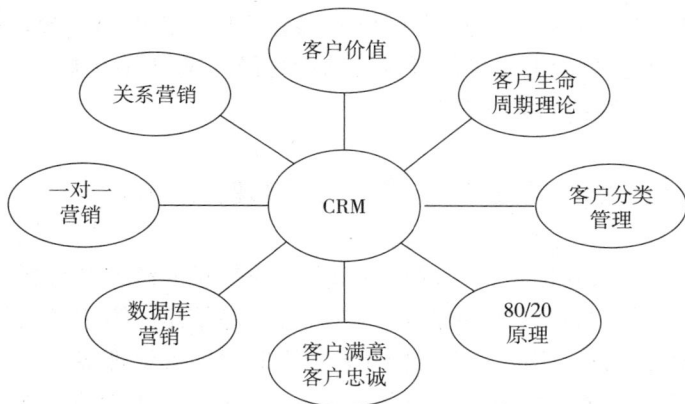

图 10-10　CRM 包含的经营理念

关系营销是把营销活动看作是一个企业与消费者、供应商、分销商、竞争者、政府机构及其他公众发生互动作用的过程，其核心是建立和发展与这些公众的良好关系。1985年，巴巴拉·本德·杰克逊提出了关系营销的概念，使人们对市场营销理论的研究，又迈上了一个新的台阶。关系营销理论一经提出，迅速风靡全球，杰克逊也因此成了美国营销界备受瞩目的人物。科特勒评价说，"杰克逊的贡献在于，他使我们了解到关系营销将使公司获得较其在交易营销中所得到的更多"。

2. CRM 集合了当今最新的信息技术

CRM 作为一整套解决方案，它集成了当今最新的信息技术，包括因特网和电子商务、多媒体技术、数据仓库和数据挖掘、专家系统和人工智能、呼叫中心，等等。从 CRM 的发展过程来看，最开始形成于美国。美国是一个信息技术发达的国家，企业最开始通过信息技术的应用，来实现销售自动化，后来又用数据库进行有针对性的营销活动，到后来集成网络与电话技术形成呼叫中心，客户关系管理系统（Customer Relationship Management System，CRMS）就形成了，因而从 CRM 的形成和发展来看，都与技术的应用密不可分。可以说，信息技术是 CRM 的支撑系统。信息技术是客户关系管理理念的一套工具和平台，支撑着这些经营理念的实现。

随着移动网络的发展，CRM 已经进入了移动时代。移动 CRM 系统就是一个集 4G 移动技术、智能移动终端、VPN、身份认证、地理信息系统、商业智能等技术于一体的移动 CRM 产品。移动 CRM 将原有 CRM 系统上的客户资源管理、销售管理、客户服务管理、日常事务管理等功能都移到手机，所以移动 CRM 既可以像一般的 CRM 产品一样，在公司的局域网里进行操作，也可以在员工外出时，通过手机进行操作，企业的工作人员只需要下载手机版软件，然后安装在手机上就可以直接使用。这样，客户不仅可以随时查看信息，还可以通过手机给公司内部人员下达工作指示。

目前，云计算的全球化使得传统 CRM 软件逐渐被 Web CRM 超越，越来越多的客户倾向于采用 Web 来管理 CRM 等，它集合了当今最新的信息技术，包括因特网和电子商务、云计算、大数据、数据仓库和数据挖掘、专家系统和人工智能等新技术。

3. CRM 意味着一套应用软件系统

CRM 包含市场营销、销售管理、客户关怀、服务和支持等应用模块。通过这套系统（系统模式架构如图 10-11 所示），可以实现业务自动化处理、统计报表、数据存储和分析，帮助业务人员减少工作量，可以帮助销售经理做出营销决策，及时与客户取得联系，实现各个部门信息的共享与集成。

4. CRM 系统模块

经典的 CRM 系统主要有市场营销管理、销售管理、客户服务与支持三部分，其功能如下：

市场营销管理的主要功能是：通过对市场和客户信息的统计和分析，发现市场机会，确定目标客户群和营销组合，科学地制定出市场和产品策略；为市场人员提供制定预算、计划、执行和控制的工具，不断完善市场计划；同时，还可管理各类市场活动（如广告、会议、展览、促销等），对市场活动进行跟踪、分析和总结以便改进工作。

销售管理部分则使销售人员通过各种销售工具，如电话销售、移动销售、远程销售、电子商务等，方便及时地获得有关生产、库存、定价和订单处理的信息。所有与销售有关的信息都存储在共享数据库中，销售人员可随时补充或及时获取，企业也不会由于某位销售人员的离去而使销售活动受阻。另外，借助信息技术，销售部门还能自动跟踪多个复杂的销售线路，提高工作效率。

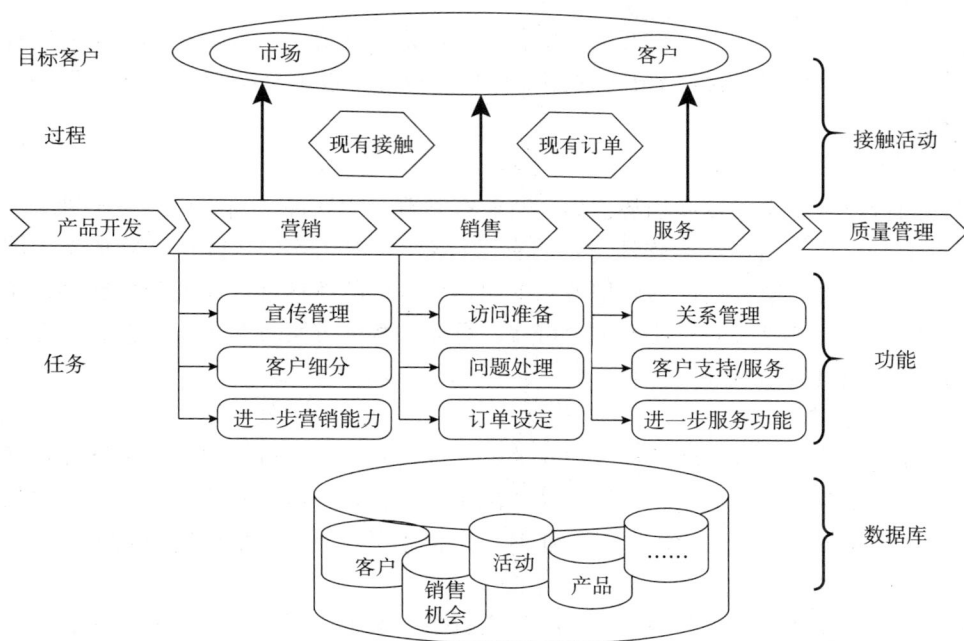

图 10-11　CRM 系统模式

客户服务与支持部分具有两大功能，即服务和支持。一方面，通过计算机电话集成技术（CTI）支持的呼叫中心，为客户提供每周 7×24 小时不间断服务，并将客户的各种信息存入共享的数据库以及时满足客户需求。另一方面，技术人员对客户的使用情况进行跟踪，为客户提供个性化服务，并且对服务合同进行管理。

提供 CRM 的软件服务厂商主要有：第一阵营是国外软件厂商，包括 Siebel、SAP、微软 Microsoft 和 Oracle 公司；第二阵营是国内厂商，包括用友、金蝶和 Turbo 等；第三阵营是中外合资厂商，包括 Salesforce、创智和 Sales Logix。

二、CRM 软件选型考虑的因素

CRM 是一种以客户为中心的业务模式，是由多种技术手段支持的、通过以客户为中心达到提高企业竞争力的商业策略，这一点已在市场上取得了共识。CRM 不仅是一种管理理念，而且是一种管理技术，它综合应用了数据库和数据仓库技术、OLAP、数据挖掘技术、Internet 技术、面向对象技术、客户/服务器体系、图形用户界面、网络通信等信息产业成果，是以 CRM 管理思想为灵魂的软件产品。

对于与市场营销紧密相关的特定领域，拥有一款适合的 CRM 系统，等于拥有了一把销售利器，所以如何选择一款合适的 CRM 系统就成了一门学问。选择 CRM 不是一件简单的工作，应主要考虑以下问题。

1. 企业规模

选择 CRM 软件最重要的是适合自己，若软件不能适合企业发展规模，如功能不全、并发操作反应慢等，使用起来会感觉处处受限，那么 CRM 软件很可能对企业自身起不到任何实际作用。

另外，不顾实际规模，盲目选用大型软件，也是一种浪费。例如，小型企业选择集团型软件就不合适。所以，选择 CRM 软件不是越大越好，也不是越简约越好，而是要适合企业规模。

2. 所处行业

软件的行业性是未来发展趋势，如制造业有制造业的软件。随着市场逐渐细分，甚至可以根据子行业细分出不同的软件。合适自己行业的 CRM 软件可降低实施成本，因为软件行业化后，软件供应商提供的软件就会体现这个行业的特殊性，从而降低实施成本。软件的行业细分使软件供应商专注于某个行业，行业性解决方案将会越来越符合企业实际情况，从而降低项目实施风险。

3. 软件稳定性

稳定性是评估一个管理软件是否成功的最基本指标，若运行不稳定，就算软件功能最齐全、最符合企业实际，也是不合格产品。试想一下，软件运营不到半年，系统突然崩溃了，对企业来说就是致命的打击，没有任何一个企业愿意面对并承担这个风险。

4. 软件扩展性

企业在不断发展，采用的信息化系统越来越多，如企业资源计划系统 ERP、办公自动化系统 OA、电子商务系统、供应链管理系统 SCM 等。如果企业的数据信息系统不断扩大、增强，而管理软件扩展性很弱甚至没有什么扩展性，那么在以后的使用过程中，这些软件之间很可能会彼此孤立，成为一座座信息孤岛，从而影响企业部门之间的信息沟通与交流。

5. 软件信誉

对于任何产品，只有实际使用过的用户才有权利加以评论。所以，企业选购软件时可先向使用过的用户了解软件的信誉度、使用效果等，但是应在同行间了解，否则参考价值会大大减小。

三、CRM 发展趋势

1. 设计重点将转向人性化

让系统以"人类的方式"处理信息，更加人性化。未来，人们不只是简单地向系统发布指令，而是利用全息技术或三维空间技术与电脑在一个智能的环境中进行会话。随着人工智能和认知解决方案越发多样化，未来将利用机器学习从本质上理解人的思维模式，确定客户的真正意图并提供准确的个性化答案，为企业提供更具洞察力、更高效的解决方案。

2. 打破数据孤岛

实现大数据的互联互通将是未来 CRM 发展的一个方向。在高度数字化、信息化时代，各个企业间的数据并没有实现行业共享，而都是彼此孤立的。而互联网应用模式的一个共同特点就是数据集成和数据共享。随着商业发展，数据不再是分散孤立的，而是集中在一个平台上进行不断扩充。借助统一数据共享平台，通过智能 CRM 系统为千百家企业解决经营和业务问题。

3. 区块链技术与 CRM 融合

区块链可以让企业统一描述客户的个人信息、交易和其他必要数据。在区块组织的帮助下，不必担心业务中不准确和重复的数据给营销和相关活动带来麻烦。在 CRM 中使用区块链不仅能够加速数据汇总，而且还能够提高洞察力，并帮助组织为其客户提供更加个性化和准确的服务。区块链不仅可以 360 度全方位地了解客户当前的状态，还可以让企业了解客户需求，在市场竞争中占据优势。CRM 软件收集和存储的客户数据通常都是企业经营活动的命脉，数据安全更是至关重要。区块链技术的最大优势在于其公开性，每个参与者都可以看到存储在其中的交易和块，但这并不意味着所有人可以看到受私钥保护的实际交易内容。更为安全的是数据只能扩展，以前的记录不能被参与者改变。因此，将区块链技术应用于 CRM 数据管理将使 CRM 数据更加安全。

☞**链接**

刷屏的区块链究竟是什么

第二节　大数据与 CRM 营销

面对客户的多样化、层次化、个性化需求，大众化营销已失去优势。不可否认的是，大数据中的海量数据中埋藏着用户习惯、市场变化、技术走势等有价值的信息，这些信息能够为 CRM 营销带来帮助。

一、大数据在 CRM 中的潜质

1. 实现大数据的应用效果

大数据管理可以实现不同的应用效果，从直接为企业降低成本、提高效率，到为企业提供发展方向等，管理者不能盲目地通过大数据来追求某一既定目标，而是要根据企业的实际状况，让大数据应用在合理的位置上。

一直以来，零售界都是以像沃尔玛这类大型零售商为标准设定自身的发展战略的，不过，一些新加入的在线竞争对手（比如亚马逊公司）正在以另一种更高效的模式取代这种老牌的发展方式，他们能够应用大数据管理，根据上百万的客户数据分析出各种客户群的购买偏好，从而有针对性地对客户进行销售，这也是他们的竞争优势所在。

通过研究客户行为特点，找到品牌吸引客户的原因，而这些研究的核心就在于分析在线搜索数据和实时信息，它们都是通过客户在社交媒体或其他网络渠道上与企业的产品或服务产生互动时所得到的。

2. 分辨现有优势与局限

搭建大数据管理体系是一个尝试实现大数据管理的企业首先要做的，而这其中关键的两点就是了解企业现有的数据类型和获取数据的能力。在这方面，管理者除了要对现有数据类型进行回顾以外，还要斟酌企业本身的数据分析能力以及是否存在能够提供帮助的合作伙伴，这样的反思能够让管理者对于企业能力与需求有更真实的了解。

3. 具备全局观

当企业度量好大数据的应用模式，接下来要做的应该是把大数据应用的计划与企业整体的发展战略相结合。根据企业现有的状况，从全局上充分考虑如何将资源分配给企业的各个部门，以达到预期的效果。从大数据的具体应用计划来看，可以是为一线代表提供分析工具，也可以是通过积累数据与培养员工的分析能力来为企业争得先机等。

二、大数据与 CRM 的发展

互联网的发展以及大数据时代的来临，使运算效率和利用效率都有了极大的提高，海量的数据和信息改变着整个世界。

CRM 在大数据时代，因为其便捷性而享有一席之地。CRM 的出现意味着企业运行观念的改变，它改变了以往以企业为中心的惯例，开始更加关心客户，并以客户为中心。CRM 是为增强企业盈利能力、增加企业收入和提高客户满意度而设计的，其不仅仅局限于一个部门，而是整个企业范围的商业战略。在大数据的驱动下，企业的经营活动和业务流程都要围绕客户需要进行改变。

在大数据时代，CRM 随着技术的变革迅速发展。如今，企业间 CRM 的发展使不同企业与不同客户圈建立联系成为可能。大数据将支撑 CRM 海量数据、非结构化数据库、数据仓库、商务智能等领域的发展。CRM 在大数据时代的技术基础会加强，应用前景将会更加宽广。

三、大数据与 CRM 的融合

随着云计算、移动互联网、手机、平板电脑、PC 以及遍布全球的各种各样传感器的涌现，大数据变成了现今业界最热门的话题。大数据技术让各种类型的数据变成能够快速获得的有价值信息，以客户数据库为依托，结合商务智能（BI）技术的 CRM 必将与大数据融合发展。就目前来看，CRM 与大数据加速走向融合，具体表现在以下两方面：

1. CRM 带动大数据市场快速发展

伴随着企业越来越重视客户关系管理和精准营销，必然会加强 CRM 系统的应用建设。而 CRM 系统中的技术支撑离不开大数据、云计算、数据库与数据仓库、数据挖掘与商务智能技术。可见，CRM 的快速发展会带动大数据市场的快速发展。

2. 大数据支撑 CRM 的更新与应用

在互联网蓬勃发展的今天，CRM 的实施与应用离不开大数据的支持。大数据中数据采集、数据处理、数据存储、数据挖掘技术都与 CRM 中客户数据的采集、处理、存储、挖掘密切相关。CRM 中客户数据与数据仓库的发展应用，是 CRM 客户行为分析、客户价值判断、客户细分、客户关系保持与精准营销的技术基础。显然，大数据技术的发展，会极大支撑着 CRM 的发展。

案例分析

迪士尼用大数据提升游客乐趣

迪士尼，由华特·迪士尼于 1923 年创立。主要业务包括娱乐节目制作、主题公园、玩具、图书、电子游戏和传媒网络。

迪士尼乐园是孩子的天堂，每个乐园都有 100 多个项目，排队等待常常令人兴致大减。为此迪士尼公司分析了 10 多年的历史数据，结合天气、旅游人数等数据，预测每条队伍每一天每一小时所需的排队时间，游客可以参考这个分析结果安排自己在园区内的游览次序。

迪士尼采取大数据手段，使每位游客平均每人节省 4 个小时，提升游客进园游玩的乐趣。

在大数据战略取得初次成功后，迪士尼乐园又投资数十亿元打造度假计划系统 MyMagic，该系统能够追踪乐园里的游客去了哪些地方、如何进行消费、在什么时候用餐和喜欢吃什么。

迪士尼采用 MyMagic 系统的主要目的是对每年到主题公园游玩的几千万游客的数据进行收集，这种技术是前所未有的。通过这些信息制订出更细致和更个性化的营销方案，基于此该度假公园针对每位潜在用户所传达的信息和所制定的价格都是不同的。

MyMagic 系统的核心技术是腕带，官方命名为魔法带（MagieBand），魔法带中嵌有无线射频识别芯片，并能与遍布迪士尼乐园的无线射频扫描设备进行通信。

游客戴上魔法带后，其游览信息可以被遍布游乐园的数据读取器接收。这些数据读取器主要有以下两种：①短距离数据读取器。其安装在明显的位置，游客在购买纪念品或打开酒店房门时，可以在上面挥一挥自己的腕带。如图 10-12 所示。②长距离数据读取器。其安装在隐蔽的位置，游客无须进行任何操作，这些设备也能读取系列信息。

图 10-12　迪士尼乐园腕带

虽然迪士尼是一个大型娱乐公司，但涉及大数据平台时，这位娱乐巨头看起来更像一个初创公司，而 MyMagic 分析功能也被迪士尼公司视为第二个增收工具。

从迪士尼的案例中可以得出两点结论：第一，数据的竞争将提高组织的日常运营效率，节省成本；第二，数据的分析结果提高决策速度、质量，增强预测能力，从而更好地理解客户和市场需求，提高公司的市场竞争力。

第三节　基于大数据的 CRM 营销创新

"互联网+"的当下，企业市场营销的手段不断转变，目标客户也不断地发生相应的变化。因此，企业需要利用科学的手段去了解客户的变化。不同区域的目标客户都存在一定的差异性，在传统的调研中肯定会有较大的难度，可以借助大数据技术，从海量的信息库中对数据信息进行分析，实现对目标客户的精准定位，并及时将满足客户需求的产品进行推送，实现对数据信息的有效利用。

由于行业特征不同，CRM 在不同行业中的应用情况也不同，而且不同行业的大数据发展也参差不齐。但是，在客户行为分析、客户价值判断、客户细分、CRM 与精准营销上的基本思路是一致的。目前 CRM 应用中，客户细分、客户获取、客户销售和客户挽回都需要大数据技术的支撑与应用。

一、客户细分，实施精准营销

大数据技术的客户细分是 CRM 实施的前提，使企业在市场营销中制定正确的营销策略，通过对不同类别的客户提供有针对性的产品和服务，提高客户对企业和产品的满意度，以获取更大的利润。

客户细分主要采用分类法和聚类法。

1. 分类法

分类法是将客户分为高价值和低价值的客户，然后确定对分类有影响的因素，再将拥有相关属性的客户数据提取出来，选择合适的算法对数据进行处理，得到分类规则。比如前文所述，腾讯利用数据管理平台，对腾讯用户进行标签定义管理就是一种大数据的客户细分方法。

2. 聚类法

聚类法是在之前并不知道客户可以分为几类，在将数据聚类后，再对结果数据进行分析，归纳出相似性和共性。腾讯帮助电动牙刷欧乐 B 进行大数据营销案例中，腾讯利用相似人群扩展技术，从点击用户特征扩展到相似人群上，进一步帮助欧乐 B 确定精准的种子用户。

客户细分让用户从比较高的层次上来查看整个数据库中的数据，也使得企业针对不同的客户群采取不同的营销策略，有效地利用有限的资源，这也是精准营销的优势所在。

二、获取新客户

根据企业给定的一系列客户资料及其他输入，数据挖掘工具可以建立一个"客户反应"预测模型，利用这个模型计算出客户对某个营销活动的反应指标。企业根据这些指标就可以知道哪些客户对企业所提供的服务感兴趣，进而帮助企业获得真正的潜在客户。腾讯帮助欧乐 B 电动牙刷找到精准的目标受众就是其典型例子，而程序化购买也是利用客户数据库的属性标签和行为特征，智能化地帮助广告主获取新客户。

三、利用关联分析促进交叉销售

沃尔玛利用"购物篮分析"，从销售数据库中发现啤酒与尿不湿可以搭售。而在大数据时代，网上书店亚马逊公司利用协同过滤技术发现"你可能还会买……""买过这本书的其他用户还购买了……""猜你喜欢……"的商业价值；沃尔玛还在大数据时代发现飓风来临，蛋挞和手电筒的销量会大幅增加。这些规律和商业价值就是关联分析的重大成果，是实施商品交叉销售的技术支撑。

在交叉销售活动中，数据挖掘尤其是关联分析可以帮助企业分析出最优的销售匹配方式。

相关分析的结果可以用在交叉销售的两个方面，一方面，对于购买频率较高的商品组合，找出那些购买了组合中大部分商品的顾客，向他们推销"遗漏的"商品；另一方面，对每个顾客找出比较适用的相关规律，向他们推销对应的商品系列。

四、客户挽回

大数据与 CRM 的融合能更加深入对客户流失进行分析，为了分析出是哪些主要因素导致客户转移，可以使用数据挖掘工具为已经流失的客户建模，识别导致客户转移的模型，然后找出当前客户中可能流失的客户，以便企业针对客户的需要采取相应的措施，防止客户流失，进而达到保持原有客户的目的。

综上所述，随着大数据技术的进一步发展和成熟，以及企业对基于客户数据库的客户关系管理和精准营销的青睐，大数据与 CRM 会相互促进发展。在大数据技术的支持下，以客户数据库为依托的 CRM 必然在客户获取、客户细分、客户保持与销售促进、精准营销、客户服务等方面具有创新性发展的潜力和机遇。

课后练习题

一、单项选择题

1. CRM 是指（   ）。

A. 客户关系管理　　　　　　　　B. 供应链管理

C. 企业资源管理　　　　　　　　D. 业务流程再造

2. 下列对 CRM 基本特点的描述，错误的是（　　）。

A. CRM 是一种管理理念　　　　　B. CRM 是一种管理机制

C. CRM 是一种管理软件和技术　　D. CRM 是一种简单的员工管理方法

3. 企业实施 CRM 的最终目的是（　　）。

A. 把握客户的消费动态

B. 针对客户提供个性化服务，极大化客户的价值

C. 做好客户服务工作

D. 尽可能多地收集客户信息

4. 大数据时代，CRM 营销的核心是（　　）。

A. 以客户为中心　　B. 数据挖掘　　C. 数据库应用　　D. 可视化

5. 大数据技术的（　　）是 CRM 实施的前提，可以使企业在市场营销中制定正确的营销策略，对不同的客户提供有针对性的产品与服务。

A. 客户挽回　　　B. 客户细分　　　C. 客户获取　　　D. 客户销售

6. 购买圆珠笔的顾客有 65% 也购买了笔记本，商场人员可以利用这一发现很好地规划商品的货架布局，这属于（　　）。

A. 关联分析　　　B. 聚类分析　　　C. 预测算法　　　D. 无监督学习

7. 下列选项中，不属于 CRM 选型时需要考虑的因素是（　　）。

A. 企业规模　　　B. 软件稳定性　　C. 软件信誉　　　D. 经济因素

二、简答题

1. 什么是 CRM？

2. 企业在选择 CRM 软件时考虑的因素主要有哪些？

3. 大数据时代，CRM 的发展趋势主要表现在哪些方面？

4. 大数据是如何与 CRM 进行融入的？

5. 简述大数据时代 CRM 的营销创新。

6. 大数据时代 CRM 是如何进行客户细分的？

第十一章　大数据时代下的市场营销策略

📖 **教学目标**

1. 理解产品及产品整体概念
2. 掌握产品创新策略
3. 理解互联网定价策略与传统定价策略
4. 掌握大数据时代的创新定价策略
5. 理解大数据时代的渠道策略
6. 掌握大数据时代的促销策略

📖 **教学重点**

1. 大数据时代产品策略
2. 大数据时代的创新定价策略
3. 大数据时代的促销策略

📖 **教学难点**

1. 大数据时代的渠道策略
2. 程序化购买的运作模式及交易模式

引导案例

苏宁易购大数据营销方案

一、背景描述

艾瑞咨询《2019上半年中国电子商务行业数据发布报告》统计数据，2019年第二季度中国网络购物市场交易规模达2.4万亿元，环比增长10.9%，较去年同期增长26.5%，成为消费市场规模增长的重要引擎。

苏宁易购的前身是全品类电器连锁企业——苏宁电器，虽然现在仍然稳坐线上线下家电市场第一的宝座，但家电属于购买频次较低的商品，在转型全品类电商后，苏宁易购并没有找到自己的核心用户和品牌宣传定位，以至于错失互联网重要的流量红利期。苏宁易购的品牌优势在于，苏宁易购由线下门店转型线上电商，多年来积累了较好的用户口碑，并且与行业品牌商保持着较好的合作关系，具有产品上新优势，在家电销售市场始终保持领先地位。

二、策略与执行

1. 综合三方数据

第一方数据：企业自有数据。

第二方数据：媒体及交易平台数据。

第三方数据：运营商、银联、数据管理平台（Data Management Platform，DMP），对数据进行分类、识别、定向，然后投放。

自有近7亿海量人群标签数据库，超过5000个预置通用人群标签，多维度精准定位目标受众。苏宁易购数据分析流程如图11-1所示。

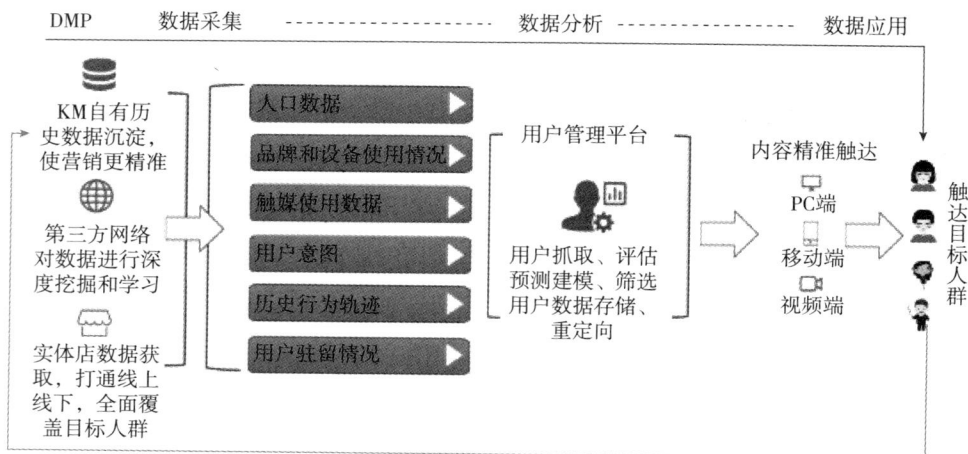

图11-1　数据分析流程

2. 细分人群，计算出价标准

对每一个到站访客计算广告点击率和到站转化率，然后根据上述预测值基于科学的大数据算法进行人群细分，并计算各个人群的出价标准。

3. 挖掘数据，定向"访客"

根据当前访客对应的出价标准及当前曝光所在媒体环境、竞价成功率等因素，实时计算出价。

4. 重定向"回头客"

对到站访客人群进行重定向投放，按约定的频次无论对方"走到哪儿"都能看到我们的广告，促进访客回头率和转化率。

5. 对多维度人群定向：人群实时洞察报告进一步比对识别

（1）投放前人群报告跟踪。客户加入访客跟踪代码，第二天即可查看到站访客的人群洞察报告。根据报告自动导出定向投放的建议具体人群。

（2）投放后人群洞察报告及优化。按曝光和点击分别给出广告投放的人群洞察报告。针对每种标签详细给出对应人群的投放指标数据，包括曝光、点击、转化等。

（3）分析曝光和点击人群差异，自动导出优化的建议人群。

6. 千人千面，动态创意的素材展现，内容多平台发布，如图11-2所示。

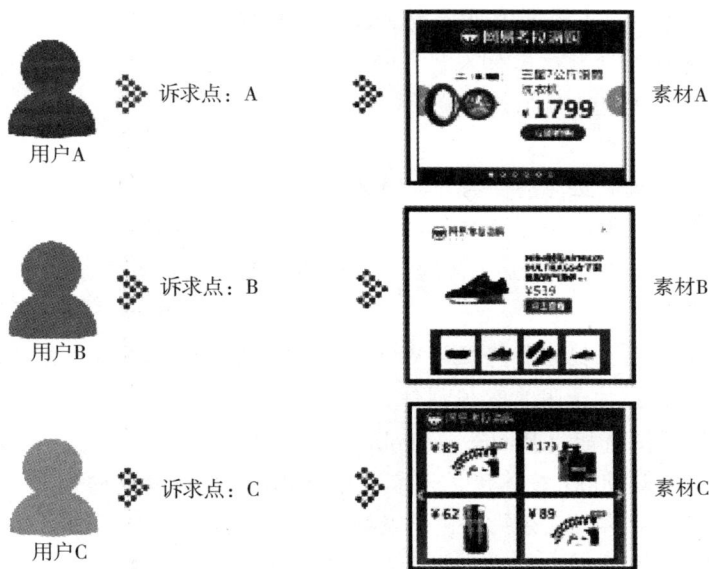

图11-2 千人前面，满足用户个性化需求

7. 移动投放：智能推荐目标人群，利用深度链接（Deep-Link）一键到达

（1）智能推荐目标人群：在移动互联网对目标人群进行追踪和定向，定向苏宁接口传递设备号人群，投放移动动态推荐广告。

（2）Deep-Link 一键到达：点击个性化动态广告，通过 Deep-Link 形式直达苏宁移动 APP 内页（见图11-3）。

三、创新

基于苏宁易购家电销售的优势和品牌年轻化的需求，建议苏宁易购以年轻人有较高需求的小家电产品为切入口，以"上苏宁易购，过高效生活"为核心标语（slogan）。

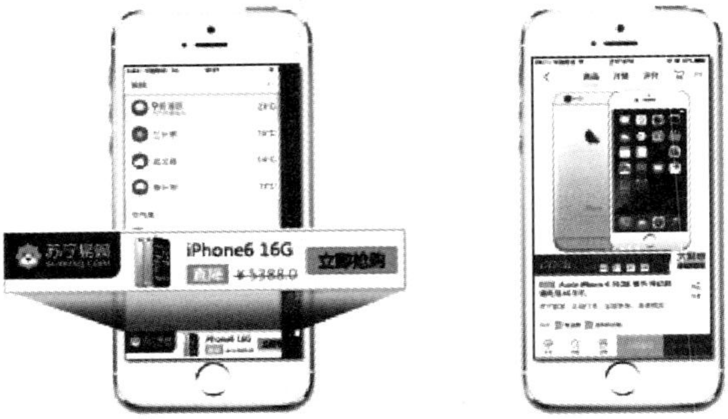

图 11-3 苏宁移动 APP 界面一键到达

1. 传播性内容策划

（1）微信专题推文。选择各个类别较有代表性的家电产品，如厨房小家电产品、家居家电产品、个人生活小家电产品等，勾勒用户使用小家电的消费场景，增强用户对产品的理解。

（2）品牌宣传海报。按不同用户人群划分，如宝妈、商务精英、时尚白领等在一天生活中使用不同的小家电产品，增强用户对产品使用的带入感。

（3）品牌宣传视频。聚焦具体人群，动态升华产品使用场景，突出小家电帮助用户解放时间、实现精致生活的品牌愿景。

2. 体验内容策划

在重点节日推出满足互动条件的产品特惠活动。

（1）用户在各门店与苏宁小狮子公仔合影，上传参与微博互动话题——上苏宁易购、过高效生活，可享受消费八折优惠，将合影照片上传至微信公众号后台，可获免费注册会员，购物享九折优惠。

（2）参与推文话题、视频、海报评论互动活动，有机会获得超值礼包。

3. 精准人群投放：种子用户数据训练

根据苏宁易购商业智能（Business Intelligence，BI）接口实时返回的数据，建立专属的人群数据库，积累超9000万个独立访客，同时根据BI接口返回的访客质量得分（0~200），建立10档人群，每20分一档，有效还原用户人群画像，并匹配用户标签进行推广投放（消息精准投放流程见图11-4），最大化活动及内容效果。

（1）定向投放。通过设计近300版的素材内容，配合品牌区域营销策略，在重点区域或效果较好的区域进行重点投放，地域定向最小单位为市。根据电商人群特色，每天最高6次，在9：00~11：00点、16：00~18：00点、20：00~23：00点三个波段重点投放。

（2）动态出价。通过设计近300版的素材内容，根据媒体定向投放的策略，对电商转化高的网站、更高点击率的优质门户、垂直高品质网站等高分人群，给出更高的价格，竞争优质媒体；对低分人群，降低出价，控制整体消耗和付费广告（Cost Per Click，CPC）成本。

四、成果

通过投放面对老客户的主站重定向广告，广告点击率高达0.7%，订单数提升74.89%，成本下降38.54%，带来的有效订单数则达到日常的3倍以上。苏宁易购利用大数据投放广告的详细结果见图11-5。

大数据计算能力，实时计算广告位及人群得分，实时动态合理出价

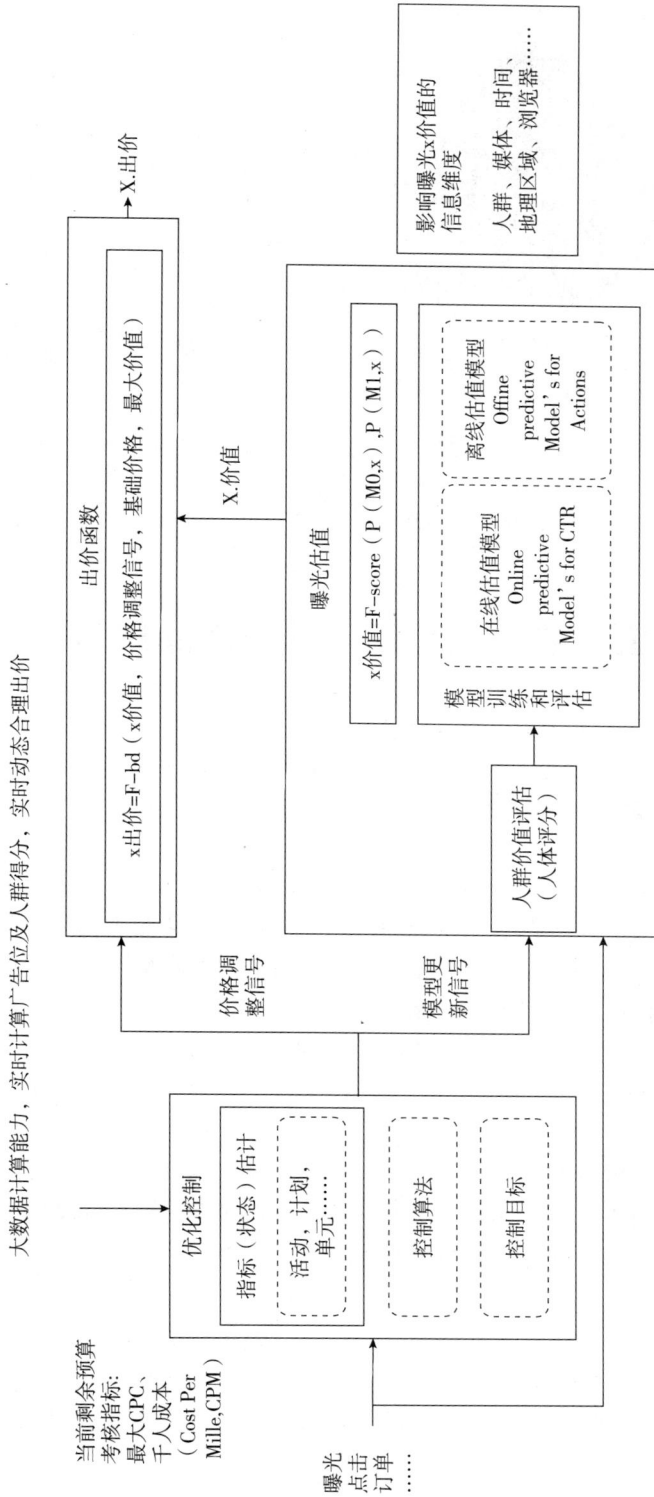

图11-4 消息精准投放流程

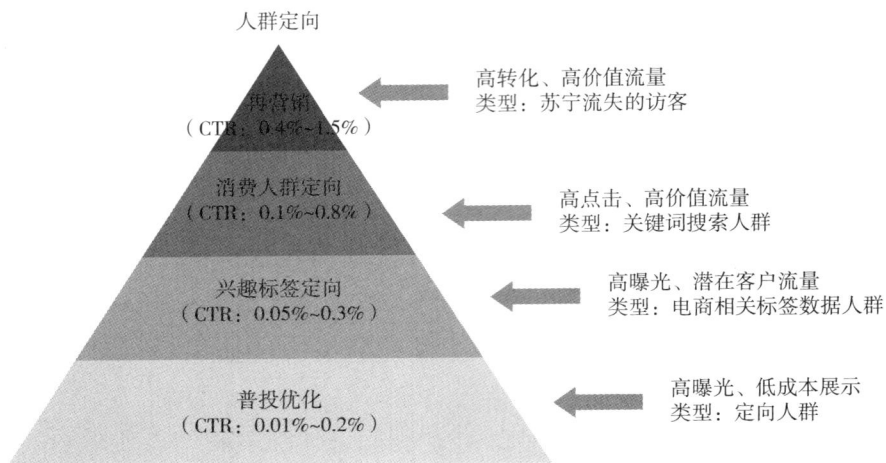

图 11-5　广告结果呈现

资料来源：http：//market. meihua. info/works/87730316.

第一节　大数据驱动的产品创新

一、产品及产品整体概念

在现代市场营销学中，产品概念具有极其宽广的外延和深刻的内涵。产品是指能够通过交换满足消费者或用户某一需求和欲望的任何有形物品和无形服务。有形产品包括产品实体及其品质、款式、特色、品牌和包装等；无形服务包括可以使顾客的心理产生满足感、信任感以及各种售后支持和服务的保证等。

关于产品整体概念，以菲利普·科特勒为首的北美学者倾向于按以下五个层次表达产品整体概念，详见图 11-6。

1. 核心产品

核心产品指向顾客提供的基本效用或利益，每一种产品实质上都是为解决问题而提供的服务。比如，人们购买空调，不是为了获取装有某些电器零部件的物体，而是为了在炎热的夏季满足凉爽，在寒冷的冬季满足温暖的需求。

2. 形式产品

形式产品指产品的基本形式，或核心产品借以实现的形式，或目标市场对某一需求的特定满足形式。形式产品由品质、式样、品牌、特征及包装五个特征所构成。产品的基本效用必须通过特定形式才能实现，如车票就是一种表现形式。市场营销人员应努力寻求更加完善的外在形式以满足顾客的需要。

3. 期望产品

期望产品指购买者在购买产品时，期望得到的与产品密切相关的一整套属性和条件。

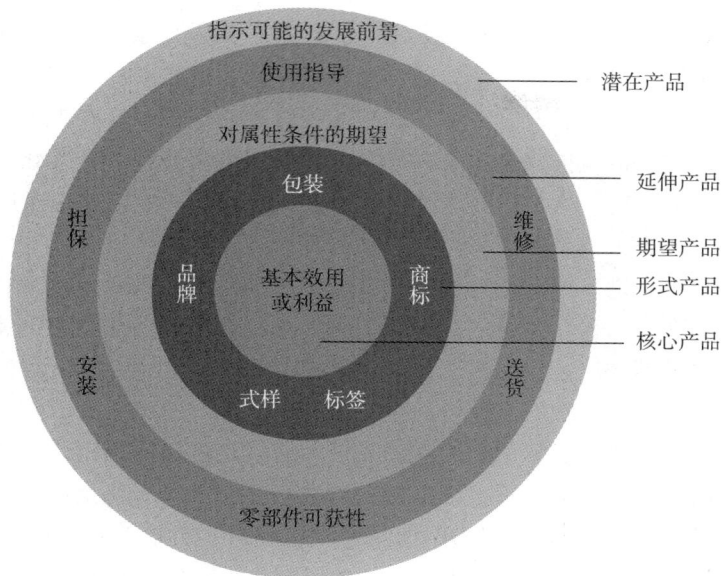

图 11-6 整体产品概念的五个层次

比如，购买洗衣机的消费者，一般所期望的是洗涤、甩干功能以及合适的价格和优良的质量，而另外一些消费者追求的不仅仅是以上的属性和条件，还有其他的期望，诸如洗衣机的消毒、烘干功能，等等。

4. 延伸产品

延伸产品指顾客购买形式产品和期望产品时，附带获得的各种利益总和，包括产品说明书、保证、安装、送货、维修、技术培训、资金融通、企业的声誉等。国内外许多企业的成功，在一定程度上应归功于他们更好地认识了服务在产品整体概念中所占的重要地位。

5. 潜在产品

潜在产品指现有产品包括所有附加产品在内的，可能发展成为未来最终产品的潜在状态的产品，换言之，潜在产品是指除了现有产品的可能演变趋势和前景，如照相和 MP3 功能则属于手机的潜在产品。

二、产品创新策略

企业通过对大数据的应用，一方面能够有效地了解消费者的购物习惯、消费偏好和发展趋势，从而帮助企业产品设计部门依据消费者需求有针对性地设计产品以满足消费者。另一方面更多的消费者参与产品设计与定制，企业将对其生产环节进行重构，虚拟车间和智能车间将被越来越多的企业采用。

1. 产品定制化

在以往的工业社会中，标准化一直是大企业的安身立命之本，同时也是很多中小企业追求的目标。大型企业追求规模上的扩张，以求达到规模效应，进而实现低成本大量生产。然而，随着时代的进步，这种千篇一律的标准化作业已经不能满足高端客户的需求，甚至很多中低端客户也希望能够获得私人定制的待遇。分析其原因，主要是随着互联网特别是移动互联网的不断发展，每一个体的需求得以释放。在移动互联网时代，每位消费者都是独一无二的个体，他们有自己独特的思想和特殊的偏好，但这些独特的需求却往往在标准化作业下被漠视，甚至被完全抹杀。如今，如何满足消费者的个性化需求，成为每一个企业不得不思考的问题。大数据技术的迅猛发展，让产品的定制化生产成为可能。

在高度市场化的今天，市场上每一类产品都有众多的生产厂家，这些厂家所提供的产品大多差别不大，生产进入过剩的时代。在众多的产品提供者面前，消费者开始有了精挑细选的资本。尤其在技术日新月异的今天，消费者获取商品信息变得十分便捷，他们在购买商品时会不断比较不同厂家产品的异同，从众多的备选中找到最切合自身需求的产品，从而实现自我个性的展现和独特需求的满足。

大数据时代，可以通过了解微博关注的人群、搜索定位、网购记录、朋友圈分享的内容以及喜爱的歌曲等方面了解客户，准确把握消费趋势和市场变化走向，从而提供最能满足客户需要的产品。例如，2014 年阿里巴巴旗下的天猫电器城宣布美的、九阳、苏泊尔等 10 家知名小家电品牌的 12 条生产线进行"C2B 定制化生产"，它将这 10 家品牌商此前在天猫电器城的销售数据和收集到的客户评价等多维数据反馈给品牌商，商家经过仔细权衡后对产品进行改进和定制，为天猫提供专门的生产线进行生产。比如，九阳豆浆机就在定制生产线上面向 25～35 岁的主流网购懒人族新增免滤速磨功能；美的电饭煲针对消费者评价中反馈的"产品易脏"的缺点，改进为全钢外观设计，受到市场的欢迎。

众所周知，传统的服装定制模式，从需求沟通到精密量体，设计师出设计稿，与客户确认，版师打版，调试，最后样衣工制作，第一次试装，加手工，完工。整个流程大概需要 2～3 个月。而京东的服装定制将定制流程模块化后，搬到线上，让消费者在线上进行包括服装风格、面料、款式、尺寸、装饰等维度的选择。京东通过发挥平台优势，除了线上自助量体，还提供基于线上线下结合的电商模式（Online to Offline，O2O）和基于位置的服务（Location Based Services，LBS）到店量体、上门量体服务。此外，通过数据化和智能化的科技，京东完成了个性定制的功能，平台将为每个用户 ID 建立档案，通过对消费者的消费数据和行为轨迹分析，记录需求、喜好、尺码、价格段等消费特点，让消费者在购物过程中得到符合自己需求的个性化精准推荐。

此外，利用大数据，内容产品也可以做到定制化。比如，视频网站爱奇艺根据用户所在地区、登录时间、浏览记录等信息，给每一个用户的收视兴趣建立模型，有针对性地向其推荐内容，首页推荐内容的命中率达 40%，推荐所产生的播放量占比高达 50%。在网络媒介内容日益丰富、时间成本越来越高的大数据时代，用户不愿将大量时间浪费在节目搜索上，而爱奇艺所实施的优质内容首页推荐战略不仅有效降低了用户的时间成本，而且强化了观看体验，提高了用户对爱奇艺的满意度，为企业带来了巨大的效益。

2. 服务个性化

所谓个性化服务，往往是针对、满足顾客比较复杂的需求提供的服务，而运用大数据为顾客提供这样的服务，并不意味着依靠基于人工智能的机器，就能彻底代替人的因素。关键在于是否能够在大数据收集、挖掘、分析、利用的基础上，充分提高人介入的效率，降低人的服务成本。大数据时代的企业有更多的机会去了解顾客的需求，海量数据的支持让昔日个性化服务有了更好的延伸和更大价值。首先，企业需要在庞大的数据库中找出最具有含金量的数据；其次，把相似的用户分为一类，设计具有针对性的服务。个性化用户的单位可大可小，大到一个有同样需求的客户群体，小到每一位用户个体。

中粮我买网是一家专业的食品 B2C 网站。密集的广告推广和活动促销带来了流量的快速增长，同时也导致用户的上网体验快感下降、后台处理工作量加大等问题。我买网从当当和卓越亚马逊的购物流程上受到启发，将原来三四步的操作缩减到一步，这一改变使我买网的订单转化率提高 30%。订单的增加除了依靠会员的自然增长，还与网站商品的优化有很大关系。在线营销部会分析来自各个渠道的信息以及会员的相关购买数据，例如，通过深入分析某次参与促销的 200 种商品能够带来的销售额，进而分析首页上的推荐，那些销售量较小的商品将被替换掉，这些分析也会用于对会员的商品推荐，分析结果最终将反馈到商品采购环节。此外，我买网还通过网络公关进行舆情监测，从各类社交网络服务（Social Networking Services，SNS）渠道上收集分析用户的评论和建议，以此优化并调整网站的商品品类。顾客的需求总是在变化，个性化服务也需要不断更新，能够在消费行为和顾客体验的数据中发现新的趋势，中粮我买网走在了正确的道路上。

3. 制造智能化

以互联网为基础的新一代信息技术正在深入推动制造业的创新发展。作为实现智能制造的重要驱动力，大数据能够整合全部生产线数据，对生产动态建模、多目标控制流程进行优化，对物料品质、能耗、设备异常和零件生命周期进程进行监控预警，赋予设备和系统"自我意识"，从整体上大幅度降低生产能耗，进而实现低成本、高效率的生产。因此，在一定程度上，车间的传感器所产生的大数据直接决定了"工业 4.0"所要求的智能化设备的智能水平。

☞链接 11.1

谁将会是"工业 4.0"革命的最大赢家

在产品应用层面，企业通过生产携带传感器等装置的智能产品，实时采集、存储和传输大量有关用户使用和偏好的数据，让用户参与到产品的改进与创新之中，帮助企业及时改进产品功能，预先诊断产品故障，并根据生产需求的变化，在第一时间创新产品和改善服务。同时，还可在此基础上构建全新的商业模式，通过规模化定制，满足用户的个性化需求，为企业创造全新价值。

案例分析

工业时代以厂商为中心的 B2C 模式，也正在逐步被信息时代以消费者为中心的消费者到企业（Customer to Business，C2B）模式所取代。我国广州的尚品宅配家居股份有限公司就是家居行业 C2B 模式中的先行者和领先者。

尚品宅配以全新的 C2B 结合 O2O 模式推动家居电子商务行业发展，是家居电子商务平台，业务覆盖了全国各个地区。在线下，尚品宅配以家居"试衣间"作为核心理念，并引入"网络+实体"的运营模式解决客户的本地化服务体验问题，在全国已经建立起 800 多个实体店，来满足当地客户对家具纹理、色彩、风格、质感等的体验要求。在尚品宅配搭建的专业服务体系下，客户只需要安排时间一次到店查看家具三维方案并体验家具实物效果，就可以一站式购齐自己家的全屋家具。在线上，消费者只需要在尚品宅配官网在线体验，报名登记即可，尚品宅配就会应用业内时下前沿的三维虚拟现实技术，为消费者提供免费上门量房、免费方案设计服务，然后与消费者沟通并进行产品报价，根据消费者的意见修改方案直至最终敲定方案，然后将家具的三维效果图传递给智能制造中心进行生产。尚品宅配拥有一个由全国 800 多个线下店构筑的地面服务系统，占地 30 万平方米、超过 20 亿元产能的现代化定制家具生产基地，为消费者的线上线下购买体验以及售后服务提供了省心、放心的保障。生产好的家具由物流配送系统送达消费者家中，由尚品宅配工作人员进行安装和售后维护、维修。其定制化流程如图 11-7 所示。

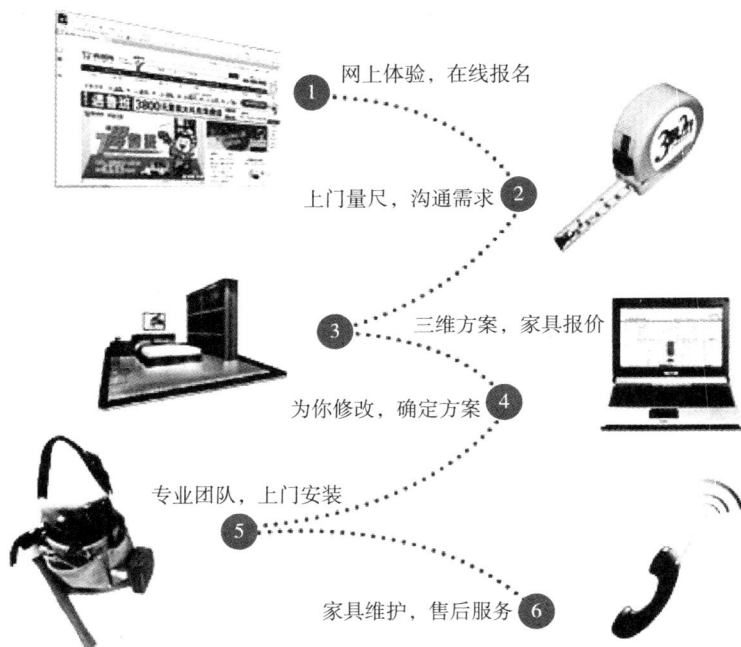

图 11-7　尚品宅配产品定制化流程

在工业 4.0 下，产品定制化的实现需要智能制造生产体系的支持。当市场部门与客户确定好家居产品的最终方案后，方案传递给智能制造生产部门，数据处理中心就会把设计方案转换成生产数据，从原材料开始裁板，由智能开料机根据客户不同家居的不同规格尺寸同时裁切，无缝对接消费者的家居空间，大大减少原材料的浪费。裁切后是封边和打孔，由智能机器手利用三维坐标精准控制钻孔位置和深度，定位精确至毫米。加工过程灵活、高速，缩短消费者的等候周期。最后一个环节是配套与包装出货。智能立体仓库按不同类别和时段自动分配进出货，超高运转率加速客户家具制造。

可见，基于网络接单，然后上门量尺，由三维虚拟实景技术设计全屋家具方案，方案传递给智能制造数据处理中心，数据处理中心分解订单转换成木料裁切方案并由智能开料机完成裁切，再由智能机器手利用精确的三维定位技术确定打孔，最后由智能物流系统完成配装与配送过程，其智能制造生产流程如图 11-8 所示。最后由线下服务体系完成上门组装以及后续售后服务问题。

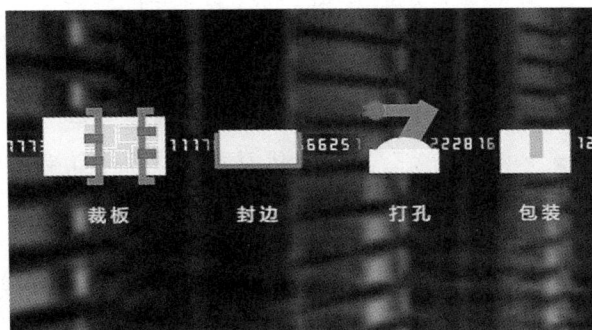

图 11-8　尚品宅配家具的智能制造生产流程

个性化需求是未来消费者需求的主导，也是一直制约家居行业规模化发展的门槛。定制和规模化从来都是位于现代消费的两端，前者是高端消费的代名词，后者则往往意味着平价、大众和标准化。对于所有定制类业务而言，个性是其中高附加值的最终来源，但也是妨碍业务几何级增长的绊脚石。因为在定制的过程中，有太多需要让个体消费者满意的细节，这些细节足以让任何一条大规模标准化生产线叫苦不迭。

但在尚品宅配看来，个性与共性并不矛盾，为几万个不同的户型配备合适的家具确实很耗时耗力，不可能有足够多的设计师来完成任务。但是从主型这一层往下分，可能所有房子的卧室、客厅、厨房的布局都差不多，在这一基础上，要配置的衣柜、橱柜、台面、电器、床等家具又有很多共性，如此化整为零，将一个户型拆分，对每一部分配套方案的要求就大大降低了。

2007 年，尚品宅配董事长李连柱做了一个在别人看来有些匪夷所思的决定，他打算把所有楼盘的数据都收集起来，建立"房型库"，然后据此降维到可标准化的层次上。他坚信，虽然中国楼盘千千万万，但是户型的种类要远远少于这个数量，而房间的类型可能更少。

为此，他亲自带队到北上广深等城市，收集楼盘、房型数据建立"房型库"。综合统计分析下来，全国这么多的房子，其实只有大约 100 种卧室和 70 种客厅。他眼中看到的不再是整套的房子，而是一个个独立的房间，一件件配套的家居，甚至是一块块独立的木板。

往后的日子里，这个数据库从单一的房型库扩展到房型库、产品库、设计库三位一体，相互打通成为"云设计库"。一位顾客只要告知所在城市、楼盘、房价、收入、年龄等信息，设计师就可以在系统中找到过去 3 个月、半年、一年内类似顾客中受欢迎的几十套甚至上百套方案作为参考。如果顾客在价格、样式、颜色、布局等细节上有特殊要求，只需要在现有方案上进行微调即可，设计流程非常快。

每一套新方案又会上传至数据库中，成为后来者的参考。这样不断滚动，短短五六年时间，尚品宅配为全国近 3 万个楼盘、40 多万户家庭提供了近 30 万种个性化方案。对顾客而言，尚品宅配的大数据云设计库、快速完成的家具定制是他们能够看到的最显著特征，但在这背后需要一条社会化的柔性供应链来实现。

与设计批量户型的思路相同，尚品宅配对个性化生产也进行了降维处理，将整件家具的生产转换成一个个零部件的生产，经过总部的订单管理系统统一分配调转。整个生产过程控制在 10~15 天，各地门店收到配件后全部送到顾客家里，并根据固定的组装程序一步步进行组装，短短两三天就能完成安装流程。

借助条码扫描，尚品宅配得以实现社会化协作的柔性供应链。在生产流程上，不管是工厂作业、资源调配还是供应商供货，都可以依照系统显示的订单要求执行，几乎不需要人工沟通的环节。所以，这一条供应链，与其说是人借助了信息化工具，不如说是电脑指挥人。

尚品宅配的成功可以向其他制造业同行展现一点：信息化和大数据已经无可争议地成为制造业转型最重要的两根支柱。离开了这两根支柱，无论如何也不可能满足消费者日趋多样的个性化需求。尚品宅配一直以消费者的个性化需求作为驱动，通过满足消费者需求创造附加价值，从而提升消费者的家居品质并推动行业的变革和发展。尚品宅配作为软件公司出身的家具企业，具有先天的 IT 软件和互联网技术基因，其积极探索中国工业 4.0 的发展之路，成为中国制造工业 4.0 示范标杆。近年来，尚品宅配成熟的智能制造生产体系多次获得国内外各种殊荣，比如，2016 年成为工信部颁发的智能制造试点示范企业之一（全国共 64 家）；2015 年获得福布斯中国新制造先锋企业（共 14 家，与格力、海尔同获殊荣）；2014 年由商业评论评选为商业模式金奖，等等。

第二节 大数据时代的定价策略

一、互联网定价 VS 传统定价

看似直观，但内容丰富；看似微小，但贯穿全局，这就是定价。企业应该如何定价？互联网背景下的定价策略与传统定价策略相比发生了巨大的变化，具体表现如下：

1. 定价策略之"有权"

传统促销定价和差别定价考虑更多的是时间与地域的限制，而互联网技术和大数据技术这两种技术能跨越空间和时间，给予消费者充分的议价权，即"有权"。例如，传统促销定价与互联网时代下打折促销的区别是，促销定价就是企业为了实现其促销目标暂时将其产品价格定得低于目标价格的策略。如"满减"定价、套餐组合、买一送一的策略。然而，在互联网时代，网络购物突破了时间、空间限制，扩大了消费者的购物空间，挖掘出更多的潜在消费群，网络销售 24 小时不打烊。传统促销定价吸引的顾客仅限于周边的居民，而淘宝做一个活动整个中国网民都跟着疯狂，每年的"双十一"大促已成为一种全民的电商购物狂欢日，不分地域、不限场合，充分享受跨网比价带来的刺激。其采取的主要促销策略为：第一，淘宝等电商平台领取店面红包；第二，支付宝、微信等线下随机立减活动；第三，京东等平台降价抢购刺激用户购买。

2. 定价策略之"有利"

传统招徕定价用"低价甩卖、清仓"字眼刺激消费者，消费者原本以为会省钱，却常常花出了更多的钱；而互联网环境下竞争白热化，产品的增值性远超实体店产品，价格优惠更具落定性，不单纯做字面功夫，即我们说的"有利"。传统的招徕策略包括高价招徕和低价招徕，这样的策略只能维持一时，不能长期进行下去。而互联网时代，某些企业可以把低价招徕做到"天天都是免费日"，即通过开放免费的服务，吸引用户满足其基本需求（信息获取、社交、娱乐、安全等）成为互联网流量及用户入口，在此基础上通过展示广告、付费增值服务、第三方分成等获取收益的盈利模式。

例如，奇虎 360，其定位为"免费安全"公司：第一层为核心免费产品服务层（360 安全卫士、360 杀毒、360 手机卫士等为其带来庞大的用户群）；第二层为奇虎 360 两大基础平台（浏览器平台、应用开放平台），奇虎 360 将核心产品层用户顺势导入这两大平台；第三层为奇虎的细分服务层，在两大平台基础上提供网址导航、团购导航、游戏导航和应用商店等多种服务；第四层为盈利变现层，变现方式主要是广告与互联网增值服务。不需要使用增值服务的消费者可以永远免费使用 360 杀毒软件，且没有因为免费而降低服务质量，即免费的服务招徕了大量的用户，为后期的盈利打下了基础。因此互联网时代的招徕产品价格更低，更能吸引消费者，持续的时间也更久，不限于某一个促销时间，消费者更易留存，具有增值性。

3. 定价策略之"有趣"

传统的尾数定价策略在确定零售价格时，利用消费者求廉的心理，制定非整数价格，以零头数结尾，使用户在心理上有一种便宜的感觉，或者是价格尾数取吉利数，从而激起消费者的购买欲望，促进商品销售。例如，超市价格经常显示 9.99 元、12.98 元等，另外，在同一个商场内，商品价格会每隔一段时间上下浮动。研究数据表明，消费者在购买产品时更乐于接受尾数定价策略。在互联网环境下，参与人数更多，娱乐性更强，更加"有趣"，它的表现形式为限购和秒杀，参与感强，刺激性大，消费者乐此不疲，这是互联网时代催生的新型尾数定价方式。

二、大数据下创新定价策略

大数据背景下，产品的定价越来越透明化，生产商或零售商通过大数据来分析消费者对产品价格的心理接受区间，从而使其定价落在消费者对商品的预期心理接受范围，实现产品定价的科学化、合理化。消费者也会利用网络条件进行产品查询和比价，促进企业的定价"阳光化"。大数据时代主要的定价策略如下：

1. 动态定价

动态定价是指根据市场对产品的需求以及顾客购买力来对产品进行定价，即通过不断调整价格来使供需平衡。生活中常会碰到这种尴尬的情景：去平时最喜欢的服装店逛一逛，结果惊讶地发现，155元刚买的西装正在打折，现价仅为79.99元。有的人遭遇或许比这更惨，6个星期前刚买了一台最新配置的手提电脑，正暗自得意，结果上网一看发现又落伍了，更要命的是价钱便宜了1200元。深夜，拿出手机招呼一辆优步回家，结果发现——完蛋了，此时的价格是平日的三倍。就像经济学家喜欢的很多东西一样，这类偶尔"调戏"一下优步用户的"动态定价策略"虽然提高了效率，但又让人极其讨厌。从一个消费者的角度来看，最让人讨厌的就是，当你急需用车时遇上涨价，这是赤裸裸的抢钱。同样的路程，在不同的日子或不同的时间价格会不同，并且在你最需要用车时，价格肯定更贵。当一片区域用车需求暴增，用户等待时间变长时，动态定价策略开始起作用。申请用车的用户会接到提示价格比平常贵几倍。当价格翻倍上涨，市场调节开始起作用。根据支付意愿分配可用车辆：一部分分配给富裕的用户，但同时也会分配给不能等到价格平息后再用车的用户，或者分配给没有更好替代选择的用户。对那些没有选择、必须用车的客户增加收费听着像是打劫，但如果没有动态定价策略，这些客户几乎不可能打到车，动态定价策略是用激励手段让其他需要用车的人退出。在局部地区，动态定价策略也会极大地增加供给。多收的钱将用于司机们共享，这将激励他们前往需求较大的区域，从而帮助缓解无车可用的情况。

随着电子商务的崛起和各种数据分析工具的诞生，零售商对竞争对手的反应前所未有地快速和准确，在竞争对手出价后数秒就能马上跟进。传统零售商被迫转型，跟随电商的弹性定价。价格战不再只是拼低价，而是成为数据挖掘和策略制定的系统比拼。

（1）动态定价的起源。20世纪90年代，航空公司会根据一架航班的空余座位数和竞争对手的票价不停地改变机票的价格。酒店很快跟进，推出了它们的"收益管理"系统，随时改变客房价格。现在，网络零售商也在使用具有类似功能的软件，目的之一就是要维持最低的价格哪怕只低一分钱，这样当买家在进行价格比较时，它们的商品会出现在搜索结果最前面的位置。

在软件时代到来之前，企业根据竞争对手的标价来调整价格的行为就已经存在，当时商店会派员工到竞争商家的店里去手工抄录价格。电子商务发展起来后，各家企业就通过浏览竞争对手的网站来调整价格。大数据时代的到来为大规模快速地调整价格提供了可能。利用大数据技术，企业在发现价格出现差异——比如一件商品的价格与竞争对手差异5%时，就会很快地进行价格调整。当然，价格调整也是双向的。如果一家公司发现自己销售的某件商品价格比竞争对手低很多，就可能会提高价格，以保持和市场价格水平一致。

（2）排名机制对动态定价的推动。价格调整比较频繁的是在淘宝上销售产品的网店。淘宝鼓励在其网站上销售商品的零售商之间展开激烈竞争，争夺搜索结果的榜首位置。比如，一家儿童服装店为了保住在淘宝搜索排名中的领先位置，每隔一段时间就使用软件修改一下部分商品的价格。

对于那些在淘宝网上销售商品的店主来说，拥有最低售价是跻身令人羡慕的购物推荐榜的最快途径。那些在搜索排名中处于比较靠前位置的商品，有95%的机会被买家选中。

（3）大数据分析让大规模动态定价成为可能。对于那些大型零售企业来讲，每天销售的产品数以万计，如果靠人工方式动态调整价格，工作量巨大。大数据时代的到来令数以万计产品的动态价格调整成为可能。例如，梅西百货采用动态定价机制，根据需求和库存的情况，对多达 7300 万种货品进行实时定价。

提供价格调整软件的 Merent 公司称，其软件一小时内可以修改 200 万件商品的价格，该软件会根据各种不同因素（比如竞争对手的价格、销售额等）来定价。零售商自行设置价格调整的时间和频率、要跟踪的产品及可以忽略的竞争对手。价格变化最频繁的是家用电子产品、服装珠宝和洗涤剂、剃须刀片之类的居家用品。频繁修改价格促进了销售，但也需要注意价格底线。因此，可以在软件里设定与竞争对手的价格优势比例，然后设定一个不能逾越的价格底线，再将竞争对手设定为那些选定的商家，这样价格调整就可以处于保证商家获得一定利润的水平上。

2. 个性化定价

个性化定价指在认识到每个顾客均具有个性化需求的前提下，企业以顾客的个体信息为基础，针对顾客的特定需求调整企业的行为。随着大数据和云计算等信息技术的发展，电商企业进行个性化营销的能力不断提升。利用互联网、信息采集、数据挖掘和计算机技术，电商企业可以及时地收集在线顾客的数据，包括年龄、性别、地区等个人信息，以及产品浏览和购买信息，对数据进行分析，从中发现顾客的购买行为模式，为其制定个性化的营销方案。由于顾客在品牌忠诚度、价格敏感性等方面存在差异，消费者在面对相同产品时，心理感受不一样，愿意支付的金额也不同。例如：速 8 酒店采用百分点公司的数据分析技术，针对不同时段、不同区域进行了价格定位。酒店通过数据抓取工具，把全国 750 多家分店，每家分店方圆 5000 米以内同行的位置、价格、促销等信息进行定时抓取，通过分析、萃取其中有价值的信息后第一时间反馈给店长和价格决策者，就能给速 8 公司运营管理团队一个有价值的参考，这些管理者就能迅速调整自己的定价策略，在市场竞争中获得先机。速 8 酒店与百分点大数据公司合作，开发了价格监控平台。这个平台让酒店的每位区域经理，每天第一时间就能看出区域中哪些酒店的价格设计得不合理，马上给出建议进行调整。

个性化定价需要对顾客个体数据进行精确分析。在精确分析的基上，可以识别每位顾客的支付意愿，从而为他们制定不同的价格，这就是价格歧视。价格歧视在大数据时代下有了新的发展，相比于传统的价格歧视理论，大数据时代下的价格歧视行为表现出了形式更加隐蔽、主体更加广泛、市场划分更加精准等特征，随之而来则是社会现象中较为典型的大数据 "杀熟"。所谓大数据杀熟就是指商家利用大数据技术制定某种定价策略，对于同样的商品或服务，"熟客" 反而要比 "生客" 支付更高的价格，这种现象本质上就是价格歧视。在大数据时代，买卖双方往往信息并不对称，商家更容易获得消费者的消费行为信息，并通过大数据技术智能化地分析出消费者的消费偏好、消费习惯、消费趋势，继而大致推断出消费者对价格的敏感度以及他们对商品的了解程度。而根据大数据分析结果，较之生客，熟客往往对价格不再敏感，因此就出现了大数据杀熟现象。大数据杀熟现象在电子商务、网约车、通信行业等领域较为明显。因为这些行业的价格构成比较复杂，且针对不同消费者往往会提供不同的个性化服务，这样消费者即使被杀熟一般也不会及时察觉。此外，杀熟还可以表现为对于同一类型的商品，通过大数据分析向熟客推荐价格更高的商品。

☞**链接 11. 2**

"一刀切", 治理大数据 "杀熟"

大数据时代, 为避免大数据 "杀熟" 这一特点带来的影响, 企业实施个性化定价需要确定公平原则。在注重公平的基础上, 可以通过以下步骤来实现:

第一步, 了解顾客支付意愿。对于任意一个产品, 企业需要了解不同顾客愿意支付的金额。

第二步, 确定目标顾客。在了解顾客支付意愿的基础上, 确定目标顾客, 以获取最大化利润。例如, 埃森哲公司的 "个性化定价工具" 能够在现有存货、商品利润率等信息的基础上, 利用遗传算法帮助企业决定把商品提供给哪些顾客, 以增加企业利润。

第三步, 制定差别化定价策略。在以上两步的基础上, 设计差别定价 (价格歧视) 的机制, 对不同的顾客提供不同的价格或者商品优惠。

第四步, 实施个性化定价策略的企业需要对商品价值进行分割, 使支付不同价格的顾客享受到不同的服务, 得到不同的商品价值。

例如, 为价格敏感的顾客推荐 "慢递", 但价格比较低; 为价格不敏感的顾客推荐高价值的附属服务。比如在销售电影《2012》DVD 光盘时, 商家通过历史数据了解到 A 顾客的支付意愿是 60 元, 而 B 顾客的支付意愿是 40 元。可以将观看电影时间的价值和电影内容的价值分割开, B 顾客在第一时间购买《2012》光盘只需要支付 40 元, 但是在两周之后才能收到货; 而 A 顾客支付 60 元, 在第二天就可以收到货。这样顾客就不会觉得不公平, 同时商家也扩展了消费者群体, 实现了利润最大化。此外, 美孚石油公司是一个较好的个性化定价案例。美国的加油站定价按照区域进行, 有些地区靠近口岸运输费用低一些, 价格也会相应低一些。这就意味着可以对每个加油站进行需求分析, 如从加油站地理位置以及街区中居民的人口统计学情况和加油数量、频度进行分析, 从而产生不同价格。

个性化的定价方案把每个顾客看作一个细分市场, 从而真正实现一对一营销。因此, 接受个性化价格的顾客会感受到企业对个体的关注、对个性的尊重, 从中获得极大的满足。所以, 企业准确制定个性化定价策略, 在注重公平与保护用户隐私的情况下, 个性化价格能够提高顾客忠诚度, 企业尽可能获得最大利润。

3. 协同定价

在大数据背景下, 采用协同定价策略, 能够将零售业内部的资源很好地整合起来, 并促进整个零售网络的发展和完善。目前, 推动零售企业之间的协同定价正在成为一种共识, 它对整个零售业的发展都有着积极的影响。因此, 为了更好地促进国内零售业的发展, 可以采用一系列的企业协同定价策略, 为零售业的发展创造更好的条件。推动零售企业开展协同定价, 有着很强的必要性, 是新形势下零售企业必须要做出的选择。

具体来看, 国内零售企业协同定价的价值及意义主要体现在以下三个方面: 首先, 协同定价能够优化零售企业内部管理。通过使用协同定价策略, 一方面, 可以降低零售企业运营成本, 实现企业的规模化发展; 另一方面, 又能够以资源互补的方式, 促进零售企业之间的相互协助, 以实现市场竞争联盟。其次, 协同定价能够规避零售企业经营风险。零售企业协同定价不仅能够提升企业总体的竞争水平，而且还能有效规避各种经营风险，确保零售企业能够健康成长。最后，协同定价能够提升零售企业对外合作水平。产品定价被认为是沟通产品买卖双方的切入点，对商业销售的发展有着直接的影响。因此，制定合理的定价策略有助于对各种定价问题进行处理。在采取正确的定价策略之后，零售企业订货、促销等商业活动的开展，就有了更好的条件。通过协同定价，有望将零售业相关的产业整合起来，帮助零售产业朝着更好的方向发展。

第三节　大数据驱动的渠道优化

一、影响渠道设计的因素

市场的选择与渠道选择是相互关联的，有利的市场加上有利的渠道才能使企业获得利润。影响渠道设计的主要因素如下：

1. 顾客特性

渠道设计受顾客人数、地理分布、平均购买数量、购买频率、促销方式等因素影响。当顾客人数增多时，生产者倾向于建立每一层次都有许多中间商的长渠道。

2. 产品特性

产品的体积、重量、单位价值、新颖性、耐用性等因素都是影响渠道选择的变量。例如，易腐烂的海鲜产品需要直接营销，一些酒店强调海鲜是直接从海边运过来的；需要安装、维修的空调等产品，有些企业自己或授权独家特许商负责销售、保养。

3. 中间商

渠道设计时必须考虑中间商的优缺点，在成本、可获得性及提供的服务三方面对中间商进行评估。一般来说，中间商在执行运输、广告、存储等方面以及信用条件、员工素质和送货频率方面，都有不同特点和要求。

4. 竞争特性

某些行业的生产者希望在与竞争者相同或相近的经销处与竞争者的产品抗衡。生产者的渠道设计受竞争者所使用渠道的影响。蒙牛创立之初，伊利对其严加防范，禁止所有经销商经销蒙牛产品，否则取消经销伊利的资格。在蒙牛发展初期，没有经销商敢接手蒙牛产品，蒙牛只有自建或寻找市场漏洞。

5. 企业特性

主要体现在总体规模、资金实力、产品组合、渠道经验及营销政策等方面，其在渠道的选择中也非常重要。如 2004 年，格力从国美集体撤柜。

6. 环境特性

渠道设计还受环境因素影响，如经济发展状况、社会文化变革、竞争结构、技术以及政府管理等。经济萧条时，生产者都希望采用能使顾客廉价购买的方式，将产品送到市场，这意味着使用较短的渠道，避免提高产品售价及没有必要的服务。

☞**链接 11.3**

拉夏贝尔：渠道网络规模的底线在哪里

二、基于大数据的渠道创新

传统市场营销的渠道大多采取代理制或者是购销制，企业与代理商或经销商之间存在一种利益博弈关系，相互之间的信息常常是不共享的，导致经常会发生利益冲突。在大数据环境下，企业只有与各方合作者一起建立起大数据营销系统平台，才能集中体现大数据、物联网、云计算、移动电子商务的优势，从而不断拓展企业营销渠道的外延与内涵。通过营销渠道各方协调一致，增强消费者对产品品牌、服务的良好体验，进而引发顾客更加强烈的购买欲，促进客户与企业品牌的亲和度更加紧密，提升企业的利润空间。

1. 渠道内的销售优化

在渠道规划中，通过大数据分析可以发现，渠道的特征与趋势、问题与短板，如果有针对性地进行整体布局和优化，就能达到提升企业销售业绩的目的。

比如，阿迪达斯的产品线十分丰富，过去在面对展厅里各式各样的产品时，经销商很容易按个人偏好下订单。如今，阿迪达斯会用数据说话，帮助经销商选择最适合的产品。比如，一、二线城市的消费者对品牌和时尚更为敏感，可以重点投放采用前沿科技的产品、经典系列的运动服装以及设计师合作产品系列；在低线城市，消费者更关注产品的价值与功能，诸如纯棉制品这样高性价比的产品在这些市场会更受欢迎。阿迪达斯还会参考经销商的终端数据，给予更具体的产品订购建议。比如，阿迪达斯可能会告诉某低线市场的经销商，在其辖区，普通跑步鞋比添加了减震设备的跑步鞋更好卖；至于颜色，比起红色，当地消费者更偏爱蓝色。

再如，2016 年在贵阳中国大数据财产峰会上，京东 CEO 刘强东提出，2016 年京东会公布智能冰箱，该冰箱会像机器人一样，智能地对家里的肉类和蔬菜等情况进行统计，"比如缺牛奶的时候，甚至在你还没有意识到缺少这种产品时，牛奶已经送到你家了。"当然，冰箱里还有其他食物，比如鸡蛋、西红柿等。刘强东总结道，销售渠道方向的改变可以是多方面的，顺应社会、科技发展，成为一种必然趋势，生活中的智能冰箱已经成了一种特殊的商品销售渠道，未来的电商和零售深入发展，越来越多的产品会变得意想不到的智能。通过各种传感器、设备工具，每天能够对家里各种蔬菜、鸡蛋、肉类、水果等日常食品的数据进行收集、分析，在消费者自己没有意识到的时候，经过巨量数据分析自行下单，将所需的食物送到消费者手中。

综上所述，大数据时代，企业要善于利用大数据相关技术为企业渠道布局提供支持，从而使企业的决策更加科学化、规范化，也更具前瞻性。这样的企业才能真正走在市场前面，在激烈的市场竞争中处于领先地位。

2. 渠道网点优化

渠道网点的密集程度意味着对市场的覆盖程度，但越密集的渠道网络，成本也相应越高。如何根据各个区域市场的需求合理设置渠道网络是企业需要考虑的关键问题。物流流通渠道做得比较好的，应当属电商企业。电商企业由各个区域消费者的消费数据，形成该区域整体的市场需求，并且根据历史的交易信息统计出各个区域、各种产品在不同时间点上的需求状况，再结合物流系统的配送信息、交通运输部门的运量信息、物流公司的服务能力和服务水平信息，就能绘制出一张全面的、详细的在全国范围内产品销售及流通视图，根据这个视图，合理规划流通渠道。京东的自建物流体系、阿里巴巴集团的菜鸟智能骨干网、第三方物流企业——顺丰公司的物流渠道优化就是典型代表。

比如，作为一家以北上广等一线城市为发展重心的快递公司，顺丰快递公司鼓励公司的内部员工回乡创业，到家乡的三、四线城市，甚至是农村去开设快递网点。但这一布局面临很多问题。首先就是运营成本高。虽然我国目前已基本实现了全国范围内的村村通公路，但很多地方的农村地形比较复杂，不像城市那样道路平坦。此外，三、四线城市以及农村地区通过网络购买商品不像一、二线城市那么普及，快递的网点比较分散，效益很难得到保障。尽管如此，顺丰公司通过对整个运营网点的大数据进行分析发现，三、四线城市以及农村市场是顺丰公司快递的短板；而从另一份大数据分析结果来看，这些地区的居民收入在快速增长，增长幅度已经超一、二线城市。随着收入的提高以及国家信息化建设的发展，这些地区的网络普及率也在快速提高，网络购物逐渐成为流行的趋势。通过对这些大数据进行分析，顺丰公司管理层得出的结论是：我国三、四线城市以及农村地区将成为未来快递市场的重要组成部分，而且将会是未来快递市场获得增长空间的主要来源，如果不早做布局，一旦被对手抢占先机，公司在这一块市场将没有竞争力。因此，尽管面临许多困难和问题，这一发展布局却势在必行。

正是通过对多年运营所掌握的数据进行分析和解读，顺丰快递公司的决策层看到了三、四线城市和农村地区在未来快递市场上的巨大发展潜力，这些潜力一旦被挖掘，将带来不可估量的经济效益。面对这样的市场前景，顺丰快递公司的管理层下决心要让公司的快递服务走完这"最后一里路"，实现真正的网点全覆盖。因为他们坚信，这一块市场将成为未来行业竞争对手争夺的焦点，也是快递行业未来发展的重要引擎。

3. 跨渠道整合

跨渠道整合是大数据时代发展的一个必然趋势。伴随着互联网和移动互联网的高速发展，出现网页电脑端、移动设备端和传统线下各渠道的交叉销售和服务。打通各渠道的数据整合对于提升用户忠诚度、促使收入增加、降低运营费用等都有益处。目前，应积极利用大数据思维来整合渠道资源。例如，天虹商场在 2014 年底推出"天虹微品"全员销售APP，通过精选商品传送至手机端，员工店"主"可以根据需要在自己开设的网店编辑商品，再利用微博、微信、QQ 等社交工具将商品分享到自己的社交圈，提供服务，促进销售。天虹商场通过大平台提供商品和支持服务的同时，进行共性的大数据分析，推荐爆款商品；员工作为小前端，则在此基础上根据自己面对的客户迅速做出调整，实现了有效的大数据应用互动。

此外，大数据时代渠道的变革还表现在以下几个方面：其一，经由中间商的长渠道模式变得越来越短，零渠道和一级渠道大行其道，企业渠道重心下沉，企业与消费者直接互动。其二，当前市场营销模式已经发展为"线上+线下+物流"的模式，企业营销渠道更趋多元化，配合超低的价格，开展全渠道营销。其三，通过大数据分析，企业能选择更接近消费者的宣传渠道，有针对性地投放营销广告，使广告有效到达消费者，实现最佳宣传效果。

第四节　大数据时代的促销策略

一、大数据时代的促销变革

虽然传统促销和大数据促销的目的都是吸引消费者注意，激发他们购物的欲望，从而更多地销售产品或提供服务，但大数据技术的运用让促销活动更有针对性。大数据技术强大的数据分析和挖掘能力，改变了促销活动中市场调研、促销商品定价和促销信息传播的方式。

1. 市场调研方式变革

在开展促销之前，促销方应当对促销目标、促销工具、消费者需求进行调研，使促销活动有的放矢，以取得更好的销售业绩。传统的促销调研往往只能根据已有的销售记录来进行，结果不够精确。大数据技术的运用，使促销者不仅能够准确得到消费者的购买记录、购买偏好，分析出消费者的购买能力，甚至能够通过对关联数据的分析，预测消费者的购买需求。这样，就能为促销活动找到准确的目标消费群体，并根据这些消费者的偏好有针对性地制定促销计划。

例如，山姆会员店（Sam's Club）是美国沃尔玛百货公司（Wal-Mart Stores, Inc）的会员制连锁店，是专门服务于会员的仓储式购物俱乐部，其于 2009 年 8 月实施了 "eValues" 项目，该项目根据会员之前购买的商品、购买时间、购买价格等历史交易数据，了解到顾客购买某一商品的频率以及对价格的敏感程度。比如顾客喜欢喝美式咖啡，但对价格比较敏感，就为他提供 10 美元的美式咖啡优惠券或者 8 美元的通用优惠券，并将这些个性化的电子优惠券发送到顾客手机上。山姆俱乐部的这种做法不但能吸引顾客购买更多商品，而且能提高顾客的满意度。

2. 促销定价方式变革

如何对促销商品定价一直是困扰商家的问题。价格不是市场或产品的简单依附，而是代表着产品的用户指向，是调整购买能力与购买意愿的重要杠杆。在大数据时代，促销定价的顾客导向和差异化定价的意义更加凸显。顾客导向强调将顾客群细分，充分了解潜在的顾客，并采取不同的促销方案锁定顾客；差异化定价则强调面对不同消费阶段的顾客采取更灵活的定价，为每个需求层面找到最佳的供应方。这时大数据就有了用武之地——分析顾客的行为并快速总结规律，在此基础上结合顾客的消费能力实现促销活动的精准定价。

3. 信息传播方式变革

在传统的促销活动中，促销方只能发传单或通过大众媒体来传播促销信息，这样的传播方式是单向的传播。这种方式带来的效果不理想，不能保证促销信息到达目标消费者，而且不能及时获知消费者对于促销信息的反馈。大数据时代，促销信息的传播方式则是精准化的。通过对用户的网站浏览记录、购物数据等数据的追踪，能够分析出该用户是否为目标消费者，然后通过程序化购买使促销信息在合适的时间出现在合适的消费者眼前。在传播过程中，促销方能及时获取消费者的反馈信息，适时调整促销方案。这样不但节省了促销费用，而且使促销信息的传播效果更佳。

二、基于大数据的促销策略创新

1. 基于海量数据的市场调研

市场调研能为促销活动的成功提供事实基础。大数据时代，商业环境更加复杂多变，要想从海量的数据中甄别出有价值的信息，除了提升信息处理技术之外，还要改变传统的市场调研模式。传统的用于市场调研的抽样及数据分析技术已不再适用于大数据的分析。营销人员需要再学习，掌握更多的数据处理与分析的技能，以适应大数据时代对促销的新要求。

零售商百思买（Best Buy）在北美的销售活动非常活跃，产品达到 3 万多种，产品的价格随地区和市场条件而异。由于产品种类繁多，成本变化比较频繁，一年之中，变化可达 4 次之多。结果，每年的调价次数高达 12 万次。最让管理层头疼的是促销产品如何定价。为了解决这一问题，公司组建了一支 11 人的团队，希望通过分析消费者的购买记录和相关信息，提高定价的准确度和响应速度。首先，这个团队收集了上千万消费者的购买记录，从消费者的不同维度加以分析，了解消费者对每种产品的最高接受能力，从而为产品确定最佳价位。其次，团队除了分析购买记录这种结构化的数据外，还分析了社交媒体内容这种非结构化的数据。由于消费者需要在零售商专页上点赞或留言以获得优惠券，团队利用情感分析公式来分析专页上消费者的情绪，从而判断他们对于公司的促销活动是否满意，以及时调整促销策略。最后，为了实现价值最大化，团队根据数据开展实时或近似实时的促销活动：他们成功地根据一个消费者既往的麦片购买记录，向身处超市麦片专柜的他即时发送优惠券，为他带来便利和惊喜。通过这一系列的活动，百思买提高了促销的准确度和响应速度，新增销售额数千万美元。

2. 促销信息的精准化

在大数据时代，基于数据分析的企业促销活动更加精准。许多企业通过互联网收集消费者网页浏览、信息查询、购买时间和购买频率的行为数据并加以分析，判断消费者的习惯与偏好，对消费者进行精准定位，制定出有针对性的促销策略，实现促销效果最大化。以菲兹牛排为例，商家的数据分析显示，客人在吃过一次牛排后，在第 23 天回头客最多。于是，商家在第 20 天左右开始发放二次消费促销券，结果促销券核销率比之前大幅度增长，促销效果显著。

此外，商家还可以根据消费者的位置信息推送个性化的促销广告。例如，苹果公司开发的 iBeacon 功能让商家能够向那些在店内主动选择接收信息的用户发送促销广告。比如顾客在店内的男鞋区，正要经过衬衫区，店家就可能向顾客发送衬衫的折扣信息引导顾客进入该区域。该区域内的商家还可能向顾客推荐某品牌的衬衫，因为这是在男鞋区买过同款鞋子的其他顾客所购买过的商品。

3. 实时调整促销策略

大数据为企业带来的另一个机遇就是可以在促销活动中实时监测促销效果，根据反馈对促销策略进行及时调整与改进。传统促销属于直线单向型，企业无法根据促销效果对其促销活动进行及时的调整；而大数据促销属于分段双向型，整个促销活动分为不同的节点，每个节点上都有适时的信息反馈，以便企业及时做出调整。

在趣多多大数据玩转愚人节营销案例中，包含市场调研、促销方式的制定与实施，到最后根据营销效果实施动态调整营销方案等一系列营销活动，这一过程涉及整个大数据时代的促销创新元素：

（1）用社交大数据的敏锐洞察，趣多多精准锁定了以 18~30 岁的年轻人为主流消费群体。

（2）聚焦于他们乐于并习惯使用的主流社交和网络平台，如新浪微博、腾讯微博、百度大搜、社交移动 APP 以及优酷视频等。从海量的数据中挖掘有效的信息，研究用户消费习惯，利用挖掘出来的有效数据进行用户行为分析，从而做到精准营销。

（3）在愚人节当日进行全天集中性投放，围绕品牌的口号展开话题，全面贯彻实时且广泛与用户沟通的机制并深度渗透，使品牌在最佳时机得到有效曝光，也令目标消费者在当天能得到有趣和幽默的体验。在百度、腾讯和新浪等一些中国最大的搜索引擎和社交媒体网站上将会出现一些令人匪夷所思的新闻，比如《姑娘两年减肥 25 公斤，变化过大无奈换身份证》《受明星影响严重英国 4 岁小孩减肥》《女嘉宾爆 20 万相亲起步价引争议》诸如此类，而这些新闻最后也都会标注"别太当真，只要趣多多"这一口号。另外，全天 24 小时内，只要用户使用"百度图片"就会看到"趣多多"的身影。同时，联合"80 后"脱口秀，将趣多多以"有趣"为主题的品牌定位进一步加以强化。多部短片在趣多多官方微博亮相，主持人王自健和网友的互动也在第一时间与活动主题相呼应。

（4）尼尔森参与营销活动的效果监测。根据营销效果的监测数据，趣多多不断调整营销方案。最终，趣多多在愚人节的这次营销活动，创造了 6 亿多次页面浏览并影响到近 1500 万独立用户，品牌被提及的次数增长了 270%。可以说这是一次成功的品牌营销活动，广泛的发声，让趣多多的用户关注度得到了一次巨大的提升，诙谐幽默的品牌基因更加深入地进入用户的意识层面。

4. 大数据广告：程序化购买

当我们在某些平台点击或者搜索过某类商品后，我们又去其他平台浏览时，会发现该平台上的广告位呈现的广告竟与我们曾经在其他平台上点击或搜索过的商品近乎一致。也就是说，网络总是时时刻刻了解我们的需求，在我们网络应用的各个角落总有与我们需求相一致的广告，方便我们的信息获取，快速找到自己想要的商品。这就是智能广告的体现，其背后是程序化购买智能系统的支撑。

（1）程序化购买的含义。程序化购买（Programmatic Buying）是指通过广告技术平台，自动地执行广告资源购买的流程，即资源的对接、购买过程都呈现自动、自助功能，通过实时竞价（Real-Time Bidding，RTB）和非实时竞价（Non-RTB）两种交易方式完成购买。与传统人力购买广告方式不同，程序化购买通过编写程序建立规则和模型，在对数据进行分析的基础上，依靠机器算法自动进行广告购买并实时优化，"人力"在广告投放中的作用明显减弱。

（2）程序化购买产生的原因。传统广告主要是报纸、杂志、电视、广播、户外和现场促销。但这些传统广告是面向所有群体的泛式广告，并没有针对不同受众开展不同的广告促销。比如，可口可乐大部分收入是来自8%的美国人，但可口可乐却在做上亿元的电视广告给100%的百姓。这是一个很不合理的比例，可口可乐试图找到合适的比例。正如广告大师约翰·沃纳梅克（John Wanamaker）说过"我知道我的广告有一半是浪费的，却不知道是哪一半"。如果可口可乐公司，能够找到那8%的美国人，然后有针对性地对这8%的美国人开展营销活动，将会大大节约营销成本，而且营销效果也会更加精准。互联网的普及和信息化的高速发展，给了像可口可乐这类广告主新的机会，精准营销变得更加容易。

在移动互联网时代，人们的消费行为越来越碎片化，在海量的消费者信息中确定目标客户的画像与定位，成为广告主的迫切需要。市场的需要，加上信息技术的成熟，使代表数字营销领域规模化、精准化、智能化、程序化趋势的程序化购买应运而生。

（3）程序化购买的运作模式。想象一下这样的一个场景：有位广东地区的女性用户，12月1日在京东网上搜索过"iPhone手机"，12月3日在聚美网上搜索过"美即面膜"，12月4日点击过本田汽车的广告。此时有三家广告代理公司A、B、C，A代理公司有个客户是苹果公司的iPhone，B代理公司有个客户是美即，C代理公司有个客户是本田。当这名女性用户再次访问某媒体的网页时，广告竞价平台告诉这三家代理公司：我这边有个用户，是广东地区的女性，分别在12月1日、3日、4日浏览过iPhone、美即和本田的广告，然后这三家代理公司都认为这个用户很符合它们对广告受众的定位，分别给出一个竞价，广告竞价平台通过比价，选择出价最高的那个客户（假如是广告代理公司C的客户本田），于是本田汽车的广告就得以在这位女性用户的面前展示。虽然这个过程看似复杂，涉及的参与方很多，但以互联网技术为支撑，就能够在100毫秒内完成竞价购买。

以上场景就是程序化购买的基础流程与运作模式。在程序化购买中，对用户的每次曝光进行实时竞价。广告主通过实时竞价来获得向目标受众展示广告信息的机会。程序化购买打破了传统"广告位"的交易模式，将大数据技术、类搜索技术、实时竞价技术应用到展示类广告上，通过大数据分析技术帮助广告主快速锁定目标人群，实现智能的、精确的广告投放。对于广告主而言，要想进一步提高广告效果，可以利用更优质的广告位将自己的广告信息更好地传递给目标消费者；或者以更加灵活的方式引入技术流，做到精减人工、精准投放、流程可控与投放效果的实时监测。

程序化购买是在对用户数据进行分析的基础之上，找到符合广告诉求的目标受众，通过购买这些受众浏览的广告位，实现对目标受众的购买。程序化购买把从广告主到媒体的全部投放过程程序化，实现了整个数字广告产业链的自动化。

（4）程序化购买的参与主体。如图11-9所示，广告主、广告主的广告代理公司（也称广告的需求方平台）、媒体资源方、管理媒体资源的供应方平台（SSP）、广告交易平台（Ad Exchange）、数据管理平台（DMP）等构成了程序化购买的参与主体。

其一，广告主。

广告主是广告信息的发布者和广告需求的主体。在现阶段的程序化购买中，广告主多是一些中小型企业，品牌知名度并不高。因为现阶段的程序化购买还不够成熟，加入此智能广告系统的媒体资源并不具有很强的媒体优势，诸如新浪门户网站这类流量超强的媒体

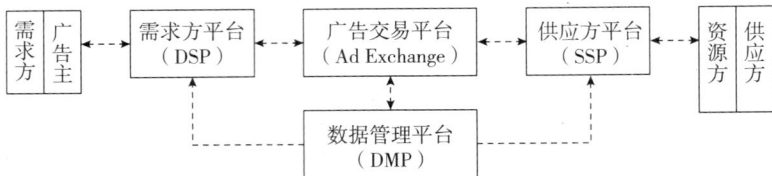

图 11-9 程序化购买的运作流程

资源一般是不会加入程序化广告中来提供广告位的，因而品牌知名度高的大企业一般不会采用程序化购买进行广告展示。知名品牌企业的资金雄厚，且已积累了丰富的媒体广告资源，因而采取传统的电视广告，甚至是直接购买流量平台的广告位更多一些。

其二，需求方平台（DSP）。

需求方平台（Demand Side Platform，DSP）是指面向并服务于广告主的广告投放管理平台。广告主在 DSP 上可以根据自己的营销策略设定目标受众、投放区域、广告竞价等条件，DSP 会借助大数据技术对用户行为即相关信息进行深入分析，帮助广告主找到所需要的目标受众。DSP 让广告主可以通过一个统一的口径来管理一个或者多个广告交易平台账号，接入众多媒体资源，提供全方位的服务。互联网世界里存在成千上万的广告主，他们迫切希望推广自己的产品，提高知名度，寻找优质的媒体资源和更为精准的目标消费者，优化广告投放策略，降低广告成本，提高投入产出比。

其三，媒体资源方。

提供广告位的是众多的互联网媒体方。各个网站的一级页面、二级页面甚至更深层次的页面上都有很多广告位，还有一些视频播放平台存在很多流媒体广告位，这些广告位均可以加入程序化购买系统，通过供应方管理平台进行广告位出售和广告内容展示。很多网站流量没有优势，依靠自身实力进行广告推广，效果并不好，广告主就不会购买这些广告位。所以很多流量不足的媒体方会加入程序化购买系统，由供应方平台统一管理，盘活广告位闲置资源，获得盈利。目前，很多流量强势的一线媒体并没有参加到程序化购买中，主要原因为：第一，强势媒体资源的流量大，广告位价值竞争力很强，往往早已被很多大品牌购买，不存在闲置资源；第二，流量大的媒体往往自身都具备大数据分析能力，能够基于大数据对浏览者进行行为分析，然后优化广告内容的精准展示，不需要依赖第三方的程序化购买平台。

其四，供应方平台（Supply Side Platform，SSP）。

供应方平台是指对媒体的广告投放进行全方位分析和管理的平台。与 DSP 相对应，SSP 通过 Ad Exchange 与 DSP 联系，形成程序化购买的产业链条。SSP 以服务为驱动力，是代表媒体进行流量托管及售卖的平台。通过 SSP，网络媒体能将自己的长尾流量有效地利用起来，从而提高媒体广告资源的整合价值，实现广告资源优化。

其五，广告交易平台（Ad Exchange）。

广告交易平台（Ad Exchange）一端连接广告主，另一端连接广告位拥有者——媒体资源方，当然更多是直接对接买卖双方的服务商，即 DSP 和 SSP。

当一个用户访问广告位网页时，SSP 便向 Ad Exchange 发出访问信号，告知现在的访问请求。Ad Exchange 把广告位的具体信息，例如所属站点、所接受的最低出价以及经过

DMP 分析匹配后的用户属性（如性别、年龄、职业、兴趣爱好、购买习惯等）信息，打包发送给各个 DSP 端。DSP 端管理的广告主开始对这个广告位进行竞价。Ad Exchange 在其中扮演仲裁者的角色，判定哪个 DSP 出价最高，就将这个广告展示机会给出价最高的 DSP 所代表的广告主，再接收该出价最高的 DSP 发送过来的广告信息，投放到目标用户打开的网页上。通过建立一个开放的市场，并在实时竞价过程中确定广告资源的价格，Ad Exchange 让整个网络中的展示广告和广告空间的分配都更为高效、更加轻松，也更为合理。

其六，数据管理平台（DMP）。

数据管理平台（Data Management Platform，DMP）是无缝整合跨不同接触点消费者数据的技术，以帮助企业对何时及如何与每个用户互动做出更好的决策。

程序化购买实质上是一项购买"目标用户"的技术，它的实现需要依赖海量数据的运用，这些数据的背后是用户的个人属性和行为偏好。广告主对程序化购买的需求越旺盛，对用户数据分析的要求就越高，而 DSP 之间的数据一般不会进行交换，这就促使第三方独立数据管理平台 DMP 出现。DMP 汇集了包括广告主和媒体在内的第一方、第三方数据，其作用就是把所有有关目标受众的数据打通，充分挖掘用户的人群属性、兴趣爱好等信息，实现对目标受众的定向。

目前程序化购买在我国的发展还不成熟，其产业链分工还不明细。很多情况下，DSP、SSP、Ad Exchange 往往是同一家企业的不同交易模块。其中具有代表性的包括品友互动、传漾、易传媒、悠易互通、谷歌的 DoubleClick 等，当然随着程序化购买的发展成熟，其产业链分工会越来越专业化，未来 DSP、SSP、Ad Exchange 可能由不同企业来经营。而 DMP 目前的经营可以是程序化购买中参与主体自营的数据管理平台，即第一方数据管理平台，如易传媒 DMP；也可以是独立的第三方数据管理平台，如百度、腾讯广点通等。

（5）程序化购买的交易模式。程序化购买有两种交易模式，实时竞价和私有交易市场。

其一，实时竞价模式（RTB）。

RTB 是在大数据背景下兴起的一种新型互联网广告售卖方式，它通过 Cookie 等人群定向技术抓取用户的需求和偏好，在海量的网站上针对广告主的目标消费群体进行实时竞价，以此来获得广告位。

在 RTB 模式下，广告主能在合适的时间将合适的广告信息传递给合适的人，媒体能更好地利用手中资源获得更多盈利，与此同时，用户（浏览者）通过个性化广告投放得到自己需要的信息。当用户浏览网站时，媒体网站通过添加的 SSP 代码向 Ad Exchange 发起广告请求。Ad Exchange 将这次请求的关键信息，如域名 URL、IP、Cookie 等，同时发送给多家 DSP，我们把这个请求称为竞价请求（Bid Request）。DSP 收到请求后基于自身拥有的海量人群数据库，通过特定的算法、人群定向技术，分析数据库中关于用户的上网记录（Cookie 数据），同时在 DMP 更加专业的数据挖掘帮助下，采集包括用户的人口属性、行为习惯、消费偏好等在内的信息，再将这些信息以广告主容易理解的方式呈现出来，描绘出用户细致的个人兴趣图谱，做出是否参与竞价的决策，从而实现用户需求与广告信息的精准匹配。接下来，代表广告主的 DSP 对目标受众进行竞价，出价最高的广告主将获得这次广告展示的机会，但是获胜者只需要支付所有投标价格中的第二高价。这种方式可以鼓励广告主出更高的价，使媒体资源提供商获得更大的收益。由此可见，在 RTB 广告模式下，一方面，大小广告主都可在同一起跑线上与众多竞争者公平竞价，且价格透明；另一方面，RTB 广告模式使得网站三、四级页面的剩余库存和一些长尾网站也可以参与到广告交易中来，以合理的价格获得收益。

RTB 模式与传统的互联网广告有显著的不同。传统互联网在广告投放中，广告主并不了解观看广告的人是谁、其个人特征是否符合广告主的营销定位；传统互联网广告的计费方式多为按天收费，虽然广告能集中在少数流量较大的网站上，通过每天网站的浏览量带动广告的传播，但实际的广告效果并不十分理想，且费用较大。即使如此，广告主依然认为在知名的媒体投放广告有助于提升品牌形象，能让更多的消费者了解自己的品牌。

而 RTB 模式把按照广告位售卖变成按目标受众人群售卖，在每一个广告曝光的基础上进行竞价，价高者胜出。因此，RTB 模式下互联网广告的特点可以概括为"两个不确定和一个可干预"，即广告位和广告价格不确定，但是对广告的投放效果可以进行实时干预。RTB 模式下的广告是否能够展示给目标群体，取决于广告主竞拍的价格。广告的投放时间、形式、预算的分配也更加灵活。因此，RTB 方式下的广告位无法预先确定，广告价格也不可能在竞价之前就精确知道，但其广告投放效果却可以实时监控，广告主可以即时调整竞价策略。相比之下，传统互联网广告的特点则是"两个确定和一个不可干预"，即广告位和广告价格确定，对广告效果只能通过大量的广告进行评估，不能做到实时干预。

RTB 模式下的精准广告投放造成的结果就是，两个人浏览相同的网络页面，看到的却是不同的广告内容。由于这些定向推送的广告是基于对用户行为的分析来投放的，符合他们近期的需求和兴趣属性，对用户来说是有用的信息，因此他们更愿意去点击。这有助于提高广告的投资回报率，是广告主所乐见的。

但是 RTB 模式也有其局限性。以长尾资源为主的 RTB 市场，与品牌客户的优质流量供需产生矛盾，究其原因在于广告主对 RTB 模式的态度倾向于保守。由于 RTB 模式下的广告是根据目标受众进行投放的，因此不再需要事先购买固定的广告位，而品牌广告主最信赖的、购买最多的，却是具有固定展示位置、排期以及固定价格的广告位。因此，RTB 的出现虽然使媒体的长尾资源得到更好的利用，但这些资源却不太可能是品牌广告主列为最高优先级的广告位。因为 RTB 甄选的是受众，而不是广告位，广告主事先不了解自己购买的广告位具体在哪里，也不知道 RTB 模式下的广告投放到底能够抓住多少目标受众，所以广告价格和费用也就不如传统广告那么容易控制。这使得品牌类广告主对 RTB 持有谨慎态度，他们更青睐的是传统上有排期计划的高优先级广告位，即广告位置确定、广告价格相对固定，且购买之后广告位一定是排他的。

因此，如果有一种方式既能够确保品牌广告主对广告位的"所有权"，又能够在这些广告位的管理上实现类似于 RTB 程序化购买的优点，对于品牌广告主而言将是非常理想的。事实上，这可以通过私有交易市场来实现。

其二，私有交易市场（PMP）。

私有交易市场（Private Marketplace，PMP）与 Ad Exchange 的概念相反，Ad Exchange 是公开的交易，PMP 则是私下的交易。PMP 是将传统广告的私有交易方式与程序化购买的运作方式相结合，具有互联网特征的新广告形式。

传统广告投放一般通过私有交易来运作，广告位是事先预定好的。这种方式消除了广告投放前在时间、位置、价格上的不确定性，更为广告主所信赖，因为它帮助广告主提前锁定了他们想要的媒介资源。而 PMP 存在的意义就是既要保留私有化的交易模式，又要结合程序化购买的运作方式，尽可能地消除广告主的不确定性。但 PMP 绝不是这二者的简单叠加，一方面，PMP 帮助广告主在广告上线之前确定优质资源，确保媒体覆盖和品牌安全；另一方面，PMP 又希望能够利用程序化购买的优势，即利用大数据技术和计算机智能高效、精准地投放广告，根据受众的个人属性、行为偏好等来动态管理广告的投放工作，从而达到实时调控广告、提升广告效果的目的。

PMP 的交易方式有如下三种：

第一种，程序化直接购买（Programmatic Direct Buy，PDB），就是把广告主常规购买的保量优质媒体资源，利用程序化购买的方式进行人群定向等多维度定向广告投放，它是 PMP 中最基础的一种交易方式。美国互联网广告署（Interactive Advertising Bureau）的解释是，PDB 是最类似传统的数字广告直接售卖方式。简而言之，PDB 就是一对一的直接购买方式，广告主和广告公司买好媒体位置，然后用程序化的技术进行优化，提高购买流量的总体效率。买卖双方之间直接谈判，协商流量和定价。这种购买方式与传统的广告购买方式基本上没有区别，即广告主与媒体事先确定好广告位置和价格，然后按照排期规定的时间和位置进行广告投放。

总体而言，PDB 这种交易方式是广告主最容易接受的方式。首先，它与传统购买方式一致，即广告位资源是预先保证的，广告主和媒体可以事先就广告时间、广告位置、广告价格等方面进行协商；其次，一旦排期确定，广告位资源就不会轻易更改。PDB 主要针对广告主自己买断的优质媒体资源，运用程序化购买的方式进行对接和投放。广告主买断的通常是优质媒体资源，因此 PDB 主要适合拥有多个子品牌或者多种投放需求的大型品牌广告主。PDB 的计费方式既支持传统的按天收费（Cost per Day，CPD），也支持按照每 1000 个展示曝光进行收费（Cost per Thousand Impressions 或者 Cost per Impressions，CPM）和按每次点击收费。

第二种，优先交易（Preferred Deals，PD），就是指媒体可以将一部分拍卖的流量转化为直销流量，它是通过开放优先交易权获取收益的交易方式。PD 与 PDB 的区别在于，广告资源具有一定的不确定性，广告位的展示量不能事先保证。例如，广告主看中了某网页上的广告位，这个广告位是按照 CPM 方式出售的，由于网站的访问量和点击率每天都不一样，因此在这个广告位上广告的展示次数不能预先确定。比如，新浪网站三级页面的某一广告位，规定用户浏览量超过 1000 万次后才对广告主开放，那么某一天这个网页的浏览量不足 1000 万次，广告主得不到广告展示机会，如果某天浏览量为 1200 万次，则剩下的 200 万次将对广告主开放，广告主如果愿意广告将得到 200 万次的展示机会。也就是说，尽管广告位可以事先卖给广告主，但是展示量却保证不了，只有在媒体有剩余流量且广告主同意购买的情况下，广告交易才得以进行，这样在这个广告位上做广告的预算就不能精确预知。更何况，因为这个广告位是按照 CPM 来出售的，不一定只卖给一个广告主，还可能同时卖给另外一个广告主，如果媒体保证该广告位每天给所有广告主一共 1000 次展示机会，则卖给其中一个广告主的就只能是剩下展示量的一部分。在这种情况下，展示量更不容易保证。因此，可以看出媒体在公布广告位资源时，PDB 的优先级高于 PD，而

PD 的优先级又高于需要完全竞价的 RTB。

第三种，私有竞价（Private Auction，PA）。其运作方式与公开竞价 RTB 基本相同，区别在于媒体可以邀请一些特定的买方对广告位资源进行竞价。如果说 PDB 这一方式是纯粹的私密交易，不存在广告竞争，那么 PD 就有与其他广告主竞争广告位的可能性，而在 PA 方式中，媒体把较受广告主欢迎的广告位专门拿出来，放到一个半公开的市场中进行售卖，供有实力的广告主竞价，价高者胜出。同 PD 方式一样，PA 也必须按照 CPM 进行交易，虽然竞拍的都是媒体的优质资源，但其广告位资源的保证度要高于 RTB。

实时竞价模式（RTB）与私有交易市场（PMP）的 PDB、PD、PA 之间的对比分析如表 11-1 所示：

表 11-1　实时竞价（RTB）与私有化交易市场（PMP）之间的对比分析

交易模式	交易方式	是否保质保量	出价方式	操作方式
实时竞价模式（RTB）	公开竞价	尽量保质不保量，广告位不预留	实时竞价	在 Ad Exchange 中公开竞价
私有交易市场（PMP）	程序化直接购买（PDB）	保质保量，广告位预留	协商定价	传统媒介谈判方式+程序化控制投放
	优先交易（PD）	保质不保量，广告位预留	事先出价	程序化购买中指定媒体
	私有竞价（PA）	保质不保量，广告位不预留	实时竞价	小范围内参与竞价

（6）程序化购买的特点。在传统媒体时代，广告的投放有太多的中间环节，并且有大量的人工参与。这样的广告形式既缺乏规模效益，又阻碍了智能化的空间。即使是传统的互联网广告，对于新媒体、新技术的利用也是有限的。购买网络广告位与购买户外广告牌、杂志版面并无差别，都是购买位置，而且交易的方式与传统媒体的交易方式相同。程序化购买则将技术的作用充分发挥出来，特征鲜明。

1）程序化购买与传统广告模式的区别。

其一，从购买广告位转向购买目标受众。传统广告的传播范围大，但投放不够精准。以报纸与电视广告为例，每天刊登和播出的广告不仅数量大，而且种类繁多，受众在看广告时处于一种被动接受的地位，只能在大众媒体提供的广告范围内搜寻自己感兴趣的产品信息；程序化购买则利用大数据技术，根据互联网用户的浏览轨迹与行为数据，分析并判断消费者的需求，投放与其需求相匹配的产品或服务的广告，完成从传统的购买广告位到购买目标受众的转变。

其二，广告创意和技术并重。在传统广告模式下，广告产生良好的传播效果主要是因为它建立在内容有创意的基础之上。不同于传统广告模式，程序化购买是一种由创意和技术双驱动的广告模式。传播环境的巨大变化已经成为广告业发展不可回避的现实，传播技术的革新对广告产业而言意味着广告产业出现新的服务模式。在大数据时代的程序化购买中，技术成为广告效果新的驱动力。与此同时，广告创意对于程序化购买仍然是必不可少的，否则，程序化购买的精准推送只会让受众不堪其扰。

其三，实现广告投放的多屏互动。随着媒体环境的变化，受众的注意力不断地碎片化，消费者不再只关注某一个屏幕，而是从 PC 端到移动端，甚至在更多的屏幕之间随时切换。对于广告主来说，受众的注意力有所改变，其投放广告的方式也要随之改变。在这样的情况下，程序化购买能够实现广告与用户的多屏互动，在电脑、手机、iPad 等不同终端与不同的数据库间进行对接，做到广告投放的无缝连接。

2）程序化购买的特征。

其一，数据化。大数据的核心特征即"一切皆可量化"，语言文字、声音影像、生活消费、地理位置等都能以数据的形式收集和记录，甚至连人的沟通和关系、经历和情感，也都会在网络上留下痕迹。比如，百度等搜索引擎，可以将受众关心的信息数据化；微信、微博等社交媒体可以将受众的关系数据化；淘宝等电商网站可以将用户的消费行为数据化。

程序化购买的特征就是对数据十分重视。利用技术充分挖掘数据的价值，全方位整合 PC、移动、户外以及电视等资源，用数据打造更完整的营销生态链。例如，互联网广告公司悠易互通通过数据银行来进行用户数据的收集、管理、分析与应用，通过与 DSP 和 DMP 的对接，将广告的投放计划与受众数据进行整合，为广告主提供一站式服务，以使广告主的广告投放效果得到更大的提升。

其二，精准化。大数据技术并不是对数据的简单叠加，而是要通过对海量数据的分析来甄别目标受众、预测消费者需求，因此程序化购买的另一个特征就是精准化。

程序化购买的精准化首先体现在广告的投放精准。广告主在投放广告过程中，预先通过 DSP 设定好自己的广告信息、目标受众条件、愿意为广告支付的价格等，通过 Ad Exchange 进行交易，当 SSP 中有符合条件的用户出现时，广告主的广告就出现在该媒体的某个广告位上，如果不符合条件，广告就不展示。

其次精准化还体现在广告效果的评估精准。广告效果通常从广告销售效果和广告传播效果两个层面来评估。广告销售效果是广告传播效果的直接体现，而广告传播效果主要通过对受众的认知、情感以及行为等产生影响来间接促进广告销售效果，所以广告传播效果具有延时性，这也成为传统广告最难衡量的环节。程序化购买可以在大数据的基础上分析用户在观看广告后的一系列网络活动轨迹，如是否查询相关商品信息、是否与他人交流商品信息、是否在网上购买商品等，从而判断广告传播对销售的影响。通过对用户每一个媒介接触点的分析，计算每个媒介渠道在实现广告主销售目标上贡献了多少价值，从而帮助广告主实现广告效果评估的精准和持续优化。

其三，人性化。程序化购买抛弃了传统广告时代的"无差别覆盖"，简化了广告从生成到投放的环节，做到广告的最优投放，这使受众、广告主以及媒体三方实现互利共赢。

首先，对于广告主来说，程序化购买为其提供了个性化的服务。程序化购买分为实时竞价和非实时竞价两种形式，广告主可以根据自身的需求，选择其中一种或者同时选择两种。广告主还可以在 DSP 中进行设置，自由选择何时何地对何人投放广告。同时，DSP 可以协助广告主分析媒体和品牌的契合度，对投放广告的媒体环境进行筛选。

其次，对于媒体来说，程序化购买有利于广告位管理和收入的增加。媒体通过 SSP 提供的广告管理后台对广告位进行管理，对广告投放进行排期设置、编辑整合等。除此之外，媒体还可以对同一广告位上的多个广告进行管理，根据广告位上的广告主出价的不同，设置广告展示的优先级，优先展示通过非实时竞价投放的出价高的广告，将剩余的流量用于通过实时竞价投放的广告，以增加媒体的广告收入。

最后，对于受众来说，程序化购买可以优化其广告体验。程序化购买是根据受众的喜好及需求特性来展示与之有关的广告，这在一定程度上减少了广告信息对受众的干扰，增加了受众对广告的好感。

课后练习题

一、单项选择题

1. (   ) 指顾客购买产品时，附带获得的各种利益总和，包括产品说明书保证、安装、维修、技术培训等。

A. 延伸产品　　　　　B. 期望产品　　　　　C. 形式产品　　　　　D. 核心产品

2. (   ) 为互联网广告提供了一个交易场所，在程序化购买中扮演仲裁者的角色。

A. DSP　　　　　　　B. SSP　　　　　　　C. Ad Exchange　　　D. DMP

3. PMP 最典型的特征是私下交易模式加上程序化购买的运作方式。下列选项中不属于PMP 的交易方式的是 (   )。

A. 程序化直接购买（PDB）　　　　　B. 优先交易（PD）

C. 私有竞价（PA）　　　　　　　　　D. 实时竞价（RTB）

4. 人们购买空调不是为了获取装有某些电器零部件的物体，而是为了在炎热的夏天满足凉爽、在寒冷的冬天满足温暖的需求，这涉及的产品层次是 (   )。

A. 延伸产品　　　　　B. 期望产品　　　　　C. 形式产品　　　　　D. 核心产品

5. 大数据时代的到来，为企业的产品创新提供了新的契机，下列选项中不属于产品创新表现的是 (   )。

A. 制造智能化　　　　B. 产品定制化　　　　C. 服务个性化　　　　D. 定价个性化

6. RTB 模式是在大数据背景下兴起的一种新型互联网广告售卖模式，下列选项中不属于其特点的是 (   )。

A. 购买的是目标受众　　　　　　　　B. 广告位不确定

C. 广告投放效果无法实时干预　　　　D. 广告价格不确定

7. 生活中常会碰到这样尴尬的情景，深夜拿出手机招呼一辆"优步"回家，结果发现此时的价格是平时的三倍。这体现了大数据时代的 (   ) 策略。

A. 动态定价　　　　　B. 个性化定价　　　　C. 招徕定价　　　　　D. 撇脂定价

8. 易腐烂的海鲜产品需要直接营销，这体现了影响渠道设计的因素是 (   )。

A. 中间商　　　　　　B. 产品特性　　　　　C. 竞争者　　　　　　D. 顾客特性

9. 关于程序化购买模式与传统广告模式的区别，下列选项中不正确的是 (   )。

A. 从购买目标受众到购买广告位　　　B. 从购买广告位到购买目标受众

C. 实现广告投放的多屏互动　　　　　D. 广告创意和技术并重

二、简答题

1. 简述产品及整体产品的概念。
2. 大数据时代产品创新主要表现在哪些方面？
3. 结合具体的案例说明互联网定价和传统定价的不同之处。
4. 简述动态定价和个性化定价的概念及表现形式。
5. 简述影响渠道设计的因素。
6. 大数据时代渠道创新主要表现在哪些方面？
7. 简述大数据时代的促销。
8. 简述程序化购买的含义及特点。
9. 结合案例阐述程序化购买的运作模式。
10. 结合所学知识比较实时竞价和私有交易市场模式。

第十二章 大数据时代的营销方法创新

📖 教学目标

1. 掌握搜索引擎营销的内涵及模式
2. 了解搜索引擎营销的发展趋势
3. 掌握体验营销的措施
4. 掌握病毒营销的概念和运作原理
5. 理解互动营销的特点及应用
6. 理解网络直复营销的内涵、特点及应用
7. 掌握社交媒体营销
8. 理解定制化营销的内涵及发展趋势
9. 掌握 APP 营销模式及大数据时代的 APP 营销

📖 教学重点

1. 搜索引擎营销的内涵及模式
2. 体验营销的策略
3. 病毒营销的概念及运作原理
4. 微信、QQ、抖音等社交媒体营销
5. APP 营销模式及大数据时代的 APP 营销

📖 教学难点

1. 病毒营销的运作原理
2. 网络直复营销策略

引导案例

Nike+，用大数据做跨渠道营销

Nike+是耐克公司研发的一系列健康追踪应用程序与可穿戴设备的概称，包括 Nike + Running、Nike + iPod、Nike +Move、Nike+Training、Nike+Basketball 等手机应用程序以及 Nike+Sportwatch、Nike+Fuelband、Nike+Sportband 等穿戴式设备。Nike+是 Nike 的一个服饰附件，也是 Nike 的一个品牌，它能通过对用户的跑步信息的收集帮助 Nike 找到用户、了解用户，从而更加精准地开展营销活动。Nike+是一个在做跨渠道营销或利用大数据营销方面的绝佳案例。

一、被忽视的 Nike+数据潜力

通过 Nike+这个硬件、软件、社区配合在一起的大平台，Nike 每天都能收获源源不断的用户数据，这些数据能为 Nike 带来什么？第一，明确目标对象及投放平台。通过 Nike+平台，Nike 发现它的销售对象应该是 17 岁左右的青少年，他们比成年人更具有购买冲动。获悉之后，Nike 就会把广告投放在青少年青睐的社交平台，减少在电视上的广告投放。第二，精准地优化营销策略。比如 Nike+使 Nike 降低了对明星代言的依赖。众所周知，早期的 Nike 都是请大牌明星来代言，但这些人的代言费是天价，对于公司来说是笔很大的预算。然而，明星代言的效果却无法衡量。放眼未来，这种代言已经减少，现在 Nike 的代言明星很多都不是最当红的，而是一些处在上升期的明星。为什么 Nike 要用这些人？因为它通过 Nike+发现，用户群对这些新兴明星的讨论非常多。除了这两条外，Nike+平台还能给 Nike 带来什么呢？

1. 产品的改进

无论哪个公司在做新产品的研发时，都需要了解消费者的需求。但 Nike+的存在使 Nike 免去了这项工作，它收集到的数据足够指导 Nike 精准地调整未来的产品。

2. 用户关系的维护

Nike 如果研发出新产品或者健身计划，可以通过 Nike+很快地与用户建立关联，然后与其产生互动。

3. 精准投放

通过 Nike+提供的数据，Nike 不但可以精准地在用户的跑步路线上投放户外广告，还可以通过对用户什么时间上 Facebook 或 Twitter 的分析，在准确的时间点投放广告。

4. 精准营销

通过对用户的身高体重以及社会化行为的分析，Nike 生产出最适合用户的产品。

5. 发现代言人

Nike+上每天有 1000 万人在上传信息。在这 1000 万人中，Nike 可以找到具有良好运动天赋的人，然后资助他们，这些人便成为忠实用户。他们也会影响到周边的人，这是培养未来用户的好方法。

6. 联合营销

Nike 可以把从 Nike+上面获得的数据卖给其他品牌来获得盈利。当然，它也可以在用户的跑步路线上设立休息站，使其成为一个个广告位，然后把这些广告位卖给其他品牌，这也是盈利的一个渠道。Nike 2011 年在北京做的 10 公里慢跑的活动中就出现过这样的模式。

二、原来可以这样做

通过 Nike+的例子可以看出，大数据是获取信息的重要渠道。所以，Nike+这样的自有媒体（Owned Media）是未来营销中一个很重要的渠道，它会推动免费媒体（Earned Media），即口碑等渠道信息的获取，同时沉积数据，带来很多其他的商业利益。难道只有 Nike 才能做出 Nike+这样一个平台吗？不是，其实每一个企业、每一个营销部门都可以做到。要想一下怎么把自有媒体和免费媒体关联起来，并利用在这两个平台上获得的信息指导其他平台上的投放。这种信息的整合需要广告主、第三方的合力，包括蓝标也在做这样的平台，把大家在报纸上、电视上、微博上、BBS 上以及电子商务看到的与产品相关的信息或者竞争对手的信息采集回来，成为后续如 Nike+这样大数据挖掘的基本素材。

资料来源：http://finance.sina.com.cn/leadership/mroll/20130506/132715360406.shtml.

第一节　搜索引擎营销

在数据大爆炸的时代，碎片化数据充斥在整个互联网。数据体量大，但用户所需要的信息量或者所能承受的信息量没有太大的变化，于是搜索工具会成为大数据时代的重要工具，成为一种刚性需求。

一、搜索引擎的含义

所谓搜索引擎（Search Engine），就是根据用户需求与一定算法，运用特定策略从互联网检索出指定信息反馈给用户的一门检索技术。搜索引擎依托于多种技术，如网络爬虫技术、检索排序技术、网页处理技术、大数据处理技术、自然语言处理技术等，为信息检索用户提供快速、高相关性的信息服务。搜索引擎技术的核心模块一般包括爬虫、索引、检索和排序等，同时可添加其他一系列辅助模块，为用户创造更好的网络使用环境。例如百度、谷歌、必应、360、搜狗等都属于搜索引擎。

二、搜索引擎营销的内涵

搜索引擎营销（Search Engine Marketing，SEM），指根据用户使用搜索引擎的方式，利用用户检索信息的机会，尽可能将营销信息传递给目标用户。简而言之，搜索引擎营销就是基于搜索引擎平台的网络营销，利用人们对搜索引擎的依赖和使用习惯，在人们检索信息的时候将信息传递给目标用户。搜索引擎营销的基本思想是让用户发现信息，并通过点击进入网页，进一步了解所需要的信息。企业通过搜索引擎付费推广，让用户可以直接与公司客服进行交流、了解，进而实现交易。

搜索引擎营销是网络营销的一种新形式，其本质就是企业有效地利用搜索引擎来进行网络营销和推广。搜索引擎优化是网络营销非常有效的一种手段，对于网站推广、网络品牌、产品推广、在线销售等具有明显的效果，通过较高的搜索引擎排名来增加网站的点击率（浏览量），增加产品或服务的销售额。网络调查显示，排名前 10 位的网站占据了 72% 的点击率，排名第 10~20 位的网站拥有 17.9% 的点击率，而排名 20 位以后的所有网站只有 10.1% 的点击率。

三、搜索引擎营销模式

搜索引擎营销有两种模式，一种是用户通过搜索引擎工具检索需要的信息，企业通过搜索引擎优化（搜索引擎自然排名）、分类目录登录、搜索引擎登录、付费搜索引擎广告、关键词广告、竞价排名、地址栏搜索、网站链接策略等方式将企业信息呈现在用户的检索结果里。另一种是企业借助检索平台的检索指数，了解用户需求后再开展精准营销。

1. 用户创造被营销的机会

实施搜索引擎营销时，首先，将企业信息发布在网站上，使这些信息成为以网页形式存在的信息源；其次，利用搜索引擎将网站或网页信息收录到索引数据库，用户利用关键词进行检索（对于分类目录则是逐级目录查询），在检索结果中罗列相关的索引信息及其链接统一资源定位符（Uniform Resource Locator，URL）；最后，用户根据对检索结果的判断，选择有兴趣的信息，点击 URL 进入信息源所在网页。

在具体操作中，企业可以事先把相关信息放在分类目录登录、搜索引擎登录、付费搜索引擎广告、关键词广告、竞价排名、地址栏搜索、友情网站链接等板块下。

实际上，用户主动搜索，搜索引擎呈现检索结果，是一种用户主动搜索信息而被营销的一种营销方法，这也是搜索引擎营销不同于其他营销方法的地方。以关键词广告为例，它平时在搜索引擎工具上并不存在，只有当用户输入关键词，结束查找，才在关键词搜索结果旁边出现。虽然广告内容已定，不是用户所决定的，但给人的感觉就是用户自己创造了被营销的机会，用户主动地加入了这一过程，这也是为什么搜索引擎营销比其他营销方法效果更好的原因。

2. 企业利用检索平台开展精准营销

百度是全球最大的中文搜索引擎、最大的中文网站。根据第三方权威数据，在中国，百度 PC 端和移动端市场份额总量达 73.5%，覆盖了中国 97.5% 的网民，拥有 6 亿用户，日均响应搜索 60 亿次。因此，百度的搜索数据能揭示我国消费者的需求行为情况。百度指数是以百度海量网民行为数据为基础的数据分享平台，是当前互联网乃至整个数据时代最重要的统计分析平台之一，自发布之日便成为众多企业营销决策的重要依据。百度指数能够告诉用户：某个关键词在百度的搜索规模有多大，一段时间内的涨跌态势以及相关的新闻舆论变化，关注这些词的网民是什么样的，分布在哪里，同时还搜了哪些相关的词，帮助用户优化数字营销活动方案。比如，在百度指数里，查询关键词大数据的搜索情况，可以得到关键词"大数据"的整体趋势分析、关键词"大数据"的百度指数需求图谱和关键词"大数据"的百度指数地域分布等数据分析报告，这对于大数据会议培训机构如何开展大数据培训活动、大数据公众号如何推送大数据文章、作者如何撰写大数据书籍、大数据技术服务商发现市场机会等都具有巨大价值和参考意义。

　　除了专业检索平台上的检索指数，其他网站的检索数据同样可以揭示用户情况，以此开展精准营销。比如，三只松鼠就利用阿里巴巴的生意参谋平台的数据开展精准营销，以淘宝指数及检索指数发现果干类目零食的需求趋势和市场潜力，并以此扩展三只松鼠的产品品类，取得可观业绩。

四、搜索引擎营销发展趋势

　　搜索引擎营销是一种最常见的互联网营销方式，是让用户发现信息，并通过搜索点击进入网站或网页，从而进一步了解他所需要的信息。搜索引擎营销也是衡量企业实力的一种方式，如果公司的网站没有被列在最前面的几个搜索结果中，那就意味着这个公司已经不在中国或者国外庞大用户群的备选之列，如果没有被列入备选名单，在网络上推销产品的机会就会大大减少。

　　随着搜索引擎市场的发展，未来搜索引擎营销的发展趋势是互动式搜索、个性化搜索和社交圈搜索。

　　1. 互动式搜索

　　互动式搜索即用户可以参与搜索，让普通用户可以干预搜索结果的一种模式。传统的搜索都是封闭的，即搜索引擎方一家独大，完全由自己操作搜索排名结果，这种模式完全扼杀了用户的参与权。未来的搜索引擎慢慢会让更多的用户参与到搜索结果的排行中，发挥广大群众的力量，才能真正提高用户体验。

　　2. 个性化搜索

　　个性化搜索就是做到搜索的量身定制，即根据每个用户不同的搜索需求，结合用户的特点，给出最合适的搜索结果。传统的搜索是1万个人搜同一个关键词，给出的是一模一样的搜索结果。如果搜索做到了量身定制，那么1万个人搜索同一个关键词得到的是1万个不同的搜索结果。在大数据时代，基于用户行为跟踪和用户画像，是可以做到这样的精准营销。

　　3. 社交圈搜索

　　社交网络和社交工具的发展引发了轮番的数据爆炸，无论是传统的 PC 搜索，还是 APP 搜索以及萌芽不久的社交化搜索，有搜索就有排名，一定会有人争取排名。例如，微博每天就可以产生海量的碎片化数据，这些数据量不比传统的 HTML 网页数据量少，但是这些碎片化数据不是传统搜索所能掌控的，就像百度也只能抓取很小的一部分微博数据。

　　因此，未来必然会有一种新型的搜索工具来组织社交平台的数据。例如，国外的 Facebook 和 Twitter 正在尝试推出自己的搜索工具，通过社交化平台来提升个人品牌知名度，并让企业在这种平台的搜索营销中占有不小优势。

第二节　大数据体验式营销

一、体验式营销的含义

体验式营销指通过看（See）、听（Hear）、用（Use）、参与（Participate）的手段，充分刺激和调动消费者的感官（Sense）、情感（Feel）、思考（Think）、行动（Act）、关联（Relate）等感性因素和理性因素，重新定义、设计的一种思考方式的营销方法。比如，宜家家居作为最早采用并成功运用体验式营销的企业，其体验式营销的运用为宜家赢得市场份额立下汗马功劳，消费者可以亲自对沙发、床等物品进行体验，通过消费者亲身的感受来影响消费者；消费者购买家具时，可以自己亲自设计，满足消费者个性需求。

与传统的营销方式相比，体验式营销更加注重顾客的体验，企业关注与顾客之间的沟通，发现顾客内心的需要，站在客户的角度，去思考自己的产品和服务，在产品的设计、制作和销售中，倾注了体验式的理念。相信大家都有买西瓜的经历。假如有两个人在卖西瓜，一个卖西瓜的在大声地吆喝："喂，快来买西瓜啊，我的西瓜不甜不要钱，买回去之后不甜你也可以退给我。"同样另一个人，他在卖西瓜的时候把西瓜剖开，然后切一片给你尝一下，然后告诉你尝尝看甜不甜，甜了你再买，你遇到这两种卖西瓜的，会买哪一种呢？肯定是第二种吧。因为既能看到它新鲜的样子，又能品尝到它的味道。这两种不同的卖西瓜方式，第一种是传统的销售方式，他的西瓜完整地放在那里，只是用语言告诉你，他的西瓜非常好，不甜不要钱。第二种是体验式营销，让你参与其中，剖开他的西瓜让你尝，这时候你会得到两种体验，一种体验你会尝到西瓜很甜，"这是我要的好西瓜的感觉"，另一种带来的感觉是"我看到这个西瓜是鲜红的，或者很黄，色彩很鲜艳，非常让我有食欲，我很希望把这个西瓜抱回家"。这是两种完全不同的卖瓜方式。

二、体验式营销的措施

在体验消费盛行的今天，越来越多的企业开始意识到体验式营销的战略意义。在企业的具体运行上，体验式营销可以采取多种实施办法。

1. 在产品中附加体验

在体验式营销中，产品不仅需要有好的质量和功能，还要有能满足使用者视觉、触觉、审美等方面要求的特性。现在消费者对产品的期望值越来越高，某一个细节的缺陷便会影响消费者对产品的感知，从而不利于产品的销售。因此，企业要密切联系消费者和使用者，在附加体验或去除不良体验方面大做文章。

2. 用服务传递体验

在服务过程中，企业在完成基本任务的同时，完全可以突出自己所传递的体验。海尔在这方面就做得很好。海尔的维修人员在服务结束时，会用自带的抹布将门口的地面很细心地擦一遍，即使是根本没有弄脏，这个看似无足轻重的服务细节，却能给消费者带来美好而难忘的体验。

3. 通过广告传播体验

由于广告的传播范围广，优秀的体验广告更能吸引目标消费者，达到产品销售的目的，例如"百年润发"广告巧借中华民族夫妻间青丝白发、百年好合的传统美德，以洗发的浓浓深情，把人带入"青丝秀发，缘系百年"的美好境界。

4. 借品牌凝聚体验

表面上，品牌是产品或服务的标志。深层次上，品牌则是人们心理和精神上的追求。在体验营销者看来，品牌就是"消费者对某种产品或服务的总体体验"。因此，创造一个强调体验的品牌形象，消费者就会蜂拥而至。

5. 创造全新的体验业务

体验业务不同于依附在产品或服务之中的体验，它是企业真正要出售的东西，产品或服务只不过是一种载体。我们需要在各大行业，如影视、艺术、体育、旅游等行业创造出全新的体验业务，以满足人们不断上升的体验需求。

三、大数据时代体验式营销

大数据时代体验式的营销策略以顾客需求为主要着力手段，通过大数据分析，建立顾客体验需求的数据模型，突出"以人为本"的服务理念，有效增加产品销售量，提高营销业绩和企业的经济效益。大数据时代可以利用互动式触屏，把消费者的喜好和对应的反馈产品传递给消费者，3D技术可以用光感应迅速抓取消费者的尺寸实现某些领域的量身定制，未来甚至可以根据消费者语言描述，及素材的叠加为消费者在现场空间以光感形式呈现想要的产品效果和产品描绘。有调查数据表明，86%的客户会愿意为得到更好的客户体验支付更多的费用，而89%的客户会因为一次糟糕的客户体验转而购买竞争对手的产品。"客户体验"应该成为企业制定营销和销售战略的主要方向。

苹果选择了听觉体系，推出了语音助手Siri，Siri体验绝非简单的语音输入，而是一种"语音+探索"的智能系统，我们可以想象的是，Siri几乎可以与任何功能相连，比如"语音+地图导航"，便可实现智能地图。谷歌选择的是视觉功能，推出了谷歌眼镜。谷歌眼镜的原理，是"视觉中枢神经"的延伸，"视觉+探索"让我们可以轻松"解密"看到的一切，而"视觉+翻译"系统，可以让两个都不懂对方母语的人，轻松地通过谷歌眼镜，通过翻译字幕实现自由交谈。

第三节　病毒式营销

一、病毒式营销的概念

病毒式营销（Viral Marketing），又称病毒性营销、病毒营销、核爆式行销或基因行销等，是利用公众的积极性和人际网络，让营销信息像病毒一样传播和扩散，营销信息被快速复制传向数以万计、数以百万计的观众，它能够像病毒一样深入人脑，快速复制，迅速传播，将信息短时间内传向更多的受众。网络营销经常运用这种方式进行网站品牌推广。病毒式营销已经逐渐由一种互联网营销手段向一种网络营销思想发展，其以用户口碑传播的原理为基础，使信息可以像病毒一样迅速蔓延。

病毒营销本质就是让用户们彼此间主动谈论品牌，通过提供有价值的产品或服务，"让大家告诉大家"，通过用户为产品宣传，实现"营销杠杆"的作用。常用的病毒营销方式有电子邮件、QQ、MSN、微信等即时工具，微博、论坛平台、社交平台等。如达贝妮获得"网上最牛店主"的殊荣。达贝妮是香港米兰站"爱的天国——Benny Doll's"淘宝店的店主，主要销售名车、豪宅等价值百万甚至过亿的奢侈品。达贝妮为自己店铺所有商品都撰写了一段缠绵悱恻的爱情故事，使店铺名声大噪，累计访问量超过 100 万。网友的力量是不可估量的，在网友的推动和传播下，达贝妮几乎成为明星一般的存在。同时，媒体跨过发掘新闻的阶段，纷纷跟踪报道。由此可见病毒式营销的传播力量非同一般。此外，还有很多企业利用社会化媒体将病毒式营销玩得风生水起，诸如苹果、小米、杜蕾斯、可口可乐、加多宝等，其中可口可乐昵称的火爆、加多宝的"对不起体"都是病毒式营销的结果。

二、病毒式营销的特点

病毒式营销是一种高效的信息传播方式，由于这种传播是用户之间自发进行的，因此相较传统的营销模式具有以下四个特点：

第一，吸引力强。如果以传统的营销模式来看待病毒式营销，肯定会有疑问，那就是目标消费者为什么自愿提供传播渠道，其原因在于：企业传递给目标群的信息不是赤裸裸的广告信息，而是经过加工的、具有很强吸引力的产品和品牌信息，这些信息就像突破了消费者的"免疫系统"一样，促使客户完成从纯粹受众到积极传播者的转变。

第二，传播速度快。病毒式营销是自发的、扩张性的信息推广，并非均衡地、同时地、无分别地传给每一个客户，而是通过类似于人际传播和群体传播，产品和品牌信息被消费者传递给与他们有着某种联系的个体。例如，目标受众读到一则有趣的文章或者看到一个有趣的视频，第一反应基本上都是将文章或视频转发给好友、同事，而无数个参与者就构成了呈几何倍增的传播主力。

第三，接收效率高。大众媒体投放广告有许多难以克服的缺陷，以电视广告为例，同一时段的电视有各种各样的广告同时投放，其中不乏同类产品"撞车"现象，大大减少了受众的接收效率。而对于那些可爱的"病毒"，是受众从熟悉的人那里获得或是主动搜索而来的，在接收过程中自然会有积极的心态，接收渠道也比较私人化，如短信、电子邮件等。而这些优势，使得病毒式营销尽可能地克服信息传播中的影响，增强了传播的效果。

第四，更新速度快。网络产品信息的推广有独特的生命周期，通常是在开始时很慢，当其扩大至受众的一半时速度加快，接近最大饱和点时又慢下来，所以针对病毒式营销传播力的衰减，一定要在受众对信息产生免疫力之前，将传播力转化为购买力，才能达到最佳的销售效果。

☞链接 12.1

　　企业进行病毒式营销三阶段

三、病毒式营销的运作原理

　　从最早的病毒式营销——本田雅阁的 E-mail 营销可以看出，病毒式营销的关键就是企业设计的"病毒"。在大数据时代，通过互联网技术了解客户群最容易感染上哪种"病毒"，企业就生产这种"病毒"，当有客户感染上这种"病毒"，那么企业的营销就会像病毒传播一样迅速蔓延开，达到想要的营销效果。

　　说到病毒式营销，就不得不提起一首"神曲"——《小苹果》。作为电影《老男孩之猛龙过江》曝光的第一首歌曲，《小苹果》一经推出就荣登多个音乐排行榜榜首。而推出《小苹果》的目的就是为电影《老男孩之猛龙过江》做铺垫，就是为电影进行病毒式营销而注入所有客户群中的"病毒"。

　　首先从《小苹果》这首歌曲来分析。纵观以往走红的"神曲"不难发现，《小苹果》继承了"神曲"一贯的"洗脑基因"，主打亲民风，以朗朗上口的歌词和简单明快的曲风"麻痹"听众的听觉神经，直白地表达了现代人的内心情感，听完三遍自动记忆。这就起到了"病毒"的作用，让人快速"感染"。

　　从传播方式上来说，"神曲"的走红基本遵循一致的路径：①由网友自制的恶搞《小苹果》视频引领视觉冲击的第一波。②接下来的《三里屯快闪》《女神广场舞》等病毒引导视频以撒网的方式传播到街头巷尾，渗透到人们的生活。③电视和网络明星的追捧、效仿将"神曲"推向高潮。

　　至此，歌曲《小苹果》的任务就完成了，所有的客户都已经知道了《小苹果》这首歌，从而也间接知道了《老男孩之猛龙过江》的上映信息，达到了对影片的传播和营销效果。

　　营销人员在进行病毒式营销时应该遵循三项基本原则：

　　其一，寓教于乐。如果营销活动目的过于直白，几乎都会受到消费者的抵制。尤其是病毒营销，不能对消费者进行严肃的说教，要将目的隐藏在娱乐之中。

　　其二，符合消费者认知及网络文化。不健康、挑战消费者道德底线的营销内容会引起消费者的争议，不能起到积极的作用，如优衣库的病毒式营销。

　　其三，传播主题突出。比如总结 2018 年最畅销车型之类的帖子，注册网站送代金券的噱头类话题等。主题需要为消费者的主动传播打好基础，只依赖于企业内部人员是不行的。企业的"病毒"真正做到有料，才能抓住消费者的心理，企业的品牌才能得以迅速传播，进而促进产品销售。

第四节　互动营销

一、互动营销的内涵

互动，指企业和消费者互动起来。互动的形式有两种，一种是由企业的公关事件或由此引发的话题获得广大目标群体的认可，目标群体积极响应，推波助澜，与企业共同把公关事件造成轰动效应；另一种是通过一个与人们传统价值观念或消费习惯相悖的活动或话题引起人们的批评与探讨，从而将公关事件效果扩大化。

互动营销，指参与销售的企业与消费者找到契合的某一利益点，企业从中获得销量，消费者获得满意的产品或服务，以此来达到双方互利的目的与效果。企业的目的是通过满足消费者需求而获取利益，而互动营销可以帮助企业与消费者进行充分的沟通交流，找到消费者的实际需求，实现商品的实用性。

二、互动营销的特点

互动营销是大数据时代企业非常重视的一种营销方式，其特点主要表现在以下几个方面：

1. 互动性

互动性主要指企业与消费者之间的互动性，是互动营销发展的关键，在企业营销推广的同时，更多信息应该融入目标受众感兴趣的内容之中。认真回复粉丝的留言，用心感受粉丝的思想，更能唤起粉丝的情感认同。这就像是朋友之间的交流一样，时间久了会产生一种微妙的情感联系，而非利益。可以借助官网、企业微博、微信公众平台等媒介与消费者进行互动，以实现营销的目标。

2. 舆论性

互动营销主要是通过顾客之间的回复，直接或间接地对某个产品产生积极或消极的影响。其中舆论领袖的作用非常重要，如拥有"微博女王"头衔的姚晨在微博上俨然以"精神领袖"自居，前几年，姚晨在微博上为甘肃农民推销土豆，网络顿时一呼百应，立即解了农民的燃眉之急，足见舆论领袖的重要性。

3. 眼球性

互动营销主要就是吸引消费者的眼球，假如一起互动营销事件无法吸引消费者，那么无疑这起互动营销事件是不成功的。大数据时代，要想吸引消费者的眼球，必须通过对大数据分析进行精准定位，有针对性地制定营销方案。

4. 热点性

互动营销有两种事件模式，一种是借助热点事件来炒作；另一种是自己制作事件来炒作，引起网民的关注，这就需要精准地掌握网民的内心需求，即他们对什么事情比较感兴趣，如雀巢旗下的 Contrex 矿泉水定位于想减肥的女性。宣传视频中，每个自行车导出一条霓虹灯，汇集到大屏幕，所有人一起蹬动自行车就会出现一个男人大跳性感舞蹈，引起众多女性为之兴奋，不时地有人参与其中，这是一起非常成功的互动营销案例。

三、互动营销的应用

大数据时代，互动营销让众多企业从中受益，获得广大客户的好评，是企业经常采用的一种营销策略，如小米的粉丝经济、ALS 冰桶挑战、手机百度"刷脸吃饭"、韩寒"后会无期"、茵曼创新互动营销，等等。

移动互联网时代，用户可能一天 24 小时都保持在线。用户在看电视时会经常地瞄一下手机，看视频要打开弹幕，看 Kindle 时喜欢分享批注。用户拥有的屏幕越来越多，时间和专注力也在不断分散。用户在上网时，一般会发生资料收集、获取信息和网络娱乐购物等行为，当用户搜索感兴趣的信息时，企业相应的推广内容就会出现，在充分考虑用户需求和目标方面，做到精准营销。

例如，世界杯来袭，很多品牌都准备趁机做好营销，在世界杯期间大赚一笔。百度推出了"世界杯刷脸吃饭"活动，取得了很好的营销效果。据悉，在世界杯期间，用户只要在手机百度上搜索"外卖"两个字，"世界杯刷脸吃饭"活动的入口就会自动显示。用户只需在手机百度上自拍一张照片，系统获取照片后，将利用图像识别、人脸识别技术对用户的自拍照进行评分，并根据分数高低给用户发放优惠券，用户使用百度外卖下单的时候就可以使用获得的优惠券。"刷脸吃饭"活动将用户线上需求与线下服务实现精准对接，这次活动成为业界关注的焦点。百度"刷脸吃饭"活动的成功离不开大数据技术，其帮助营销人员获取了足够多的信息，然后对消费者进行了解、更新、判断和预测，这是一个不间断的动态过程。此外，在营销中，通过一对一形式的沟通互动，为消费者提供专属优质的产品与服务，满足消费者的个性化需求，这一切都离不开数据的驱动。

第五节　网络直复营销

一、直复营销的概念

直复营销源于美国，20 世纪 80 年代之后，直复营销得到了飞速发展，其独有的优势也日益被企业和消费者所了解。

美国直复营销协会（American Direct Marketing Association，ADMA）定义直复营销（Direct Marketing），是一种互动的营销系统，运用一种或多种广告媒介在任意地点产生可衡量的反应或交易。简单点说，直复营销一般是指可直接回应的营销，它是以盈利为目的，通过个性化的沟通媒介或沟通方式向目标市场成员发布产品信息，从而寻求特定的潜在客户或消费者对信息的可度量的效果和反应，并在这样的基础上所达成的营销行为。

例如，麦当劳为什么时时刻刻需要增加新的消费者？因为有的消费者在经过一段时间的消费后会逐渐流失掉，所以要持续地补充大量新消费者，以保持自身的收入。麦当劳在中国有一个非常有创意的举动，它利用手机短信，并结合世界杯的最新消息，来吸引消费者，不仅仅是吃快餐，而且是吃麦当劳的快餐。麦当劳在上海，总共发出了约 15 万条手机短信，由于该短信是非常有针对性的，只针对目标客户群，并且是在正确的地方、合适的时间、合适的场合，把这个手机短信送到消费者手中，最终收获的效果非常好，这种短信促销的回应率有 12%，这比用传统只有 1%~5% 的直接促销手段来说有很大的提高。这是麦当劳做过的最有效、最成功的营销活动之一，为麦当劳获得了新的消费者。在这个案例中，麦当劳直接针对目标客户群开展网络营销，而且目标客户群可直接回复短信以响应此次营销活动，麦当劳又以短信回复作为评价此次营销活动的重要依据。

二、网络直复营销的内涵

网络直复营销是指生产厂家通过网络直接分销渠道，直接销售产品。在网络直复营销活动中，强调在任何地点和时间，用户与企业都可进行信息的双向交流。此外，网络直复营销对营销数据可以精确掌握。通过网络技术和数据库技术，企业和顾客之间所有的交互数据都可以进行保存、分析，进而提供决策依据。

三、网络直复营销的特点

在信息化时代，企业获取市场信息的渠道已经不再靠零售商和问卷调查，通过对网络数据的分析就能了解到产品的第一手市场资料，所以许多大型企业都开始进军网络直复营销。随着互联网数据量逐步增加，网络直复营销的特点逐渐凸显：

1. 实现信息的双向交流

在网络直复营销活动中，用户与企业都可进行信息的双向交流。互联网可以全天候提供网上信息发布、沟通，顾客可根据自己的时间通过网络获得信息，企业和用户之间可以进行"一对一"的信息沟通和交流，这样也使企业提供"一对一"服务成为可能。

2. 为企业提供决策依据

通过网络技术和数据库技术，企业和顾客之间所有的交互数据都可以进行保存、分析，进而提供决策依据。这些信息包括以下内容：

（1）通过用户的搜索数据，可以分析出企业搜索引擎推广的效果，进而调整网站推广策略。

（2）根据用户所处地理位置和所购商品，可以分析各地区用户消费习惯，细分目标市场。

（3）根据各产品页面浏览频率，可以看出被关注的商品是哪一类，进而调整企业的产品策略。

（4）通过用户购买需求的建议与反馈，找出企业经营中的不足，从而优化营销策略。淘宝店商家有很多商品都有二代商品、三代商品之分。原因在于商家对产品的反馈意见和评价系统里的评价言论进行总结，发现了"老款"商品设计或者功能上的不足，然后进行产品改良，进而推出"二代商品"甚至"三代商品"。

3. 降低企业的营销成本

企业通过网络垂直面向用户，降低了产品的中间分销成本，并且由于信息渠道的扁平化，企业可以将产品库存压缩到最低，甚至是零库存生产，也就是完全按订单生产。

四、网络直复营销的方式

网络和直复营销的结合，演变成了一种全新的、颠覆式的营销方式，对于广大中小企业而言，网络直复营销是一种以小博大的工具。网络直复营销主要有两种方式：

第一种方式是企业在互联网上建立自己独立的站点，申请域名，制作主页和销售网页，由网络管理员专门处理有关产品的销售事务，即由企业官网将产品销售给用户。它类似于联机服务中进行的商品买卖，是利用计算机网络使消费者直接参与经济活动的高级形式。这种形式基本等同于电子化的零售方式。电子化的零售方式会随着互联网的发展与广泛应用而迅速发展起来。目前，在互联网上有各种类型的 B2C 商务网站，如提供鲜花的中国鲜花礼品网、提供书籍的亚马逊网上书店、售卖计算机的惠普中国在线商店以及销售房产的 SOHO 中国租售平台等。

第二种方式是企业委托信息服务商在网站上发布相关信息，利用有关信息与客户联系，直接销售产品。比如，海尔除了通过自己的官网与客户开展直复营销外，还与第三方的 B2C 电商平台开展合作，海尔将产品信息委托京东、天猫、苏宁易购等网站发布出去，然后通过平台与客户进行直复营销活动。

第六节　社交媒体营销

社交媒体是人们彼此之间用来分享意见、观点、经验的工具和平台，目前主要包括 QQ、微信、博客、微博、短视频社交平台等。大数据时代，社交媒体精准营销是以用户需求为出发点和落脚点，为用户量身打造各种营销策略，真正了解和分析用户的消费行为以及真实需求。

☞链接 12. 2

"粉丝"＋"病毒"：特朗普的社交媒体营销

一、微信营销

微信是腾讯公司于 2011 年初推出的一款移动端即时通信服务程序。微信既是一个消息系统，又是一个交互系统，现已成为多层次人群（中高端用户居多）的必备交流工具之一。2018 年 3 月 5 日，腾讯公司董事会主席兼 CEO 马化腾宣布，2018 年春节期间，微信在全球的月活跃用户数首次突破 10 亿大关。从个人群到微信公众平台再到微信支付，腾讯已经赋予了微信商业特征，而这也是微信必然要走的道路。

许多 CEO 和 COO 对微信这种新媒体的关注度很高，这不仅因为他们自己正在使用微信作为沟通工具，还因为在社会行业中也有企业利用微信的商业案例，如招商银行信用卡中心、南航的信息平台及自助值机平台等。微信营销是基于微信平台已有的功能模块展开，主要聚焦于社交互动、信息推送等功能板块，结合微信的支付功能，形成信息传播、用户触达、交易支付的营销闭环。

1. 常见的微信营销手段和方法

（1）朋友圈营销。第一，微信电商。朋友圈营销最早来源于微信电商（微商），主要针对品牌认知度较低的快消类产品，如食品、化妆品、服装、鞋等，参与主体主要是小企业及一些独立的商户。第二，口碑分享。旨在引导用户将使用产品或享受服务的体验以及感兴趣的内容，如喜欢的音乐、看过的电影、购买的商品等，通过微信平台分享到个人朋友圈，在满足用户口碑传播的同时，实现商品品牌的宣传。第三，随着"微商"及口碑营销的兴起，微信平台也推出了针对各大企业的朋友圈广告投放功能。

（2）"附近的人"营销。"附近的人"功能板块，是微信推出的基于位置服务的陌生人社交功能板块。建立联系后，商户可以适当地开展产品介绍等营销内容，并可以设置与运营产品、服务相关的个人签名增加曝光概率，此类营销方式适合餐饮等独立的个体商户。

（3）"漂流瓶"营销。"漂流瓶"也是微信平台陌生社交功能板块的组成部分。商户在此功能下可实现与陌生人的联系。商户自营产品与服务相关信息以漂流瓶的形式随机推送给陌生用户。该营销模式的用户响应率及转化率较低，目前还无法成为普遍性的营销策略。

（4）公众号营销。微信公众号是嵌入微信内部的给个人、企业和组织提供业务服务与用户管理能力的全新服务平台，从公众号的使用者角度可以分为订阅号、服务号以及企业号三种类型，其中个人只能申请订阅号，而企业可以申请任意类型的公众号。其中订阅号与服务号面向的用户是社会化用户群体，而企业号面向的是企业内部人员。

2. 大数据时代的微信营销

在大数据和移动互联网时代，微信营销更加接近精准营销，通过企业公众账号，用户数据一目了然，而且手机端的特性决定了信息能随时随地到达用户手中，商家可以准确了解用户，也可以直接与用户进行沟通，甚至进行交易。这是完全的精准营销。

微信凭借发布信息的及时性、无编辑和分享性，迎合了现代人群碎片化的情感表达方式，快消费的生活状态，这种方便性和及时性为微信数据的开发注入了时效性和真实性的血液，使微信更容易获得消费者的第一手数据。

（1）用户行为分析更精准。如果用户不先通过扫描二维码或者输入账号的方式添加品牌的官方微信，就不会收到来自这个品牌的微信消息。有人担心这可能会让企业官方微信平台的粉丝数量减少。但是这些粉丝都是主动添加的用户，所以这些用户的质量是毋庸置疑的，他们愿意接收企业宣传的产品信息。

如果说微信是让企业拥有这些粉丝，那么大数据就是留住这些粉丝，并进行精准营销的工具。许多微信公众平台都是采用只能回复的方式，帮助用户查询商品信息，而这就要求企业在微信公众平台的数据库中有足够多的与商品信息有关的关键词，而且关键词也要随商品时刻更新。例如交通银行信用卡的公众平台上回复"还款"，就会收到有关交通银行信用卡还款的信息，而回复"中南大学"，该平台就不知道用户的意思，其实用户只是想知道中南大学周围的网点分布。

（2）推送服务更精准。微信可实现包括用户分组、地域控制在内的精准消息推送，根据不同的分组和用户发送个性化的内容，让主动添加公众号的用户感觉所接收的是自己想要的内容，与被强制推销短信、邮箱广告形成鲜明的心理对比。

（3）信息推送更精准。在平台上，用户与企业处于长期的互动模式，企业完全可以通过用户在微信公众平台上的搜索分析客户的需求，就像搜索引擎一样。例如用户每个月什么时间会查询产品信息，用户大概需要什么类型的产品等，这些都将成为企业进行精准营销的重要数据。通过这些数据就能实现产品的精准推送。

总之，微信通过对用户"什么时间""什么地点""做了什么"进行数据整合，构建大型数据库，对其平台上的数据进行深度剖析，形成微信独特的数据营销手段，实现了精准营销。

3. 微信营销案例

2017 年 11 月 2 日午夜，招商银行在微信投放的一则广告《世界再大，大不过一盘番茄炒蛋》（见图 12-1）在朋友圈霸屏了，微信指数当天暴增 68 倍，达到 2445 万。这则广告其实是招行为了推广自家的留学信用卡，广告以 H5 的形式展现，由两段视频和 4 张海报组成，形式比较新颖，讲述了一个有关母爱的故事。对于这次营销，有人认为招行这一波在微信上的温情营销的确感动了在外打拼的游子，让大家产生情感共鸣，从而更信赖品牌。但也有人认为，广告题材与信用卡没有关系。尽管大家对此众说纷纭，但是这次微信营销被大家记住了，无疑是成功的。

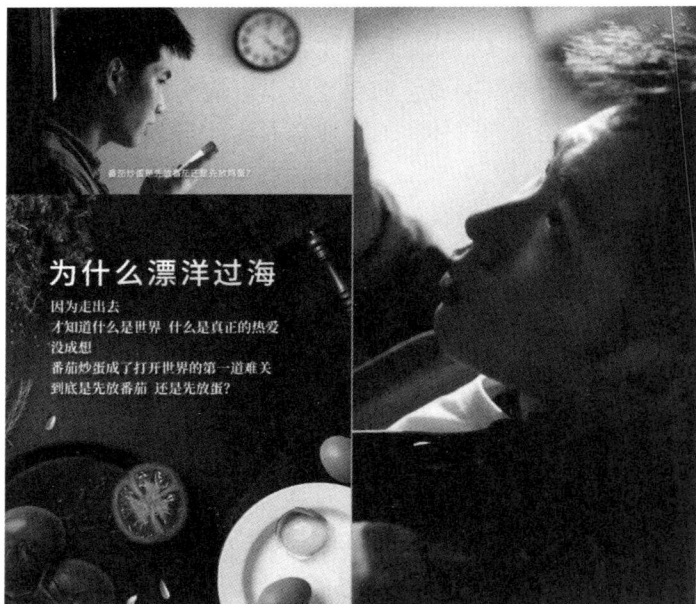

图 12-1 《世界再大，大不过一盘番茄炒蛋》图片

二、QQ 营销

QQ 营销是在 QQ 即时通信平台的基础上，专为企业用户量身定制的在线客服与营销平台。它基于 QQ 海量用户平台，致力于搭建客户与企业之间的沟通桥梁，充分满足企业客服稳定、安全、快捷的工作需求，为企业实现客户服务和客户关系管理提供解决方案。QQ 营销可按企业需求定制在线客服与网络营销工具，通过 7.8 亿 QQ 用户帮助企业拓展并沉淀新客户，帮助企业提高在线沟通效率、拓展更多商机。

随着大数据技术的广泛应用，QQ 凭借多年积攒的用户数量，让企业在大数据时代，利用 QQ 使营销变得更加精准。

1. 新客户的获取更加精准

腾讯 QQ 依附个人 QQ 用户平台，使 QQ 营销在获取新客户方面十分突出。在帮助企业快速实现内外部互通的同时，QQ 营销还突破了其他企业级即时通信工具在精准营销和二次营销上的瓶颈，实现了营销能力的大幅度提升。

在大数据时代，数据独大的背后，发展一个目标客户比广泛推广 1000 个更为有效，这是毋庸置疑的。这就要求利用 QQ 营销的企业既要有海量的数据信息资源，又能够在这些资源中寻找到企业想找的目标人群，挖掘数据背后的意义，对于 QQ 营销而言至关重要。

2. 庞大的 QQ 活跃用户是精准营销的数据基础

腾讯公司 2019 年发布的第二季度财报显示，QQ 月活跃账户数达到 8.08 亿，智能终端月活跃账户数为 7.07 亿，QQ 空间智能终端月活跃账户数为 5.54 亿。QQ 营销背靠这样庞大的活跃用户群，绝非一般营销方式可比，QQ 营销可精准地将企业用户推送给潜在的 QQ 用户，并可根据用户习惯对搜索结果进行调优。欧乐 B 电动牙刷就采用腾讯的用户标签属性精确地找到目标消费人群，并不断优化营销效果，这就是一个 QQ 精准营销的典型例子。

ThinkPad SL 系列笔记本是联想集团发布的面向中小企业主及商务个人用户的商用笔记本。联想为 ThinkPad SL 打造了一个有趣的网站——甩掉借口，在传统硬广告的基础上，深入渗透品牌精神，与目标人群进行深度互动，如图 12-2 所示。

ThinkPad SL 选择与腾讯合作，在腾讯平台完成三大推广使命：第一，提高产品认知。第二，与网民互动，传达产品内涵。第三，为品牌官方网站带去流量。

为了帮助 ThinkPad SL 完成三大推广使命，腾讯首次在 QQ 空间选择了最受欢迎的两款 APP——好友送礼和好友买卖进行了密切的植入，使客户信息在好友间自主传递；然后在客户端的 QQ 秀定制了一款徽章，免费送给用户，使活动高效曝光并直接引流到 ThinkPad SL 活动官网。

在腾讯 QQ 空间，好友送礼、好友买卖等 APP 是网友喜爱的娱乐项目，ThinkPad SL 在这两个终端平台上进行产品植入营销，让产品品牌口号、信息在好友之间亲密传递。腾讯 QQ 是这么做的：第一，通过对 QQ 秀徽章的植入，QQ 空间用户每天登录后，就可以看到系统的礼物推荐、好友生日提醒。第二，登录好友买卖，对好友实施动作，就可以看到系统的既定选项。第三，与好友聊天时，也能看到好友的 QQ 秀徽章。

图 12-2   "甩掉借口"游戏图片

联想通过腾讯 QQ 平台营销的推广期为 20 天，赠送礼物共 193.6 万次，好友买卖总数为 3 亿多次，总共有 1 亿多人参与，徽章总领取数量为 23934 枚。无论是在用户主动参与上，还是在向客户的官网引流上都达到了非常好的效果，是同类社区网站效果的几倍甚至几十倍，其营销效果十分显著。此次，联想官网浏览人数超过预期，浏览时间也比其他人群更长，据联想反映，通过腾讯 QQ 平台吸引的实际到店人数也比其他推广手段更多。

（1）用数据选择客户。ThinkPad SL 的目标受众是白领、中小企业主和大学生。腾讯推荐选择高价值用户聚拢的 QQ 空间平台，保障参与活动人群符合目标人群特征，达到最好的推广效果。例如，在 QQ 空间平台上，25 岁以上年龄段成熟用户占总体的 54%，以约 6 倍优势领先于主要竞争对手；技术人员、文员、专业人士、销售人员和教师约占 70%，以近 4 倍的优势领先于行业内主要竞争对手；用户近 70% 拥有大学以上学历，是主要竞争对手的 3 倍。

（2）差异化的品牌沟通。ThinkPad SL 紧扣时机，率先决定在 QQ 空间尝试营销，将好友的关系链传播效果发挥到极致。此次推广也是好友买卖的首次商业合作，在消费者中产生了巨大的好奇心与吸引力。

（3）精准化营销。依托腾讯最强势的精准性平台 QQIM 窗口的曝光，QQ 秀徽章无疑成为高质量的引流工具。QQ 秀徽章自身的含义就是颁发给用户代表自己独特的身份与荣誉，因此，佩戴徽章的用户都对产品本身具有强烈的好感。

三、博客营销

博客（Blog）营销的概念可以说并没有严格的定义，简单来说，就是利用博客这种网络应用形式开展网络营销。博客这种网络日记的内容通常是公开的，可以发表自己的网络日记，也可以阅读别人的网络日记，因此可以理解为一种个人思想、观点、知识等在互联网上的共享。

博客营销的本质可归纳为：博客营销是以知识信息资源为基础的内容营销模式，通过增加企业信息的网络可见度实现品牌或产品推广，其实质就是以知识信息为载体附带一定量的营销信息，即博客营销是内容营销的形式之一。博客营销的优势主要表现在，博客发文灵活，信任度高，影响力大，是一种低成本的推广方式。鉴于博客营销的优势，其营销策略深受奥迪、通用、索尼、耐克、IBM、亚马逊等公司的欢迎。

2006 年 6 月，全球著名的微处理器厂商 AMD 公司（经营 CPU、显卡、主板等电脑硬件设备）将其广告投放于我国著名演员、导演徐静蕾的博客里，作为一名著名演员其博客粉丝以及关注的人数量多，粉丝忠诚度和关注度高。AMD 公司通过徐静蕾的博客营销不仅品牌知名度得到了迅速提升，而且商品交易数量也在不断提升。仅仅是博客里的一小段广告，就使博客营销登上了历史舞台。AMD 公司选择徐静蕾博客推广产品，不仅仅是开创了一种全新的营销模式，更是精准地圈定了一批目标消费者，这种精准化的营销正是许多企业希望达到的。

四、微博营销

1. 微博的发展现状

微博，即微型博客（Micro Blog）的简称，是一个基于用户关系的信息分享、传播以及获取平台。用户可以通过 Web、WAP 等各种客户端组建个人社区，以 140 字左右的文字更新信息，并实现即时分享。相对博客而言，微博草根性更强，且广泛分布在桌面、浏览器和移动终端等多个平台上，有多种商业模式并存，或可以形成多个垂直细分领域。

我国的微博包括新浪微博、腾讯微博、网易微博、搜狐微博，等等，但由于其他微博的用户注册人数和活跃度都很低，且 2014 年 3 月 27 日晚，在中国微博领域一枝独秀的新浪微博宣布改名为"微博"，并推出了新的 Logo 标识，新浪色彩逐步淡化。故如若没有特别说明，微博就是指新浪微博。

2017 年 1 月 12 日，国内移动大数据服务商 QuestMobile 发布 2016 年度报告——"2016 年度 APP 价值榜"，数据显示，2016 年 12 月，微博月活跃用户数再次实现 46% 的增长，在所有 APP 中排名第 8 位，其中高价值用户比例高达 76.3%。在微博社交领域，微博当之无愧保持绝对领先的优势，获得 No.1 的殊荣。截至 2016 年 12 月，微博活跃用户数超过排名在第 2~9 位 APP 的总和，新安装用户的 14 日留存率全行业最高，高价值用户比例高达 76.3%。这意味着微博不仅在这一领域内保持着领先地位，并且依然持续着强劲的增长势头。

2. 微博的特点

随着网络用户向社交媒体、移动端迁移，在微信、微博等社交应用的推动下，越来越多的正能量信息依托社交网络实现大众传播。例如，2018 年 11 月 17 日，人民日报发布微博开启话题"中国一点都不能少"，半天时间就获得转发 125.9 万次、评论 11.8 万条、点赞 94.3 万个、话题阅读量达 89.4 亿，微博的影响力巨大，其特点主要包含以下几个方面：

第一，信息获取具有很强的自主性。用户根据自己的兴趣偏好，依据对方发布内容的类别与质量，来选择是否"关注"某用户，并可以对所有"关注"的用户群进行分类。

第二，微博宣传的影响力具有很大弹性，与内容质量高度相关，其影响力基于用户现有的被"关注"的数量。用户发布信息的吸引力、新闻性越强，对该用户感兴趣、关注该用户的人数也越多，影响力越大。只有拥有更多高质量的粉丝，才能让自己的微博被更多人关注。

第三，内容短小精悍。微博的内容限定为140字左右，内容简短，不需长篇大论，可以是即兴发挥的事件直播，也可以是言简意赅的精彩评论，有助于受众快速获取信息。

第四，信息共享便捷迅速。可以通过各种连接网络的平台，在任何时间、任何地点即时发布信息，其信息发布速度超过传统纸媒及网络媒体。

3. 微博营销概念

鉴于微博在短信息传播和社交领域的广泛性和特点，基于微博的营销更加具有针对性，因为粉丝是由于某种偏好而"关注"某个微博主的，故对其发布的微博内容或者广告能投其所好满足粉丝的这种偏好，而且基于对微博主的"偏好"和信任，广告的营销价值也更大。

微博营销是指通过微博平台为商家、个人等创造价值而执行的一种营销方式，也是指商家或个人通过微博平台发现并满足用户各类需求的商业行为方式。微博营销以微博作为营销平台，每一个听众（粉丝）都是潜在的营销对象，企业利用更新自己的微博向网友传播企业信息、产品信息，树立良好的企业形象和产品形象。每天就更新内容与大家交流互动，或者发布大家感兴趣的话题，以达到营销目的的方式就是互联网推出的微博营销。

该营销方式注重价值的传递、内容的互动、系统的布局、准确的定位，微博的火热发展也使得其营销效果尤为显著。微博营销涉及的范围包括认证、有效粉丝、朋友、话题、名博、开放平台、整体运营等。自2012年12月后，新浪微博推出企业服务商平台，为企业在微博上进行营销提供一定帮助。例如，2010年南非世界杯期间，伊利营养舒化奶与新浪微博深度合作，在"我的世界杯"模块中，网友可以披上自己支持球队的国旗，在新浪微博为球队呐喊助威，伊利舒化奶将产品特点与世界杯足球赛流行元素相结合，借此打响品牌知名度。伊利舒化奶的"活力宝贝"作为新浪世界杯微博报道的形象代言人为观众带来精神上的振奋。据相关数据显示，有两百万人披上了世界杯球队的国旗，相关的博文也突破3226万条。同时，新浪通过对微博粉丝进行比较，选出粉丝数量最多的网友成为球迷领袖，伊利向他们赠送舒化奶。

4. 微博营销分类

在大数据时代，尤其是以社交网络构建的移动互联网时代，微博营销具有基础广泛、精准营销、社交传播范围广等特点而被企业广泛采用。微博营销主要有以下几个类别：

（1）个人微博营销。很多个人的微博营销是由其本身的知名度来得到别人的关注和了解的，以明星、成功商人或者是社会中比较成功的人士为主，他们是通过这样一个媒介来让自己的粉丝更进一步地了解自己和喜欢自己，微博在他们手中也就是平时抒发感情的载体，功利性并不是很明显，他们的宣传工作一般是由粉丝跟踪转帖来达到营销效果的。北京厨子卖包包的博主是全民海淘的 CEO，利用个人名义在新浪微博进行个人微博营销。

（2）企业微博营销。企业一般是以盈利为目的的，它们往往是想通过微博来增加自己企业的知名度，最后达到能够将企业的产品卖出去的目的。企业微博营销相对较难，因为短短的微博不能让消费者直观地理解商品，而且微博更新速度快、信息量大，消费者不能马上接受营销内容。企业采用微博营销时，应当建立起自己固定的消费群体，与粉丝多交流、多互动，多做企业宣传工作。美的、格力、海尔等几乎所有的大、中、小企业都有新浪微博的官微号，以官微号与客户联系、进行企业宣传和产品营销。

（3）行业资讯微博营销。以发布行业资讯为主要内容的微博，往往可以吸引众多用户关注，类似于通过电子邮件订阅的电子刊物或者简易信息聚合（Really Simple Syndication，RSS）订阅等，微博内容成为营销的载体，订阅用户数量决定了行业资讯微博的网络营销价值。因此，运营行业资讯微博与运营一个行业资讯网站在很多方面是类似的，需要在内容策划及传播方面下很大功夫。

五、基于社交视频平台的精准营销

2017～2019 年短视频作为异军突起的品类，为品牌带来了全新的营销手法和信息表达方式，如何在短视频上讲好故事，成为品牌在新传播环境下面临的新课题。值得关注的是，短视频还改变了人们的观看习惯，MOVRMobile2018 年的报告显示：智能手机用户有94％的时间将手机竖版持握而非横版，竖屏化观看也让短视频内容和营销进入"竖屏"时代。优兔视频网站的报告显示，2017 年用户上传的竖屏视频数量增长了 50％。同时，NBC、CNN、美国 MTV 电视网、ESPN、国家地理频道、Snapchat 等国际主流媒体都在开启竖屏内容。

在中国，抖音短视频不仅成为竖屏内容的领先平台，还率先推出原生竖屏信息流广告，引领竖屏广告的潮流，并为营销带来了新的阵地。基于短视频平台的"竖屏"视频营销应做到以下几点：

1. 品牌要竖起来抖！竖屏广告助力抢占 C 位

色拉布（Snapchat）的广告数据显示，全屏竖屏视频广告的播放完成率比横屏视频广告高 9 倍，视觉注意力要高出 2 倍。同时，竖屏广告点击率比横版高 1.44 倍，互动效果提升 41％。通过对抖音平台 7 大垂直领域 30 个品牌的 150 个短视频广告创意与最终投放效果的数据对比发现，专为竖屏定制的广告比传统的横屏广告创意在效果表现上更突出，无论是点击率还是有效播放率，均有明显的提升。因此，"竖屏优先"与"竖屏思维"成为拥抱短视频营销的正确姿势。

根据 Facebook 的研究显示，在移动互联网广告中，采取移动优先（竖屏广告）带来的广告回响度数据为 46％，仅仅适应移动端（横版广告竖屏播放）带来的广告回响度为31％，传统图文则为 23％。

对于更多的广告主和创意人而言，竖屏不仅是一个创意思维上的转变，在抖音这样的竖屏媒介中，创意的每个环节都需要考虑与环境的适配性，与用户场景进行更好的融入。

2. 5 大创意法则玩转"抖音竖屏广告"

短视频的媒介形态，更强调与用户的平等对话，将传统的 TVC 广告或者为横屏媒介打造的广告创意直接复制到短视频竖屏环境，并不是最佳的短视频营销方法，抖音官方发布《竖屏广告指导手册》给出 5 大短视频创意法则不得不关注。

法则一：用户燃点法则。企业要研究短视频平台上用户关注的热点内容，创造出简单、易模仿、能够激发用户扩散的内容。在抖音上，动作、舞蹈、音乐都是可以让竖屏广告被模仿的平台元素，实现内容的自发性裂变增长。

例如，京东奢侈品电商平台好生活（Toplife），每日改变在这里的短视频创意，广告效仿抖音热门的分镜头快速切换的玩法，在 15 秒内呈现了近 10 种技巧，达到"一点多触"的效果，广告制作精良，画面精致，突出体现品牌调性；奥利奥拍摄的广告《慢慢靠近你》，广告主打简单互动情节，定格生活小美好，青春气息扑面而来，简单易模仿，以高品质画面和意想不到的结局取胜（见图 12-3）。

图 12-3　用户燃点法则抖音视频广告

法则二：场景原生法则。生活化的原生内容，才能让竖屏广告被用户接受，因此，要考虑品牌与内容的巧妙结合，与用户的生活场景深度互动。

例如，创维原创作品《你忙完了，孩子也长大了》，广告以公益为主题，品牌从孩子的视角切入，用原生形式与故事，呼吁父母要关心孩子，陪伴孩子一同成长，快速引起了用户的共鸣（见图 12-4）。

法则三：第一人称法则。有人气明星、达人一定要抢先用上，真人出镜特别是美女帅哥、明星或达人的出镜能获得更高的关注，同时，要用第一人称表达，增加现场感和连接深度。

例如，中华牙膏的广告《我，你要不要?》以当红人气明星刘昊然作为代言人，以第一人称视角对着屏幕使出喂零食、摸头杀等暖男必备的杀手锏后，很自然地带出"中华御齿护龈牙膏缓解牙龈上火"的营销点（见图 12-5）。

图 12-4　场景原生法则抖音视频广告

图 12-5　第一人称法则抖音视频广告

法则四：黄金时间法则。竖屏广告一定要在较短时间内抢夺用户注意力，15 秒内的广告效果最佳，而前 5 秒制造一个抢眼的开头至关重要；另外，广告卖点要单一深入，越细分、越具体的"生活场景"或"使用场景"，越能让用户快速记忆（见图 12-6）。

图 12-6 黄金时间法则抖音视频广告

例如，施华洛世奇的广告《炫彩系列》，快速露出品牌信息，伴随强节奏感的背景音乐，快速将观众带入品牌打造的使用场景，不断强化品牌印象。周黑鸭的竖屏广告《STO-RY——如何优雅的吃》，广告开头以后厨备餐的场景快速植入周黑鸭品牌形象，强烈的色彩反差和画面构图能够更为快速地抓住用户眼球。

法则五：智能优化法则。竖屏广告创意要把握短视频平台的智能化技术，不仅要设立好的"标签"，标题的设置更要巧用关键词，重视摘要概括和引导性，研究短视频的热点词，寻找爆红线索，从而可以让短视频广告匹配给更多的用户。

例如，百事可乐打造《触电发麻，才叫真爱》广告。广告标题先入为主，告诉用户什么是"真爱"；然后，"触电发麻的真爱"与用户原有理解形成反差，整个广告定调真爱拒绝清淡，趁着麻辣川菜和百事可乐电到舌尖手法巧妙（见图 12-7）。

3. 抢滩短视频营销，开启创意新世界

每个活在移动互联网时代的品牌，都需要用短视频来表达品牌故事，无论是竖屏广告，还是应用短视频平台开展更多创意化场景化的营销活动，都蕴藏着巨大的创意和想象空间，很多品牌已经在短视频平台率先抢滩，抖音发布《短视频营销案例手册》整理的很多品牌案例都值得参考借鉴。

例如，宝马全新车 X3、法国娇韵诗、凯迪拉克 ATS-L、OPPO R15 等品牌在新产品上市之初，将抖音作为曝光和引流的一个重要平台，展示新产品的独特卖点，迅速占领用户心智；京东 618、美团吃货节、天猫购物节、苏宁易购新年活动等电商大促活动，纷纷把抖音短视频作为促销、造势的重要营销平台，为平台实现引流；溜溜梅、必胜客等品牌纷纷通过明星和抖音达人，帮助品牌高效提升内容曝光度，加速完成前期冷启动；阿迪达斯休闲运动、小米、长隆等纷纷在抖音建立企业号，搭建品牌与用户长效沟通阵地，加深用户对品牌的信赖和好感。每个行业都可以结合自身的产品和品牌特性，在短视频找到与移动互联网用户的对话方式。

图 12-7　智能优化法则抖音视频广告

　　如今，短视频营销生态日趋成熟，短视频不仅成为了移动互联网新一代的影像，竖屏广告也为营销打开了一扇新门，品牌短视频营销不仅要顺应"竖屏优先"的趋势，还需要通过精巧的创意，不断进行内容创意的延展，谁先抢占竖屏广告的阵地和短视频的流量入口，谁就能在未来的营销中领先对手。

第七节　定制化营销

一、定制化营销的内涵

　　美国著名营销学者科特勒将定制化营销誉为 21 世纪市场营销最新领域之一。定制化营销（Customization Markting）指企业在传统大规模生产的基础上对市场进行进一步细分，将每一位顾客看作一个细分市场，并根据每一位消费者的特定需求进行单独设计、生产产品并达成交易的营销方式。定制化营销的目的是以消费者可以接受的价格并且在保证利润的前提下高效率进行产品定制化生产和销售。在全新的网络环境下，兴起了一大批像戴尔、亚马逊、宝洁等，提供完全定制服务的企业。其中，在宝洁的网站能够生产一种定制的皮肤护理或头发护理产品以满足顾客的需要。

　　与传统的营销方式相比，定制化营销体现出其特有的竞争优势。第一，体现"以顾客为中心"的营销观念。基于顾客需求，实现一对一的营销，与每一位顾客建立良好关系，并为其开展定制化服务，最大程度满足消费者个性化需求。海尔的"定制冰箱"服务已充分说明这一点。第二，有助于实现"以销定产"，降低了成本。随着买方市场的形成，传统大规模生产，势必会导致产品滞销和积压，造成资源的闲置和浪费。然而，定制营销很好地避免了这一点，因为企业是根据顾客的实际订单来生产，真正实现了以需定产，几乎没有库存积压，同时也减少了社会资源的浪费。如戴尔的定制化生产不仅降低了库存与物流成本，而且更好地满足了消费者的个性化需求。第三，有利于促进企业的不断发展壮大，创新是企业保持活力的重要因素。

二、定制化是大数据时代发展的趋势

在市场竞争日渐激烈的情况下，定制化将成为企业获得市场有利地位的有效途径，而且定制化时代将成为市场发展的未来趋势。定制化是互联网经济下催生的最新商业模式，其中典型代表有非常火爆的小米模式，小米针对发烧友级别制定用户的手机设计、营销模式，受到业界的广泛认同。

1. 大数据加速定制化时代的到来

"大数据"和"定制化"的互联网概念给众多企业管理人带来了企业生产模式的新思考。很多业内人士认为，基于互联网大数据开展的定制化服务逐渐成熟，即将开启产品销售的新模式。2012年，海尔公司开展网上投票活动，让消费者定制自己喜欢的电视。随后，国美、苏宁等电器企业也开始进行定制化家电营销。

大数据时代，今日头条的表现可圈可点。传统的新闻客户端，多是通过人工筛选、编辑信息，基于用户的共性需求推送相同的新闻内容，即用户看到的界面都一样。大数据时代的到来和科技的发展使个性化新闻推荐成为可能。北京字节跳动科技有限公司就是在大数据的背景下，开发了基于数据挖掘的个性化、定制化、精准化信息推荐引擎——今日头条（见图12-8）。当用户使用如腾讯QQ、微信等社交媒体登录今日头条客户端后，它能利用算法在5秒钟之内分析出用户的个人爱好、地理位置等个人信息，从而"推测"出用户可能感兴趣的信息并进行推送，今日头条紧跟大数据时代的脚步，成为个性化推荐系统行业的先驱和佼佼者，其新闻聚合、分发模式很好地解决了大数据时代信息过载的问题。今日头条创造了一种独特的用户体验，更加符合消费者的个性化需求，有助于提高用户粘性。

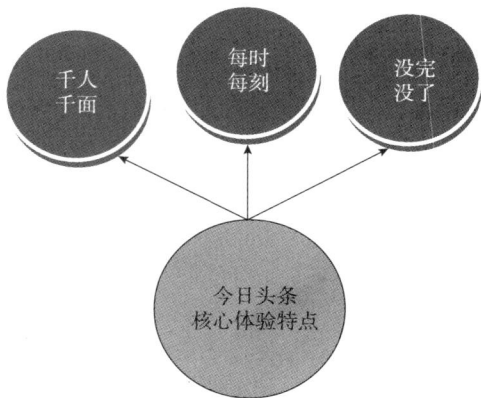

图12-8　今日头条核心体验特点

此外，服装、房地产等众多行业也从规模化、标准化的生产走向个性化、定制化和智能化的新制造，定制化、个性化营销必将是未来的发展趋势。

☞**链接 12.3**

三只松鼠的网络营销

2. 个性化推动定制化发展

"定制化"起源于伦敦中央梅菲尔的购物街区，因传统服装行业定制男士服装而闻名。如今，国内"80后""90后"甚至"00后"是市场主流消费群体，他们追求时尚、个性、与众不同的生活方式。这些消费群体标榜强烈的自我意识，对目前市场上复制化生产很是厌倦，有着理性加冲动的购物习惯。这部分消费群体个性化的生活方式将推动定制化时代的到来。

甲骨文公司调查发现，消费者购物体验追求全球化水平，但又青睐本地化产品功能。企业如果能够根据消费者的个性偏好为其量身定制产品，没有一个消费者会抗拒。大数据、互联网时代，大部分年轻人不喜欢市场上千篇一律的商品，更加倾向于体现自我个性的定制化商品。这就需要企业在整个生产流程中考虑消费者的个性化需求，利用各种资源有效满足消费者的个性化需求。

定制化可能会成为未来网购的主流模式，企业应充分利用互联网大数据分析消费者的个性化需求，与消费者拉近距离，精准地向消费者提供个性化、定制化的产品。

3. 企业创新品牌需要定制化思维

品牌缺失是中国企业的现状，中国经济结构升级的过程中最需要的就是优质品牌。将"中国制造"转变为"中国创造"是中国经济结构转变最适合的方式。企业的品牌定位、核心价值与传播渠道是非常关键的，这就需要一套个性化的营销体系支持，比如个性化价格策略、精准的营销渠道、灵活的组织架构，等等。

案例分析

京东玩转定制化营销

2014 年"双十一"，京东就开展了一系列定制营销活动，包括推出"随后拍"京东快递车、"迟到的剃须刀"广告以及京东极速达漫画等，取得了不俗的成绩。

1. "京腾计划"打造定制化营销

2015 年 10 月，京东与腾讯联手推出战略合作项目"京腾计划"，该计划包括"精准画像""多维场景""品质体验"等在内的个性化营销解决方案，并由双方共同搭建"品商"生意平台，这意味着双方共享数据、共同开发市场。通过合作，京东将整合双方各自的优势资源，打造移动社交场景下的定制化营销服务平台。

　　"品商"模式生意平台是以腾讯用户社交行为数据和京东用户的购物行为数据为基础，为品牌商家精准画出消费者的画像，提供社交与销售多维场景等，如图12-9所示。

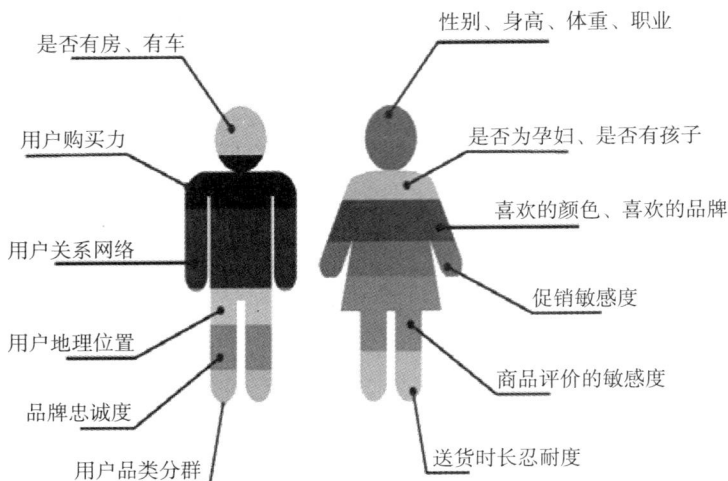

是否有房、有车
用户购买力
用户关系网络
用户地理位置
品牌忠诚度
用户品类分群

性别、身高、体重、职业
是否为孕妇、是否有孩子
喜欢的颜色、喜欢的品牌
促销敏感度
商品评价的敏感度
送货时长忍耐度

图12-9　京东大数据分析——用户画像

　　京东与腾讯合作不仅为公司带来了更多新用户，还有品牌的成长。京东通过"社交+电商"的模式，使品牌商家销量大幅上涨，京东希望不仅是腾讯与京东、厂商的数据能够共享，其最终目的是让用户在需要的时候才会看到广告，而不是需要的时候没有广告。

　　京东选择腾讯作为合作伙伴，共同为商家提供定制化的营销服务是非常明智的选择。在《爱情公寓4》火热开播的时候，京东不再像以前一样单纯地植入广告，而是进行了"剧集定制+剧情植入"组合运用的定制营销。同时，京东独家赞助了《爱情公寓4》的拍摄，成为《爱情公寓4》的独家电商合作平台及《爱情公寓》衍生品官方授权旗舰店。在《爱情公寓4》里，京东的快递单、快递人员等形象获得了完美的诠释，营销效果惊人。此外，在《男人帮》《爸爸去哪儿》以及《北京青年》里，京东均采用"剧集定制+剧情植入"的营销方式宣传自己低价、物流、正品、客服以及售后的特色。通过京东特有的蓝色包装袋背景、快递小哥、演员对话等内容对京东做了大量宣传。

　　2. 打造定制化广告

　　京东将互联网作为重要营销渠道，将视频网站的年轻用户群作为受众，与京东年轻+互联网的目标用户非常契合。移动互联网的发展势不可当，截至2019年6月，我国网民规模达8.54亿，我国手机网民规模达8.47亿，用手机上网的比率占99.1%，用户越来越多的时间都花在手机屏幕上，京东通过手机视频渠道进行影视剧定制营销是顺应时代潮流。京东玩转定制化营销的最大启示为：定制广告是一种营销新趋势。

　　定制化广告使用户不再被动接受赤裸裸的广告信息，而是在享受娱乐生活的同时被潜移默化地影响。随着植入广告营销方式的逐渐成熟，定制广告成为一种营销新趋势。《花千骨2015》爱奇艺自制剧就是爱奇艺定制广告的一种体现，其中有关爱奇艺视频的大量宣传与影视内容相结合，给了用户独特的观影体验。

　　总而言之，大数据技术有助于推动广告业变革。如智能广告，借助摄像头和传感器，一种智能户外广告牌能够准确抓取受众的性别、肤色、高矮、胖瘦等各种数据，将不同的广告推送给不同受众。假如观看广告的是一位年轻男性，那么广告牌会显示男士香水的广告，而非女士服装广告。此外，智能户外广告牌也可以结合数据库信息判断出什么季节适合播放夏威夷的旅游广告，一天中哪个时段适合播放百事可乐的广告。

第八节　APP 营销

一、APP 营销的概念

APP 营销是指通过特制手机、社区、SNS 等平台上运行的应用程序来开展营销活动。APP 营销是品牌与用户之间形成消费关系的重要渠道，也是连接线上线下的天然枢纽。移动 APP 的主要对象是所有移动领域的终端使用者，而就目前形势而言，移动 APP 应用的主要方向有两个：一是娱乐方向，二是实用价值方向。这一直是所有企业 APP 商店中获利的两个方向。

随着移动智能终端的广泛应用，移动终端正向功能增强化、多模块化、定制化、平台开放化的方向发展，而移动 APP 营销作为 SNS 新的开拓渠道，正逐渐崭露头角。

APP 营销之所以能够逐渐成为主流，最主要的原因除了用户众多外，还因为其与 PC 端普通网站营销相比存在巨大的优势，主要表现在以下方面：

1. 改善用户体验

普通 PC 网站只适合计算机页面浏览，不适合手机页面的浏览，而手机 APP 是针对手机屏幕和手机分辨率的大小定制的，文字和图片的显示比例都适合用手机浏览，吻合手机用户的视觉习惯和需求，因此 APP 营销在用户体验上具有得天独厚的优势。

2. 信息全面

移动应用能够全面展现产品的信息，让用户在没有购买产品之前，就已经感受到产品的魅力，降低对产品的抵触情绪，通过对产品信息的了解，刺激用户的购买欲望。

3. 便捷的服务

网上订购时，通过移动应用对产品信息加以了解，可以及时在移动应用上下单，或者链接移动网站下单。利用手机和网络，易于展开制造商与个别客户之间的交流，这对产品的大小和样式设计、定价、推广方式、服务安排都具有重要意义。

4. 用户粘性

APP 本身具有很强的实用价值，用户通过应用程序，可以让手机成为生活、学习、工作的好帮手。APP 营销的粘性在于一旦用户将应用下载到手机，应用中的各类任务和趣味性的竞猜会吸引用户，形成用户粘性。

5. 个性化营销

APP 营销保持企业和客户的密切互动沟通，从而不断满足客户个性化需求，建立稳定的企业忠实顾客群，实现客户链式反应增值，从而达到企业长期稳定、高速发展的需求。

二、APP 营销模式

目前较为常见的 APP 营销模式有以下四种：

1. 广告营销

在众多的功能性应用和游戏应用中，植入广告是最基本的模式，广告主通过植入动态广告栏链接进行广告植入，当用户点击广告栏的时候就会进入指定的界面或链接，可以了解广告主详情或者是参与活动，这种模式操作简单，适用范围广，只要将广告投放到那些热门的、与自己产品受众相关的应用上就能达到良好的传播效果。

2. APP 植入

目前由于 APP 前期开发成本很高，而应用商店里大部分的 APP 都是免费的，开发商也需要盈利，所以越来越多的 APP 开发商正以广告补贴、应用内购买等形式，换取用户的免费使用，常见的 APP 植入主要有内容植入、道具植入、背景植入和复活植入。

（1）内容植入。内容植入就是在游戏中植入与游戏相关的产品广告信息，例如在疯狂猜图这款游戏中，就把耐克、彪马之类的品牌名作为关键词，既达到了广告宣传效果，又不影响用户玩游戏的兴趣，而且由于融入了用户的互动，能够达到很好的广告营销效果。

（2）道具植入。道具植入就是将某一件产品作为游戏中的某一项虚拟的道具，例如在人人餐厅这款 APP 游戏中，将伊利舒化奶作为游戏的一个道具植入其中，让消费者在玩游戏的同时，对伊利舒化奶产品产生独特诉求、认知与记忆，提升品牌或产品知名度，在消费者心中树立企业的品牌形象。

（3）背景植入。背景植入就是将某一产品的名称或商标作为软件的背景元素，例如在抢车位这款游戏中一眼看去，最突出的就是摩托罗拉（MOTO）手机广告，将 MOTO 的手机广告作为停车泊位的一个背景图标。

（4）复活植入。在玩游戏中，用户往往不能顺利过关，这时就会跳出提醒，观看视频获取道具或复活机会。几乎所有的游戏 APP 中都有这样的需求交换，即以游戏用户复活或者获取道具等需求与 APP 营销广告需求交换，营销效果较好。

3. 用户营销

用户营销的主要应用类型是网站移植类和品牌应用类，企业把符合自己定位的应用发布到应用商店内，供智能手机用户下载，用户利用这种应用可以很直观地了解企业的信息。用户是应用的使用者，手机应用成为用户的一种工具，能够为用户的生活提供便利性。这种营销模式具有很强的实验价值，让用户了解产品，增强产品信心，提升品牌美誉度。如通过定制《孕妇画册》应用吸引准妈妈们下载，提供孕妇必要的保健知识，客户在获取知识的同时，不断强化对品牌的印象，商家也可以通过该 APP 发布信息给精准的潜在客户。

相比植入广告模式，用户营销具有软性广告效应，客户在满足自己需要的同时，获取品牌信息、商品资讯。

从费用的角度来说，植入广告模式采用按次收费的模式，而用户参与模式则主要由客户自己投资制作 APP 实现，相比之下，首次投资较大，但无后续费用。营销效果取决于 APP 内容的策划，而非投资额的大小。

4. APP 应用营销

商家将互联网网站业务做成 APP 移植到移动互联网端。通过 APP 的应用功能开展营销活动。比如蘑菇街 APP、手机版淘宝与天猫、手机版京东等都是传统 PC 端营销通过 APP 应用移植到移动互联网的。

三、大数据实现 APP 精准营销

随着智能手机的日益普及，APP 得到广泛的应用，APP 也成为大数据时代数据挖掘的主要方式。目前，企业通过 APP 抢的是用户，其实就是间接地拥有数据。在智能化 APP 的支持下，使用大数据对用户行为进行挖掘分析，让企业更加了解"移动"中的客户，为精准营销的实现提供依据。无论是资讯类 APP、团购类 APP，还是购物 APP，随着用户规模不断增大，对用户的需求分析越精确，数据采集的时间就越久，而大数据技术是解决这一问题的重要方法。

精准营销最主要的就是对用户有足够了解，在传统信息处理时代，每个网站都会对不同的内容分门别类，或者在值得关注的新闻点上汇总制作主题，根据用户点击不同的新闻内容分析用户可能感兴趣的新闻，有针对性地推荐给用户。而新型的信息处理，不仅是粗略地把用户不喜欢的内容删除，而且在用户喜欢的内容中找到用户感兴趣的点。个性化在不同的产品中的体现不同，让 APP 产品读懂用户，让每次推荐都有效、精准。APP 让用户由传统的被动营销转变为主动营销，企业利用 APP 向用户提供的信息也会越来越契合用户需求。总而言之，大数据时代的 APP 营销，就是让数据更懂用户、让应用更能方便用户，从而让企业营销更加精准化。

海底捞成立于 1994 年，为吸引消费者，打造企业品牌，以服务著名的海底捞为迎合消费者的需求，也开始打造属于自己的 APP 订餐平台。海底捞为用户提供了十分丰富的 APP 消费体验，用户只需简单的注册和登录，就可以即刻享受在线查询门店位置、提前预订座位、在线订餐、参与促销活动等多项服务，并能同步到 SNS 社交网站，分享心情和感受。此外，海底捞 APP 还拥有一套社交体系，用户可以从他人分享的信息中获得更多关于美食的消息，如从"Hi 活动"中了解海底捞的一些优惠活动。

大数据时代，海底捞 APP 为企业进行精准化、个性化的营销提供了便利，主要体现在以下几个方面：①根据用户评价为企业提供参考依据；②根据用户订单判断大多数用户喜欢的口味；③根据消费时间准确把握客流高峰期；④根据用户消费记录精准地向顾客推荐菜品。海底捞还结合 LBS 定位功能，使消费者通过 APP 查询附近海底捞店铺位置、电子优惠券发放等。

课后练习题

一、单项选择题

1. 搜索引擎营销简称（　　　）。

A. SEM　　　　　B. SEO　　　　　C. IM　　　　　D. ERP

2. 体验式营销的体验形式包括：感官体验、情感体验、思考体验、（　　）和关联体验等感性因素和理性因素。

A. 性格体验　　　B. 艺术体验　　　C. 行动体验　　　D. 语言体验

3. 许多商家已经采用免费品尝等方式进行销售，这一措施主要体现了（　　）。

A. 体验营销　　　B. 搜索引擎营销　　C. 互动营销　　　D. 数据库营销

4. 病毒营销是一种高级的信息传播方式，是用户之间自发进行的。下列选项中不属于病毒营销特点的是（　　）。

A. 吸引力强　　　B. 传播速度慢　　　C. 接收效率高　　　D. 更新速度快

5. （　　）指参与销售的双方企业与消费者找到契合的利益点，企业从中获得销量，消费者获得满意的产品或服务，以此达到双方互利的目的与效果。

A. 搜索引擎营销　　B. 病毒营销　　　C. 即时通信营销　　D. 互动营销

6. 企业委托信息服务商在网站上发布相关信息，利用有关信息与客户联系，直接销售产品，如海尔通过自身官网和第三方 B2C 电商平台开展营销，这体现了（　　）。

A. 网络直复营销　　B. 关系营销　　　C. 软营销　　　D. 网络整合营销

7. 社交媒体是人们彼此之间分享意见、观点和经验的工具和平台，目前主要包括 QQ、微信、微博和（　　）等社交平台。

A. 新浪　　　　　B. 短视频　　　　C. 百度　　　　　D. 手机

8. 与传统的营销方式相比，定制化营销的优势主要表现为（　　）。

A. 体现"以客户为中心"的营销观念

B. 有助于实现"以销定产"，降低成本

C. 促进企业的不断发展壮大

D. 以上都是

9. 常见的 APP 植入主要有内容植入、道具植入、（　　）和复活植入。

A. 背景植入　　　B. 广告营销　　　C. 用户营销　　　D. 形式植入

二、简答题

1. 简述搜索引擎的内涵、模式。

2. 简述大数据时代的体验式营销。

3. 简答病毒营销的概念、特点及运作模式。

4. 结合所学知识分析大数据时代的互动营销。

5. 简答网络直复营销的内涵、特点以及运作方式。

6. 简述社交媒体的含义，并说明社交媒体的具体应用有哪些。

7. 结合抖音论述大数据时代短视频营销的方式。

8. 简述定制化营销的内涵。

9. 简述 APP 营销的内涵及模式。

第十三章　大数据时代市场营销伦理

📖 教学目标

1. 掌握大数据营销中安全隐患的表现
2. 掌握大数据营销信息安全的管理措施
3. 了解大数据营销个人隐私问题
4. 掌握大数据营销个人隐私保护措施
5. 理解大数据营销伦理道德坚守的原则

📖 教学重点

1. 大数据营销信息安全问题管理措施
2. 大数据营销个人隐私保护措施

📖 教学难点

大数据营销伦理道德坚守的原则

引导案例

阿里"神盾局" 利用大数据打假

阿里"神盾局"指阿里巴巴集团旗下安全部，自 2005 年建立后逐步建立全面的账户安全、信息保护、反欺诈等管理机制，利用大数据构建强大的实时风险防御系统。阿里集团安全部不但全面覆盖阿里旗下的各种复杂业务场景，而且与众多政府职能部门紧密合作，向商业伙伴输出安全风控能力。因为安全部平时神秘低调，阿里安全部被集团内部誉为"神盾局"，其标志如图 13-1 所示。

图 13-1 阿里"神盾局"标志

阿里"神盾局"，是一支涵盖数十项重要职能的知识产权保护专业团队。除了常规的技术人员，阿里"神盾局"的"特工"中有不少能人，包括全国特级优秀人民警察一等功荣立者邵晓锋，有着十多年刑侦经验的侦破能手倪良、徐平，刑事情报高级工程师徐世士等。有人说"阿里巴巴安全部的人力配备，不亚于一个省级公安的侦查大队。"

阿里"神盾局"还有一个反黑客团队，吸纳了很多在安全攻防界响当当的人物，比如安全攻防领域资深专家肖力，以及《白帽子讲安全》作者、江湖上名声显赫的道哥吴瀚清等。此外，阿里巴巴还招募了一支来自全国各行各业的 5400 多人的志愿者队伍，负责配合进行日常线上巡查和抽检等。

一、阿里"神盾局"的职责

阿里"神盾局"的职责很广，在阿里巴巴庞大的交易系统背后，为保障用户的权益做坚实护盾。主要包含以下内容：保护知识产权，即打假；保护账户安全，主要防止虚假注册；保护交易安全，主要防止交易欺诈、恶意差评、敲诈勒索；保护信息安全和禁限售排查；保护隐私防止信息泄露；保护数据安全；大数据风控；等等。阿里"神盾局"首席风险官曾经披露：经过多年与制假售假者的"暗战"，阿里巴巴已经构建起一套全球领先的基于互联网大数据的打假模式。"我们的打假模式是向社会开放的，欢迎更多的平台、商家、权利人等利用这套模式，从源头打击假货，还给消费者一个安全、透明的购物环境"。

世界杯期间，阿里巴巴协助公安机关查获一家卖假球衣的店铺，阻止了 3000 多件假球衣从线下流入淘宝用户。2014 年 5 月，世界杯开赛前期，在阿里巴巴的淘宝指数统计平台上已经可以看到，世界杯球衣的搜索和成交持续升温。这中间会不会有假货鱼龙混杂乘虚而入呢？阿里巴巴安全部开始密切监控平台上所有卖世界杯球衣的店铺。当时他们发现，某会员存在大量销售假冒阿迪达斯运动服的嫌疑，"神盾局"的安全团队立即通过神秘买手购买该店铺的商品，同时联系了阿迪达斯的品牌方，经过专业认证机构和阿迪达斯品牌方的双方鉴定，最终确定这家店售假。

阿里巴巴自成体系的打假模式，最核心的部分是大数据打假。简言之，就是通过智能识别、数据抓取与交叉分析、智能追踪、大数据建模等技术手段，将假货从10亿量级的在线商品中捞取出来。

以往排查假货信息是靠搜索关键词来确定的，这么做工程量大，准确率低。阿里巴巴安全技术人员开发的文本识别引擎已经升级为语法语义分析，在引入了机器学习算法后，能够取代之前的人工排查，做到全网数据监控和检索，支持多达60个维度的组合条件筛选，每天消息处理量2亿条以上。

从2013年开始，阿里巴巴逐步建立了全球最专业的图片侵权假货识别系统，通过图片算法技术实时扫描，检测图片中的局部Logo来识别图片中商品的品牌，进而判断该商品是否为假货。2014年，淘宝收集的各类违规假货样本的图库在100万张左右，系统每天调用超过3亿次。

但是随着技术排查能力的升级，售假者也在不断变换手法。有的淘宝卖家在发布宝贝描述的时候，既没有使用盗用的品牌名称，也没有上传带有Logo的照片。在这种情况下，阿里巴巴通过用户上传的评价截图，大数据系统照样能发现商家售假的异常行为。阿里巴巴安全部资深总监表示通过发退货、登录IP、商品文字、图片描述、交易、消费者评价、维权、权利人投诉，甚至是社交媒体数据等16个维度和特征的数据在被提取和交叉分析后，可以从中剥离出涉假信息。

网络DNA认证体系、神秘购买抽检机制等一系列的动静态管理保障体系是阿里巴巴防控假货的第二道闸门。工作人员介绍，2014年淘宝的开店实名制有18道审核程序，并致力于开发人脸和声纹特征数据库。除网络DNA认证体系的保障外，阿里巴巴还成立了一支总数超过7000人的知识产权保护管理团队，由公司工作人员和志愿者组成，每天在网上巡逻并举报侵权假冒商品。同时，阿里巴巴启动神秘购买抽检机制，由数千名网络志愿者以普通买家的身份购买大数据分析追踪的嫌疑商品，权利人和第三方检测机构对商品真伪和质量进行鉴定和检测。

二、阿里"神盾局"的八大神器

"神盾局"的探员们拥有八大神器，分别是图像识别技术、商标检测技术、光学字符识别技术、DNA认证系统、IPR权利人投诉平台、"海底捞"、智能追踪和生物识别技术。而从这些神器的使用上也能看出，阿里从静态识别到动态识别，基于大数据体系严格判断，实行了全网监控。

1. 图像识别技术

消费者经常遇到这样的情况，一家网店写的是"奢华男手表""瑞士机械表"，而实际上卖的是伯爵，该手表的标价只有2580元。这样的店铺实际上已经进入了阿里巴巴的"疑似假货图片库"。阿里巴巴已收集的类似的图片在100万张左右，每周发现疑似假货的数量在10万件至20万件之间。在商品被判断为"疑似假货"之后，会被下架删除，同时商家可以自己举证来证明商品是真货，例如出具正规商家的进货单、发票等。如果举证有效，店铺会被重启，正常营业。

2. 商标检测技术

商标识别算法可以通过检测图片中局部的 Logo 来识别商品的品牌，进而结合其他运营规则来判断该商品是否为假货。对于一些较难检测的情况，还设计了一套商标主动发现的算法。阿里巴巴已对知识产权相关的重点五个类目大约 16 亿商品图片建立了商标索引，可以快速定位包含某个品牌 Logo 的所有商品。

3. 光学字符识别技术

阿里巴巴的光学字符识别技术可以识别图片中的文字信息，通过"低价折扣""正品保障"等关键词来辅助假货识别，准确率达 95% 以上。

4. DNA 认证系统

在淘宝，网店名字、ID 可以注册多个，但是每个人的身份证号只有一个。阿里安全部就是根据这个独特的要素，在店主注册开店的时候，要求店主上传身份证，并且采取指定手势拍照等方法，对那些作弊者追根溯源，协助公安、质监等部门一举端掉制假售假的源头。

5. IPR 权利人投诉平台

2011 年，阿里巴巴推出知识产权（Intellectual Property，IPR）权利人投诉平台，通过这个平台，权利人（包括品牌商、专利所有者等）可以向阿里巴巴举报具有侵权嫌疑的商家，阿里巴巴也会根据权利人的信用调整不同的处理速度，从这个角度来看，这也是双方的一个信用平台。2014 年，阿里巴巴的知识产权权利人投诉平台拥有全球最大的权利人注册体量，与 1000 家合作的品牌商达成了深度合作。

6. "海底捞"

在阿里巴巴平台，有数以亿计的活跃买家，这些买家也是阿里安全部判断是否"疑似假货"的依据之一。这种被戏称为"海底捞"的技术实名是数据提取和交叉分析。阿里巴巴利用"海底捞"的各种模型，捞取主动防控所需信息，使得平台假货得到管控、消费者利益得到保障。而哪些属于"海底捞"呢？消费者来电、退款、维权、规则投诉、云客服咨询、评价信息、315 网站投诉、线上假货举报等这些都属于"海"的声音。

7. 智能追踪

对阿里"神盾局"来说，网络购物有自己的"码"。所谓的"码"包含了店主本人的信息、登录的 IP 地址等。当一件商品出现"疑似假货"问题时，"码"的作用就显现出来了，可以进行店主信息等的追溯，并且通过商品的退发货地址，追溯到涉假人员的假货仓库地点。

8. 生物识别技术

阿里巴巴平台的技术可以识别这家店是谁开的，即一旦出现假货，可以追根溯源找到店主。那么，如果是用买来的或者花钱找几个路人甲，用他们的身份证登记店铺呢？未来，生物识别技术将帮助杜绝这种情况。当系统识别不再是识别一个静态的证件，而是识别具有独一无二特征的人脸、指纹等生物特征时，造假的可能性就大大减小了。

资料来源：由网络资料整理改编。http：//it.sohu.com/20150227/n409204092.shtml；http：//www.taobaots.com/thread-3331-1-1.html.

大数据时代，消费者在购物网站、社交媒体等平台产生大量的数据信息，以及企业内部形成的数据信息，都蕴藏着巨大的商业价值，是非常重要的数据资产。海量的信息给企业带来价值的同时也面临一些挑战，如个人隐私安全、骚扰信息泛滥和数据财产安全问题，这引起人们的广泛关注，对大数据营销伦理及其治理问题的研究显得十分重要和迫切。

☞链接 13.1

怪异的"性暗示"网络营销

第一节　　大数据营销的信息安全

大数据时代，在充分挖掘和发挥大数据价值同时，解决好数据安全与个人信息保护等问题刻不容缓。

一、信息安全隐患越发凸显

互联网技术的飞速发展，与我们生活、工作密切相关的信息都被记录下来，不管我们上网、打电话、发微博，还是网购、旅游等行为都随时被监控、被分析，为实现精准营销、用户安全鉴别与跟踪监控提供服务（比如棱镜计划）。开展精准营销能有效减少无效营销信息对其他用户的干扰，只针对特定的目标人群实施精准营销，提高了精准营销效果，节约了营销资源。但是，精准营销依赖于海量数据的统计分析才能实施，这导致精准营销十分依赖庞大的数据量和数据多样化，大数据的信息安全隐患也越来越凸显。为此，应通过大数据技术对海量的、类型各异的复杂数据进行收集、处理、存储、分析、更新与优化等。2018 年 8 月 20 日，由于腾讯云硬盘损坏导致客户——前沿数控的企业数据全部丢失且无法找回，对前沿数控后续的业务流程信息化和数据利用带来了难以弥补的灾难。而华住酒店集团的注册用户数据、入住登记信息和开房记录全部泄露，在暗网以 8 个比特币（约为人民币 35 万元）进行公开销售，导致人们对华住集团这类企业的信息安全问题开始担忧。

大数据技术本身在伦理上是中立的，无所谓善恶，然而这种技术却被常常拿来行不法之事。究其原因主要是大数据技术较新，利用大数据开展各种社会管理和企业优化都还不成熟，相应的管理制度和法律法规还不健全，这给大数据技术提供了"滥用"的土壤。大数据技术应用在当前法律的灰色地带甚至黑色地带，对企业和个人产生了严重威胁。对个人来说，隐私信息等数据的保护不当，无疑会造成用户恐慌和信任度下降；对企业来说，自身所拥有的数据早已成为一种财产，凭借大数据技术将发挥巨大的作用，但面临着被入侵、窃取等诸多风险。例如，2018 年，美国《纽约时报》和英国《观察者报》爆出了一个惊天大新闻：一家名为剑桥分析（Cambridge Analytica）的数据公司，非法窃取 5000 万 Facebook 用户资料后用算法进行大数据分析，根据每个用户的日常喜好、性格特点、行为特征，预测他们的政治倾向；借助 Facebook 的广告投放系统，这家公司可以在数据分析的基础上对每个用户进行个性化定制、推送有高度针对性的新闻，进行潜移默化的洗脑，最终达到不知不觉中影响他们投票选择的目的。

大数据营销的信息安全隐患主要集中在以下几个方面：

1. 身份信息暴露

大数据技术对个人身份信息的影响体现在两个方面：一是现实社会中的身份信息，即某用户的人口统计信息以及相关的间接信息，如姓名、性别、年龄、民族、婚姻、职业、受教育程度、地址等，也包括配偶子女、社会活动经历、个人信用等足以识别该用户的信息；二是数字身份信息，即在数字时代，可以通过计算机或网络使用、存储或转移处理的身份，如社交网络账号、邮箱信息、网上银行信息等。

不管是哪种身份信息，面对大数据技术的用户追踪、数据挖掘等功能，其安全性都岌岌可危，不仅面临着被网络平台监测并商用的风险，还面临着被窃取信息、盗用数字身份的风险。

2. 信息控制权减弱

在传统媒体时代，对个人信息的获取、公开难度较大，公众对自身保有相对较高的控制权，可以自行选择是否向媒体或企业告知个人信息。然而在大数据时代，公共空间和私人领域的界限日渐模糊，我们每天产生的上网记录、在线支付记录、定位记录，都可能将我们的信息暴露给外界。数据挖掘能轻松做到对用户信息的收集、关联分析，利用诸如个人经历、兴趣喜好、社交关系等信息，描绘出用户画像。同时，信息传播、复制的便利，使得他人能够获取我们的"信息污点"，用作他途。人们对个人信息的控制权不断减弱。

3. 不良信息泛滥

大数据时代的特点首先体现在各种类型的信息都能在网络上迅速找到，人们能够获取的信息量空前巨大。其次体现在垃圾信息冗杂，人们往往对铺天盖地的骚扰信息和不良信息应接不暇，学习、生活、工作被严重干扰。在互联网这个虚拟空间里，各种有害信息越来越多，从传播色情材料、造谣惑众，到传播病毒、盗窃账号、网络诈骗，再到贩卖假药甚至毒品、枪支等信息泛滥，更可怕的是，恐怖主义也利用网络来传播危及世界安全的信息。这些不仅对个人产生负面影响，更是对国家、社会和企业的安全产生隐患，不能不加以警惕和防范。

二、大数据营销信息安全管理措施

1. 健全和完善法律法规，筑牢底线

大数据时代，信息安全系统的建立需要政府进行严格的监督管理，组建统一的信息安全部门执行严格的监控，同时还需要健全信息安全的法律法规及管理制度，形成完备的体系并在实践中不断完善。网络信息安全的应用和法律法规的完善是对不法行为重要的打击手段，人们应该充分利用其功能维护自身的利益和权益。相关政府部门不仅要做好立法工作，同时还需要做好执法工作，严厉查处、惩治威胁网络信息安全的违法违规、犯罪行为。此外，应加强网络环境治理，清除网络上的一些非法链接、不良信息，维护网络环境安全。

2. 加大安全管控力度，组建专业团队

大数据背景下，广大企业应加强计算机网络安全管理工作。根据信息安全隐患，对安全管理工作人员进行针对性培训，增强其信息安全意识，提高其业务能力和职业素养，打造一支高素质的计算机网络安全管理团队，并通过严格监督，保障计算机网络安全管理工作有效落实。

为组建专业团队，首先，要建立先进、完备的专业培训系统，加大实践环节的训练强度，创造良好的培训学习环境，提高信息安全技术人才的实际能力。其次，与具有先进技术能力的专家进行交流和沟通，努力培养创新型的网络信息安全技术人才。要适当采取创新式的培养方法和培训技巧，利用其强大的优势进行软件、硬件方面的培训学习，将软件、硬件进行结合，提升网络信息安全技术人才的理论知识水平和实践经验；锻炼其快速的应变能力和实际的技术应用能力，使其能够在网络信息安全问题和不法行为出现时快速地发现并及时地处理解决。

3. 提升消费者的安全防范意识

大数据时代，不论是个人用户还是企业，遭受网络黑客入侵和病毒感染的概率都大幅度提升。因此，在使用计算机网络的过程中，必须具备较强的安全防护意识，大幅度降低安全问题出现的概率。对广大企业而言，应加大内部宣传力度，提升全体员工的安全防范意识。此外，需要政府提供支持，在社会上进行网络信息安全宣传工作，全面提升我国网民的安全意识。

随着大数据时代的到来，我国信息安全面临的形势更加严峻。为了有效解决网络中存在的安全问题，为企业进行市场营销营造一个良好的环境，广大企业、个人应与政府有机联合，通过完善法律法规、营造安全系统、加强监督执法和加强网络信息安全管控等，营造一个健康、和谐的网络环境，有效地解决信息安全问题。

第二节　大数据营销伦理道德的核心

人们利用互联网进行日常活动时会产生一些数据，这些大数据会被一些企业收集、处理，从而谋求利益，在这一过程中可能涉及个人信息泄露，严重威胁民众的安全和社会稳定。因此，人们需要更加注意保护个人隐私信息，避免个人隐私信息被非法分子利用。但是，采取哪些有效措施保护个人隐私信息，是大众面临的巨大挑战，需要政府出台相应法律法规予以保护。

一、大数据营销个人隐私问题

2016 年第一季度，安徽省工商管理局官网在对市场上销售的手机进行质量抽检时发现，有至少 6 个型号的手机存在收集消费者位置信息的行为，这些手机中的预置软件会在机主完全不知情的情况下，通过 Wi-Fi、基站定位等技术，收集手机的位置信息，使机主的个人隐私遭到侵犯。

类似的事情还时有发生，引发学界和业界的共同关注。隐私权的最早提出要追溯到 1890 年，美国学者沃伦和布兰代斯（Warren and Brandeis）指出，个人隐私权是一项独特的权利，应该受到保护，免遭他人对个人生活中想保守的秘密细节无根据发布。随着科技的发展，关于个人隐私的研究一直在向前推进。有学者认为，一般存在三种不同形式的隐私：躯体隐私，指人身体的隐私部位，不能暴露给一般外人；空间隐私，指与非亲密关系的人保持一定的距离；信息隐私，指与保护和控制个人有关的信息。

首先，个人隐私面临被泄露的问题。如今，互联网早已成为我们生活的一部分，我们时时刻刻都在网络上留下自己的足迹；百度、谷歌等搜索引擎记录我们的搜索痕迹；淘宝、京东、亚马逊等电商平台监测我们的购物行为；微博、微信等社交媒体能获知我们的社交关系、个人爱好等；手机地图、移动支付则能轻松获知我们的地理位置信息。我们无时无刻不处在一个被"监视"的环境中。互联网带来的网络社会，使得公共领域与私人空间的界限越来越模糊，我们甚至察觉不到自己的哪些隐私信息被他人获取，比如谷歌推出的谷歌眼镜直接被冠以"隐私杀手"的称号，这是因为它不仅能够随时接入移动互联网，而且配备了摄像头，可以在你毫不知情的情况下录像并上传到互联网上。

其次，个人隐私还存在被商业利用的问题。企业获取大量的个人数据后，利用数据分析挖掘出巨大的商业价值，从而获得利益。同时，网络平台获取个人数据后，存在被窃取、无授权访问甚至售卖给第三方平台的可能。例如，2015 年 8 月，在线票务销售平台大麦网 600 余万用户账户密码泄露并被公开售卖；2017 年初，国际上连续爆出多家知名企业用户信息泄露事件，其中包括全球四大会计师事务所之一的德勤（Deloitte）、加拿大电信巨头贝尔公司、知名教育平台 Edmodo 与知名云服务商 Cloudflare 等。泄露的信息主要为用户的隐私信息、私人账户信息、企业内部敏感文件与公司内往来邮件内容等，总计影响全球超两亿用户。

☞**链接 13.2**

塔吉特与怀孕少女

腾讯发布的《2017 年度互联网安全报告》显示，2017 年上半年全球泄露或被盗的数据达 19 亿条，这一数字已经超过了 2016 年全年被盗数据总量，其中，仅雅虎一家就达到了 30 亿条。2017 年，腾讯手机管家共收到用户举报垃圾短信数量达 13.8 亿条，同比增长近 30%；其中诈骗类短信总数为 4433 万（见图 13-2）。

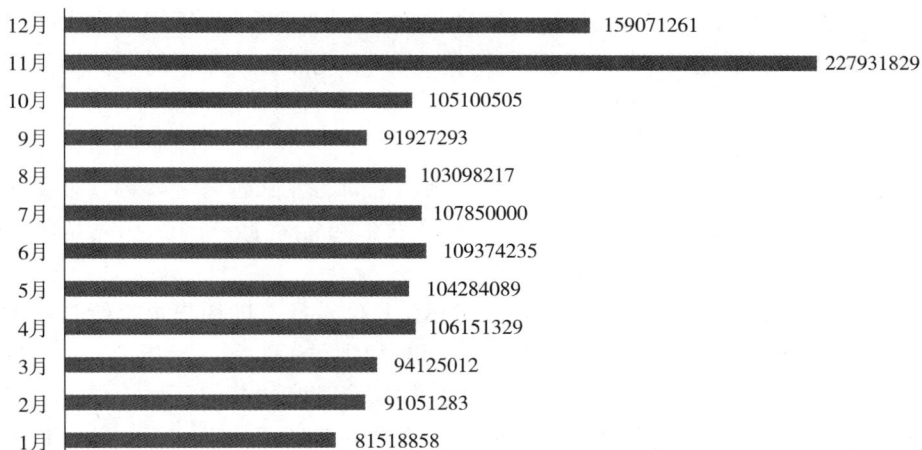

图 13-2　2017 年用户举报垃圾短信数量

　　大部分消费者对个人隐私的关注度不够，隐私观念淡薄。有学者曾对我国网民的隐私顾虑进行调查，发现大部分受访者没有对自己的隐私采取保护措施，主动采取保护个人隐私措施的受访者只占 16.5%。在调查中还发现，虽然人们认为隐私泄露后采取补救措施很重要，但不少人选择默默忍受，占比 34.6%。

二、大数据营销个人隐私保护措施

1. 技术保护

　　技术是把"双刃剑"，既侵犯了个人隐私，同时也为个人隐私保护提供了技术支持，使构建一个从个人数据收集、存储到使用过程的多层保护体系成为可能。

　　（1）个人隐私的数据加密保护。数据加密技术的发展时间较长，进入大数据时代后，这项技术仍不失为保护敏感信息的有效方法，能够起到防止窃取或修改数据的作用。按照密钥算法，数据加密可分为对称密钥算法和非对称密钥算法。对称密钥算法即加密和解密使用相同的密钥算法，主要用于保证数据的机密性；非对称密钥算法的加密和解密使用不同的密钥，主要用于身份认证等信息交换领域。

　　作为隐私保护关键技术的数据加密，其研究重点是对已有算法的完善。然而，数据加密并不能防止隐私数据从内部流向外部，仍需结合其他保护技术来解决隐私保护问题。

　　（2）个人隐私的数据库保护。在大数据时代，数据库是信息主体，存储了各种信息，如网上银行信息、邮件信息、社交媒体的注册信息、患者医疗信息等。网络平台在获取用户信息后建立起数据库，个人隐私信息面临被出售的风险，数据库本身面临被入侵、窃取等风险。

　　对数据库的保护措施主要包括数据库加密和访问控制。数据库加密技术能使敏感信息以密文形式保存在数据库中，访问控制则是保护合法用户对数据库进行授权的操作。在大数据时代，数据库加密确保个人隐私信息免遭入侵和窃取，访问控制则保护数据免受内部人员的非法操作，从而保护个人隐私信息。

（3）身份认证技术。身份认证技术是收集用户使用移动设备进行操作产生的数据，进而进行分析，得出该用户的新行为特征。通过获取行为特征在用户使用移动设备时进行身份验证，确定用户身份。提高身份认证技术可以有效避免黑客攻击，尽可能地保护用户信息安全。

2. 个人隐私观念的增强

在大数据时代，网络公共空间与公民私人领域之间的界限越来越模糊，社交媒体、购物网站、移动支付等在日常生活中的使用，使得我们可能将自己的隐私泄露出去而不自知。因此，培养公民的个人隐私观念很有必要。

首先，网络媒体应向用户提供控制自己隐私信息的选择，即用户可以给自己的访问数据、发布信息设置访问权限。比如 Facebook 有五种权限设置：私人、指定人、仅朋友、朋友的朋友、每个人，其默认设置是每个人；再比如新浪微博的分组可见、仅自己可见，让用户能够根据自己的发布内容设置访问权限。这样做的意义还在于，企业可以根据用户的权限设置来分析其相关数据的隐私程度，从而更好地保护个人隐私。

其次，加强隐私观念教育。上述方法强调从企业做起，让用户在使用网络媒体的过程中培养隐私观念，学校、政府则可以主动对公众进行隐私观念的教育，让公众树立正确的隐私观念，科学地分享个人数据，使公民既能享受到大数据的便利，又能很好地保护个人隐私。

3. 个人隐私的法律保护

应当指出的是，不管是技术手段还是个人隐私观念的增强，对于保护大数据时代的个人隐私还远远不够，法律法规仍是必不可少的手段。

法律是最权威的保护手段，对于个人隐私信息保护要体现在立法上，用实际的法律法规明确个人隐私信息保护权益，保护个人隐私不受侵犯。目前网络个人隐私信息泄露事件越来越多，国家必须加强对个人隐私信息的立法工作，对互联网用户隐私信息进行严格保护，对盗取用户个人隐私信息的不法分子进行严厉惩处，维护互联网的信息安全，营造良好的互联网使用环境。

我国在 2013 年出台《信息安全技术、公共及商用服务信息系统个人信息保护指南》，对大数据时代如何合理利用信息做出规定，以规范对个人数据的应用。2014 年 3 月颁布《中国互联网定向广告用户信息保护行业框架标准》，这是我国第一部规范互联网定向广告用户信息行为的行业标准，一方面推动各单位加强自身建设，另一方面实现用户对自身信息的控制权。但是相关的法律仍然相对薄弱，需要在以下两个方面继续完善：

第一，加大惩罚力度。当违反法律的成本低于可能获得的利益时，违法行为就会层出不穷。正是由于我国相关法律的缺失，对于侵犯公民个人隐私的行为惩处力度不够，才导致侵权行为变本加厉。重罚之下，侵犯隐私的违法成本高了，企业或个人才会收敛不法行为。

第二，划分隐私内容。由于大数据时代的信息浩如烟海，人们可能泄露各种各样的隐私信息，从姓名、性别、地域、职业等人口统计信息，到购物偏好、社交关系等数据，涉及方方面面的隐私内容。只有对个人隐私内容加以具体划分，并针对不同内容立法，才能有效地防范侵权行为。

第三节 大数据营销伦理道德的坚守原则

大数据技术推动着社会发展，同时过度依赖大数据也必然带来各种道德伦理隐患。在大数据时代，善用和合理使用大数据技术，坚守大数据采集、使用的伦理道德，应遵守如下原则：

一、责任伦理视角下的权责统一

随着科学技术的发展，人类逐渐摆脱了原始状态下面对大自然的无助和恐惧。然而，逐渐强大起来的人类对自己的行为所造成的后果负责的意识仍然需要不断强化。

马克斯·韦伯（Max Weber）在其著作《学术与政治》中对责任伦理的解释为"强调行为主体必须考虑到自身行为所带来的一系列可能性后果，并主张对行为价值的判断评估依赖于该行为所导致的实际效果"。哲学家汉斯·林克（Hans Link）曾指出，在任何情况下，任何技术力量的强大都会导致某种系统的反弹，究其原因，就是我们在利用技术时没有承担相应的责任。大数据技术为企业营销所用，是技术发展的趋势，但是频发的伦理问题凸显企业开展大数据营销时权利与责任的失衡。信息安全问题、个人隐私问题，都是在营销中只考虑如何利用大数据获利，而忽视了应该承担的责任所致。因此，企业在利用大数据技术进行营销时，必须坚持权利与责任的统一，信息收集方要对搜索行为以及可能造成的后果负责，信息利用方也要对可能带来的隐私泄露、信息安全等问题负责。

二、德行伦理视角下的道德自律

德行伦理关注的是个体道德的实现问题，在利用大数据技术进行营销的过程中，强调大数据利益相关者的道德自律。"品德是一个人在长期的、一系列行为中所表现出来的习惯的、稳定的心理状态。"毫无疑问，良好道德的形成是一个长期的过程，然而与新兴的大数据营销相关的道德准则尚未确立，道德规范相对滞后。因此，应当加强大数据利益相关者的道德自律建设，在大数据技术尚未失控时，通过有意识的道德建设形成稳定、完善的道德规约。一旦恶意使用数据成为常态，大数据营销带来的伦理问题就会一发不可收拾，到时再建立道德规范将会难上加难。

三、功利伦理视角下的利益诉求

美国学者唐纳德·帕尔玛（Donald Palmer）曾指出功利伦理的核心原则是"我们选择的行为应该为大多数人谋求最大限度的幸福"。对大数据技术的应用也必须如此，目的应该是提高生产力、提高人们的生活质量。利用大数据进行的营销活动，应根据不伤害人和有益于人的伦理原则给予评价。大数据带来的伦理问题，很大程度上是在利用过程中没有从多数人的角度考虑造成的。部分群体为了利益无视他人隐私，导致其他群体的利益最小化甚至受损。为避免这一后果，就应该做到相关者利益最大化和危害最小化。首先，大数据营销必须实现大数据相关者的利益最大化。在运用大数据时，必须与数据来源共享利益，如给予相应的经济报酬或政策倾斜。其次，大数据营销必须实现对利益相关者的伤害最小化。出于公共目的收集数据，对隐私造成侵犯的行为不可避免，在这种情况下，要求实现伤害最小化，即不能无视伤害大小而滥用隐私数据，应做好补偿和风险控制。

大数据伦理问题的解决单靠某一种方式难以实现，应当在政府引导下，以伦理为治理原则，以技术为治理手段，以法律为治理保障，构建起完善的治理体系。

课后练习题

一、单项选择题

1. 下列选项中，不属于大数据营销信息安全隐患的治理措施的是（　　　）。

A. 明确信息的保护等级

B. 坚持最多原则和必要原则

C. 从技术层面实施防范

D. 弘扬诚信文化，营造良好社会氛围

2. 不属于大数据营销的信息安全隐患的是（　　　）。

A. 身份信息暴露　　　　　　　　　　B. 信息控制权减弱

C. 不良信息泛滥　　　　　　　　　　D. 个人消费支出增加

3. 技术是一把"双刃剑"，既侵犯个人隐私，又为个人隐私保护提供技术支持。下列选项中不属于大数据时代技术保护的是（　　　）。

A. 数据加密技术　　　　　　　　　　B. 对称加密技术

C. 身份认证技术　　　　　　　　　　D. 分布式处理技术

4. 从信息安全涉及内容来看，一般物理安全不包括（　　　）。

A. 备份与恢复　　　B. 环境安全　　　　C. 设备安全　　　　D. 媒体安全

5. 大数据环境下的隐私担忧，主要表现为（　　　）。

A. 生成用户画像　　　　　　　　　　B. 恶意广告的推送

C. 病毒入侵　　　　　　　　　　　　D. 个人信息被识别与暴露

二、简答题

1. 大数据营销信息安全主要表现在哪些方面，需要采取什么措施来解决信息安全问题？

2. 大数据时代个人隐私面临的主要问题有哪些？

3. 为避免个人信息泄露应该采取什么措施？

4. 大数据时代营销伦理坚守的原则有哪些？

参考文献

[1] 阳翼. 大数据营销 [M]. 北京：中国人民大学出版社，2017.

[2] 维克托·迈尔·舍恩伯格，肯尼思·库克耶著. 大数据时代 [M]. 盛杨燕，周涛译. 杭州：浙江人民出版社，2015.

[3] 娄岩. 大数据技术与应用 [M]. 北京：清华大学出版社，2017.

[4] 吴健安. 市场营销学（第六版）[M]. 北京：清华大学出版社，2018.

[5] 刘贵容，刘军. 大数据对市场营销的影响与创新 [M]. 北京：经济管理出版社，2019.

[6] 韩布伟. 从零开始学大数据营销 [M]. 北京：电子工业出版社，2016.

[7] 林子雨. 大数据技术原理与应用（第二版）[M]. 北京：人民邮电出版社，2017.

[8] 方申国，谢楠. 国内外大数据产业发展现状与趋势研究 [J]. 信息化建设，2017（6）：30-33.

[9] 程可心. 大数据时代下的市场营销机遇及挑战 [J]. 中外企业家，2019（25）：198.

[10] 刘冬辉. 在大数据时代背景下市场营销的机遇与挑战研究 [J]. 中外企业家，2019（20）：240.

[11] 李军阳. 大数据背景下市场营销发展趋势研究 [J]. 现代信息经济，2019（9）：164-166.

[12] 郭倩. 大数据时代对企业市场营销的影响及企业市场营销提升策略研究 [J]. 中国管理信息化，2019，22（14）：65-66.

[13] 葛云仙，闵靓. 大数据时代市场营销的机遇与挑战研究 [J]. 经济研究导刊，2019（19）：68-69.

[14] 梁恒谦. 大数据时代市场营销面临的机遇与挑战 [J]. 全国流通经济，2019（15）：5-6.

[15] 张城森，闫智高，王双英等. 大数据时代下消费者行为研究 [J]. 中国市场，2016（27）：25-27.

[16] 詹慧怡. 再谈 Nike+：用大数据做跨渠道营销 [J]. 成功营销，2013（5）：23.

[17] 梅花网. 2015Mawards 最佳大数据营销创新奖金奖：腾讯群聚 DMP [EB/OL]. http：//www. meihua. info/a/65596 2015-12-18 / 2018-08-13.

[18] 中国产业信息网. 2019-2025 年中国大数据产业竞争现状及未来发展趋势报告 [EB/OL]. http：//www. chyxx. com/research/201802/612267. html.

[19] 中国网信网. 第 43 次《中国互联网络发展状况统计报告》[EB/OL]. http：//www. cac. gov. cn/2019-02/28/c_ 1124175677. htm.

［20］中国互联网数据咨询网. 京东大数据技术白皮书［EB/OL］. http：//www. 199it. com/archives/805075. html.

［21］于久贺. 大数据营销，应该这样玩［M］. 北京：人民邮电出版社，2016.

［22］李军. 实战大数据［M］. 北京：清华大学出版社，2015.

［23］熊国钺. 市场营销学［M］. 北京：清华大学出版社，2017.

［24］卫海英. 市场营销学［M］. 北京：经济科学出版社，2009.

［25］刘芸. 网络营销与策划［M］. 北京：清华大学出版社，2015.

［26］安俊秀，王鹏，靳宇倡. Hadoop 大数据处理技术基础与实践［M］. 北京：人民邮电出版社，2015.

［27］尼克·约翰逊著. 新营销，新模式：15 家全球顶级企业如何应对营销新变革［M］. 刘凤瑜译. 北京：中信出版社，2016.

［28］谭磊. 大数据挖掘［M］. 北京：电子工业出版社，2013.

［29］张玲. 三大互联网企业的营销理论及创新研究——腾讯、百度、阿里巴巴［D］. 北京：首都经贸大学，2010.

［30］施韦德. 大数据经济新常态：如何在数据生态圈中实现共赢［M］. 北京：中国人民大学出版社，2015.

［31］谷虹，林碧洪. 实时竞价的 RTB 广告模式［J］. 销售与市场，2015（4）：40-41.

［32］宋星. PMP 私有交易市场——程序化广告的新高度［EB/OL］. https：//mp. weixin. qq. com/s?＿biz＝MzA5MzE0NDMyNw%3D%3D&idx＝1&mid＝201031320&scene＝21&sn＝efd10a8ee31d856609dc1373a29d88d4.

［33］中商产业研究院. 2019 中国大数据产业布局及发展趋势预测［EB/OL］. http：//bigdata. idcquan. com/news/165376. shtml.